Alexander Mönch (Hrsg.)

AUTOPSIE

Mysteriöse Todesfälle
14 Kriminalgeschichten

blue eyes Sound & Motion GmbH
München 2002

Bei den nachfolgenden Kriminalgeschichten handelt es sich um fiktive Erzählungen, die sich an wahre Begebenheiten anlehnen. Sämtliche Personen und Orte sind frei erfunden.

Eventuelle Übereinstimmungen mit real existierenden Personen und Orten sind nicht beabsichtigt und rein zufällig.

© 2002 blue eyes Sound & Motion GmbH
Klenzestraße 11
D-85737 Ismaning
www.blueeyes.de

Herausgeber:
Verlag Alexander Mönch
Beichstraße 8
D-80802 München
www.moench-online.de

Umschlaggestaltung + Satz:
Christian Frey
Telefon 0172 - 934 8324

Druck: Oldenbourg TB Druck

ISBN 3-9808179-0-3

Inhalt

Ein rätselhaftes Hobby	4
Tödliche Spannung	27
Siebenunddreißig	46
Die persische Mumie	70
Weiße Weihnacht	90
Ausflug in den Tod	109
Ein grausiger Fund	133
Schneewittchen	164
Brennendes Herz	183
Briefe aus dem Jenseits	203
Ein Kuss zum Abschied	229
Ein seltsames Geständnis	250
Ich bin Du	274
Bauernopfer	293

Ariane Hess
Florian Breier
Ein rätselhaftes Hobby

Der Bahndamm ist steil und rutschig vom Schnee der letzten Nacht. Bielek verflucht seine glatten Ledersohlen. Ihm ist kalt. Und das liegt nicht allein an seinem dünnen Regenmantel. Er friert bei dem Gedanken, was ihn unten am Fuß der Eisenbahnbrücke erwartet.

In den 14 Jahren bei der Kripo – elf davon bei der MUK, der Morduntersuchungskommission – ist es nicht das erste Mal, dass er eine zerschmetterte Leiche zu Gesicht bekommt, die auf dem Asphalt unter einer Brücke liegt.

Mit Selbstmördern hat Bielek keine Probleme. Egal, ob sie sich von der Brücke gestürzt oder eine Pistole in den Mund gesteckt haben, es ist schließlich ihre Entscheidung gewesen, ganz allein ihre.

Selbstmordleichen, findet Bielek, strahlen stets eine seltsame Ruhe aus. Keine Spur von Gegenwehr an ihren toten Körpern. Eine friedliche Schweinerei.

Aber nicht die Leiche, die Bielek an diesem 3. Februar 1985 unter der Eisenbahnbrücke auf dem gefrorenen Asphalt der B173 erwartet, dort wo die einsame Landstraße die Bahnstrecke Karl-Marx-Stadt–Dresden kreuzt.

Das Mädchen ist nackt. Es steckt in einem billigen braunen Koffer, eingehüllt in einen Plastiksack. Zwischen die verkrümmte Leiche und die dünnen Pappwände des Koffers hat der Mörder zerknülltes Zeitungspapier und die Kleidung des Kindes gestopft.

Was für eine widerwärtige Sorgfalt, denkt Bielek. Er zieht

Ein rätselhaftes Hobby

den dünnen Regenmantel noch enger um seinen frierenden Körper.

Es sind ekelhafte Minuten dort oben auf dem Bahndamm, in denen ihm klar wird, dass seine schlimmsten Befürchtungen wahr geworden sind.

Das Mädchen ist tot.

Bielek fühlt sich seltsam unbeteiligt zwischen all den Uniformen, die rechts und links an ihm vorbeilaufen. Ein sinnloses Treiben, das den toten Körper auch nicht wieder lebendig machen wird.

Ein dicker Mann mit Glatze unterbricht Bieleks Gedanken. „Wir haben ihr vermisstes Mädchen, Oberleutnant", sagt er, „Natascha Bischof, zehn Jahre, passt alles eindeutig auf die Beschreibung."

Bielek kniet sich in den Schnee.

In der weißen Winterlandschaft wirkt der dunkelbraune Koffer wie ein getrockneter Blutfleck.

Vorsichtig zieht Bielek den Plastiksack zur Seite, der das Gesicht des Mädchens bedeckt. Natascha hat lockiges, blondes Haar und zarte Gesichtszüge.

Bielek versucht sich vorzustellen, wie dieses Gesicht vor 29 Tagen ausgesehen hat; wie das Mädchen seine Mutter anlächelt und seine Augen strahlen.

An jenem 6. Januar hat die Mutter ihr zum ersten Mal erlaubt, alleine ins Kino zu gehen.

Das „Filmhaus" ist nur zehn Minuten von ihrer Wohnung entfernt. Ihr älterer Bruder hat Natascha begleitet und sich erst verabschiedet, als das Kino in Sichtweite gewesen war.

Ab da verläuft die Spur des Mädchens im Nichts. Bielek hat alle Besucher und Angestellten des Kinos befragt, doch niemand kann sich an Natascha erinnern.

Am Tag eins nach der Vermisstenanzeige ist es noch normaler Polizeialltag gewesen. Ein paar Schutzmänner haben die Wohngegend rund um den Neubaublock in Karl-Marx-Stadt nach dem Kind abgesucht.

Straßen, Spielplätze, Garagen – ohne Erfolg.

Mit jedem Tag sind es mehr Schutzmänner geworden. Und am 9. Januar war Natascha ein Fall für die MUK.

Bielek kann sich noch genau daran erinnern, wie Major März ihm die Akte des Mädchens auf den Schreibtisch gelegt hat.

Vier Tage vermisst. Eine Zehnjährige. Im kältesten Januar seit wer weiß wie vielen Jahren.

Bielek hat versucht, die Mutter zu beruhigen – und die SED-Funktionäre. Jeder will das Mädchen lebend.

Als ob er sich das nicht selbst wünschen würde!

Hundertschaften sind ausgeschwärmt. Überall in Karl-Marx-Stadt hat es von Vopos nur so gewimmelt.

Jeden Winkel haben sie abgesucht: Sportplätze, Parks, Scheunen, Keller, Abrissgrundstücke – sogar die Kanalisation. Doch von Natascha keine Spur.

Und jetzt liegt sie hier in diesem billigen Pappkoffer vor ihm. Nackt und tot.

Bielek spürt, wie ein bitter schmeckender, dicker Klumpen langsam seine Luftröhre hinaufkriecht. Noch nie ist ihm an einem Tatort schlecht geworden. Er muss husten.

Der Glatzkopf reicht Bielek eine Tasse Tee aus seiner Thermoskanne. „Sieht nach sexuellem Missbrauch aus. Sie hat Verletzungen im Genitalbereich."

Bielek greift nach der Tasse. Er hustet so heftig, dass der Tee über den Rand schwappt und ihm die Finger verbrüht. Doch er spürt keinen Schmerz. „Wie lange ist sie schon tot?"

Ein rätselhaftes Hobby

„So ein Scheißwetter hat auch seine Vorteile. Bei der Kälte verwest die Leiche extrem langsam. Könnte schon drei Wochen her sein."

Bielek nimmt einen tiefen Schluck aus der dampfenden Tasse und spürt, wie der Hustenreiz langsam nachlässt.

„Schon eine Ahnung, wie sie gestorben ist?"

„Stumpfe Gewalteinwirkung auf den Schädel und mehrere Stiche in die Brust", sagt der Glatzkopf.

Er zieht sich langsam die Gummihandschuhe von den Fingern. Schmatz, schmatz – Bielek hasst dieses Geräusch. Schnell schlürft er einen zweiten Schluck Tee.

„Sie kam erst danach in den Koffer, nehme ich an, und der wurde hier aus dem fahrenden Zug geworfen."

Der Gerichtsmediziner nickt. „Ich hoffe, sie finden das Schwein", sagt er.

„Das hoffe ich auch, glauben sie mir, das hoffe ich auch", sagt Bielek und gibt ihm die Tasse zurück.

Es vergehen Nächte, in denen Bielek kaum schlafen kann. Er sitzt aufrecht im Bett, starrt auf die flackernde Straßenlaterne vor seinem Fenster und denkt über eine Strategie nach. Eine Strategie, die ihn auf die Spur dieses kaltblütigen Killers bringen könnte.

Seine erste Entscheidung scheint eine Sackgasse zu sein. Er hat auf den Koffer gesetzt. Darauf, dass ihn jemand wiedererkennen wird. Es ist ein seltenes Modell, innen mit bedrucktem Papier ausgekleidet. Mit einem Muster, das seit mehr als zehn Jahren nicht mehr hergestellt wird.

Das Foto des Koffers hat Bielek sogar in Zeitungen platziert, den Koffer selbst im „Komm & Kauf" am Marktplatz ausgestellt.

Ein Beweisstück im Schaufenster eines Kaufhauses! Sein Vorgesetzter ist davon nicht besonders begeistert. Mordfälle sollen die Öffentlichkeit nicht verunsichern, heißt es. Und bis jetzt hat auch noch keiner von denen, die sich die Nase an der Schaufensterscheibe plattgedrückt haben, einen sinnvollen Hinweis liefern können. Nichts. Eine Sackgasse.

„Darf ich sie kurz stören, Oberleutnant?" Bielek zuckt zusammen. Er hat nicht gehört, dass Lenhart sein Büro betreten hat.

Der junge Leutnant räuspert sich. „Ich habe geklopft, aber ..." – „Irgendwas Neues?" Bielek bietet ihm den einzigen freien Stuhl im Raum an.

Seit der Vermisstenanzeige von Natascha Bischof sind die Aktenberge in Bieleks Büro wie Pilze aus dem Boden geschossen. Mittlerweile haben sie eine bedenkliche Höhe erreicht.

„Die Aufkleber auf dem Plastiksack, in dem die Leiche eingepackt war..." Der junge Leutnant spricht nicht weiter. Er fährt sich erst mit der rechten Hand durch die kurzgeschorenen Haare, dann noch mal mit der linken.

Bielek lehnt sich in seinem Stuhl zurück. Er fühlt sich auf einmal müde. „Das bringt uns nicht weiter, oder?"

Lenhart schüttelt den Kopf. „In dem Sack war eine Steppdecke", sagt er, „vor zehn Jahren aus Holland importiert. Davon gab es mehr als tausend Stück."

Bielek presst die Lippen zusammen. Noch eine Sackgasse. Wie der Koffer. Alle Spuren führen ins Nichts. Doch einen Trumpf hat er noch im Ärmel, vielleicht den entscheidenden.

„Dann machen wir uns jetzt an die Zeitungen", ruft er und schlägt mit der flachen Hand so heftig auf den Schreibtisch, dass der Leutnant zusammenzuckt.

Die Zeitungen selbst sind nichts Besonderes. Alles Mil-

Ein rätselhaftes Hobby

lionenauflagen. Ohne Hinweis darauf, wo sie gekauft worden sein könnten.

Doch einige der Seiten, die der Mörder zerknüllt und zu der Leiche in den Koffer gesteckt hatte, sind bedruckt mit Kreuzworträtseln.

Jemand hat diese Kreuzworträtsel ausgefüllt. Vielleicht der Mörder selbst?

Bielek betrachtet die blutverschmierte Tinte der handgeschriebenen Buchstaben in den Rätselkästchen. Sieht so die Handschrift eines Killers aus? Aufrecht und leicht nach links geneigt. Großbuchstaben ohne jeden Schnörkel. Der Sachverständige hat zweifelsfrei festgestellt, dass alle Rätsel von derselben Person gelöst worden sind. Und diese Person müssen sie finden. Und zwar schnell.

Das hat Oberst Rottmann ihm gestern erneut klarzumachen versucht. „Wie stellen sie sich das vor, Oberleutnant, dass ich mich am Parteitag in vier Wochen da hinstelle ohne den geringsten Fahndungserfolg? Wir brauchen schnelle Ergebnisse. Wir brauchen eine Spur!"

Bielek wählt die Nummer des Ministeriums für Staatssicherheit in Berlin und lässt sich mit dem OTS, dem Operativ-Technischen Sektor verbinden.

Seine feuchten Finger hinterlassen glänzende Flecken auf den schwarzen Tasten des Telefons. Er hasst es, Bittsteller zu sein. Besonders gegenüber den Bürohengsten von der Stasi. Gelangweilte Wichtigtuer, die ihn immer spüren lassen, dass sie etwas besseres sind und er nur der kleine Bulle aus der Provinz.

Doch diesmal ist es anders, und zwei Stunden später sitzt Bielek im Zug nach Berlin. In der abgewetzten Aktentasche auf seinen Knien stecken die Umschläge mit den blutbefleckten Kreuzworträtseln.

Wie einen kostbaren Schatz nehmen die Kollegen des Instituts für Technische Untersuchungen ITU die zerknitterten Zeitungsseiten in Empfang. Der holzgetäfelte Besprechungsraum im Herzen des Ministeriums für Staatssicherheit ist bis auf den letzten Platz gefüllt. Wahrscheinlich sitzen alle Schriftsachverständigen hier, die das MfS zu bieten hat, denkt Bielek. Der Druck von oben scheint noch stärker zu sein, als er sich das vorgestellt hat.

Der Vorsitzende Generalmajor Spiessberger hat einen festen Händedruck. „Lassen sie uns keine Zeit verlieren, Oberleutnant", sagt er, „das ITU übernimmt die Untersuchung der Schriftproben, und ihre Leute machen sich noch mal an die Befragung aller verdächtigen Personengruppen. Sie wissen, was man von uns erwartet. Wir sitzen im selben Boot."

Bielek nickt.

Am nächsten Nachmittag ist er zurück in Karl-Marx-Stadt auf seiner Wache und ruft die gesamte verbliebene Mannschaft der operativen Einsatzgruppe „Natascha" zusammen.

In den zwei Tagen, in denen er unterwegs gewesen ist, haben sie ihm wieder drei Mann abgezogen. Die Begründung ist dieselbe wie die Male zuvor – weil die Erfolge ausbleiben.

Wie Bielek ohne Mitarbeiter Erfolge liefern soll, interessiert die Bürokraten nicht.

Die Männer sehen müde aus. Bielek versucht, seinen Rücken aufzurichten, die Schultern breit zu machen und überzeugend zu lächeln. Er hat die Ärmel bis zu den Ellenbogen aufgekrempelt und läuft im Raum auf und ab, während er spricht.

„Jeder von uns will, dass dieser perverse Kindermörder

Ein rätselhaftes Hobby

bestraft wird. Wir geben seit Wochen unser Bestes. Aber wir haben nichts, nicht die geringste Spur. Die Kollegen vom ITU in Berlin kümmern sich jetzt um die Handschrift der Kreuzworträtsel. Und wir müssen noch einmal alle Verdächtigen auf ein stichhaltiges Alibi überprüfen. Und wenn ich sage alle, dann meine ich wirklich alle: Alle, die nur im entferntesten mit der Familie zu tun haben. Alle polizeibekannten Pädophilen und Vergewaltiger."

Bielek ist selbst überrascht, wie energisch sich seine Stimme anhört nach all den Enttäuschungen.

Er schaut in die Gesichter seiner Männer. Gesichter, die gezeichnet sind von den Anstrengungen der vergangenen Wochen, in denen Bielek aber auch noch immer den Willen erkennen kann, diesen Mörder seiner gerechten Strafe zuzuführen.

Hunderte Verdächtige haben sie schon verhört. Hunderte von wasserdichten Alibis. Und Bielek weiß nicht, wie viele erfolglose Befragungen noch folgen werden.

Jeden Morgen, wenn er den ersten Schluck bittern schwarzen Kaffee trinkt, hofft er, dass dieser Tag den Durchbruch bringen wird. Jeden Abend wird er erneut enttäuscht und verlässt als Letzter die Wache.

Ohne Spur. Ohne Ergebnis. Ohne einen einzigen Erfolg.

Am Freitag sitzt Bielek wieder im Vorzimmer von Oberst Rottmann. Wie all die Wochen zuvor mustert ihn die Sekretärin mit unverhohlener Schadenfreude. Wenn das der einzige Spaß in deinem Leben ist, denkt Bielek und lächelt sie müde an. Er hat keine Kraft mehr, sich zu ärgern.

Über eine Stunde lang blättert er in einem abgegriffenen FDJ-Journal, in dem er auch die Freitage zuvor geblättert hat. Auch diesmal liest er nicht einen einzigen Satz, sondern denkt über Natascha nach. Ihren verkrümmten kleinen Körper. Die blaugefrorenen dünnen Arme, die verrenkten Beine, den unnatürlich zurückgebogenen Hals, zusammengepresst in dem billigen braunen Pappkoffer.

Abrupt unterbricht die heisere Stimme von Oberst Rottmann Bieleks düstere Gedanken. Er folgt Rottmann in dessen Büro und schließt die schalldichte Doppeltür hinter sich.

„Bitte Platz zu nehmen, Herr Oberleutnant. Ich höre, sie sind wieder sehr umtriebig gewesen diese Woche."

Bielek spürt die Anspannung hinter der Freundlichkeit.

Nur noch zwei Wochen bis zum Parteitag, und der Oberst wird sich dort für die ausbleibenden Erfolge rechtfertigen müssen. Der Druck aus Berlin ist groß. Rottmanns bohrender Blick zeigt, dass er sich von Bielek nicht mehr vertrösten lassen wird. Nicht dieses Mal.

Doch das Ritual beginnt wie die Wochen zuvor. Der Oberst zündet sich eine Zigarette an, und Bielek zwingt sich zu einem Lächeln.

„Mit der Befragung von Fellner und Jiruwitz haben wir das restliche Umfeld der Familie Bischof untersucht. Auch die Ermittlungen im Homosexuellen- und Pädophilenmilieu sind fast vollständig abgeschlossen. Bisher leider ohne erfolgversprechende Hinweise."

Bielek versucht, sich auf die rot glühende Zigarettenspitze zu konzentrieren und dem Oberst nicht in die Augen zu sehen. Er hörte das leise Knistern des brennenden Papiers, als Rottmann einen weiteren tiefen Zug inhaliert.

„Wenn ich das hinzufügen darf, Herr Oberst, einen solchen Fall habe ich noch nie erlebt. Das sind die umfas-

Ein rätselhaftes Hobby

sendsten Ermittlungen, die ich je geleitet habe. Meine Männer haben alles getan. Ich habe Schwierigkeiten, sie weiter zu motivieren. Kein einziger Hinweis nach Hunderten von Verhören, das zehrt an den Nerven."

Der Oberst drückt die halbgerauchte Zigarette in den Aschenbecher und lehnt sich über den Schreibtisch ganz nah zu Bielek hinüber. Seine Stimme ist leise und hat plötzlich einen gefährlichen Klang.

„Das war nicht das, was ich hören wollte, Bielek, das ist ihnen doch klar. Und sie verstehen bestimmt, dass ich im Vorfeld des Parteitags gezwungen war, bezüglich der weiteren Vorgehensweise im Fall Natascha Bischof mit der Bezirksleitung der Partei und den Kollegen der Staatssicherheit zu sprechen. Wir sind uns einig, dass die erfolglosen Befragungen eingestellt werden."

Bielek holt Luft, um etwas zu sagen, doch der Oberst hebt seine bullige Hand.

„Da gibt es nichts zu diskutieren. Ab kommender Woche werden sie die Berliner Kollegen vom Operativ-Technischen Sektor bei der Beschaffung von Vergleichsschriftproben aus dem Bezirk Karl-Marx-Stadt unterstützen. Das scheint uns derzeit der vielversprechendste Weg zu sein." Rottmann zündet sich eine zweite Zigarette an. „Und die Staatssicherheit ist sehr daran interessiert, ihre neuesten graphologischen Untersuchungsmethoden praktisch anwenden zu können, wenn sie verstehen, was ich meine."

Bielek hat verstanden. So übernimmt die Stasi die Verantwortung und der Oberst kann auf dem Parteitag dezent auf die Kollegen des MfS verweisen, wenn der Fall Natascha Bischof zur Sprache kommt. Er nickt und steht auf.

Der Oberst begleitet ihn zur Tür. Das falsche Lächeln ist auf sein Gesicht zurückgekehrt. „Die besten Grüße an ihre Mannschaft, Bielek." Er steckt die Zigarette zwischen seine fleischigen Lippen und klopft Bielek auf die Schulter.

Mit schnellen Schritten eilt Bielek die Treppen hinunter. Er muss raus hier – an die frische Luft.

Am Samstag regnet es in Strömen. Das Jagen und Sammeln hat begonnen. Bielek und Lenhart stehen vor Block 15, einem Plattenbau direkt neben dem Wohnblock des getöteten Mädchens.

„Fangen wir oben an", sagt Bielek und klingelt bei Bergfelder im zwölften Stock. Der Türöffner summt und die beiden treten in das feuchtkühle Treppenhaus.

„Wer ist da?" Die Männerstimme hinter der Wohnungstür klingt misstrauisch.

„Volkspolizei. Öffnen sie die Tür, Herr Bergfelder. Wir müssen kurz mit ihnen sprechen." Lenharts Stimme hallt laut durch den langen Flur.

Die Tür öffnet sich. Vor ihnen steht ein unrasierter Mann von Mitte fünfzig. Er trägt ein fleckiges Unterhemd.

Bielek versucht, nicht zu tief einzuatmen. Aus der geöffneten Wohnungstür strömt der Geruch von gekochtem Kohl und Zigaretten. Vielen Zigaretten.

„Oberleutnant Bielek, ich leite die Untersuchungen im Mordfall Natascha Bischof. Sie haben sicher davon gehört. Für die Schriftanalyse auf einem der Beweisstück sammeln wir hier im gesamten Wohnviertel nach Handschriftproben. Wären sie bereit, sich einen kurzen Text von uns diktieren zu lassen?"

Ohne auf eine Antwort zu warten, zückt Lenhart einen Kugelschreiber und ein leeres Blatt Papier aus seiner Aktentasche und reicht es dem Mann im Unterhemd.

Ein rätselhaftes Hobby

Der kratzt sich das unrasierte Kinn. „Und was soll ich schreiben?"

Lenhart drängt sich an ihm vorbei in die Wohnung. Er legt Papier und Stift auf einen kleinen, wackligen Küchentisch, auf dem Bielek die Quellen der unangenehmen Gerüche wiedererkennt. Einen verkrusteten Teller mit einer halbgegessenen Kohlroulade und einen übervollen Aschenbecher.

„Wir haben einen Standardtext vorbereitet," sagt Lenhart, „den wir jedem diktieren. Es dauert nur zwei Minuten. Damit helfen sie uns sehr."

Zuerst mit Freundlichkeit probieren, das ist Bieleks Vorgabe gewesen. Sie können niemanden zwingen, eine Schriftprobe abzugeben. Doch wer sich weigert, macht sich verdächtig und wird registriert. Eine unangenehme Prozedur. Die wenigsten wollen das.

Der Mann setzt sich und Lenhart beginnt zu diktieren. Die Schriftsachverständigen haben den Text aus Buchstaben zusammengesetzt, die in den Kreuzworträtseln vorkommen.

„Ein zweitägiges Kolloquium, das am Dienstag in Berlin begann, befasst sich mit Karl-Friedrich Schinkels Werk und dessen Bedeutung für die DDR", liest Lenhart vor. Der Mann schreibt mit. „Das war's?"

„Das war's schon, Herr Bergfelder. Dann besuchen wir mal ihre Nachbarn. Danke für ihre Mitarbeit."

Krachend fällt die Tür hinter den beiden Polizisten ins Schloss. Sie stehen wieder allein auf dem leeren langen Flur.

„So einen Text können sich auch nur die Leute von der Sicherheit ausdenken", Lenhart grinst Bielek breit an, „ein Kolloquium über Schinkel für die Leute aus dem Chemiekombinat. Die müssen uns doch für total dämlich halten." Jetzt muss auch Bielek grinsen. Sie fangen beide an zu lachen.

Das fühlt sich gut an, denkt Bielek. Sie haben lange nicht mehr gelacht.

13 Wochen später haben Kriminalpolizei, Stasi und freiwillige Helfer mehr als 21.000 Einwohnern in Karl-Marx-Stadt die Geschichte von Schinkels Kolloquium diktiert. Die operative Einsatzgruppe Natascha Bischof hat kistenweise Schriftproben zur Untersuchung nach Berlin geschickt.

Auch nach dem Parteitag heißt die einzige Strategie im Mordfall „Natascha" immer noch: Schriftproben sammeln.

Selbst die Schulen werden mit eingespannt. Alle Schüler und Lehrer aus Karl-Marx-Stadt und dem Umland sammeln unter polizeilicher Anleitung 60 Tonnen Altpapier und durchsuchen alte Zeitungen und Zeitschriften nach handschriftlichen Vermerken.

Die meisten Schriftproben entnehmen Bielek und seine Einsatzgruppe aber den Archiven der lokalen Behörden und Betriebe. Mehr als 100 000 handschriftliche Vermerke aus Personalakten, mehrere 10.000 Wohnungsanträge und Autoanmeldungen, eine Viertelmillion Anträge auf Personalausweise und knapp 100.000 Telegrammformulare von der Post schicken sie zur Auswertung an das Institut für Technische Untersuchungen nach Berlin.

Natascha Bischof ist für Bielek längst mehr als ein Mordfall. Das tote Mädchen wird zur Besessenheit.

In gleichem Maß wie die Einsatzgruppe des Oberleutnants mit jedem Monat schrumpft, weil immer mehr Männer für andere Aufgaben abgezogen werden, wächst sein Wille, den Kindsmörder zur Strecke zu bringen.

Zusammen mit den Schriftsachverständigen des ITU

Ein rätselhaftes Hobby

entwirft er sogar ein fingiertes Kreuzworträtsel, das in der Karl-Marx-Städter Tageszeitung veröffentlicht wird.

11.000 Karl-Marx-Städter schicken eine Postkarte mit dem Lösungswort „Maiblume" und ihrer Adresse an die Zeitung und hoffen, einen der zahlreichen Preise zu gewinnen.

„Einsendeschluss: 30. September" steht ganz unten auf der Zeitungsseite, die sich Bielek über den Schreibtisch geklebt hat. Schon wieder ist mehr als ein Monat vergangen, denkt er. Doch so lange die Schriftvergleiche nicht abgeschlossen sind, gibt es noch Hoffnung.

Bielek nippt an seinem kalten Kaffee. Es ist schon seine dritte Tasse an diesem Morgen.

Er hat sich angewöhnt, mit starkem Kaffee gegen die bleierne Müdigkeit anzukämpfen, die schlimmer wird mit jedem Tag, an dem er in seinem Büro sitzt und abwarten muss. Warten auf Ergebnisse der Gutachter in Berlin.

Erst reagiert Bielek gar nicht auf das Läuten des Telefons. Das schrille Geklingel frisst sich nur langsam durch die zähe Masse seiner Gedanken wie eine stumpfe Säge durch einen Stapel Brennholz.

Als das Geräusch endlich sein Gehirn erreicht hat, verschüttet er vor Schreck die Hälfte des Kaffees auf sein zerknittertes Hemd. „Verflucht..." zischt er, bevor er den Hörer abhebt und sich ordnungsgemäß meldet. „Operative Einsatzgruppe Natascha, Oberleutnant Bielek spricht."

„Guten Morgen Herr Oberleutnant", sagt der Mann am anderen Ende gut aufgelegt. „Ich weiß, es klingt unglaublich, aber ich habe eine gute Nachricht für sie. Wir haben eine Spur."

Bielek hält den Atem an. Monatelang hat er auf diesen Moment gewartet und jetzt ist sein Kopf mit einem Mal völlig leer, wie ein ausgeblasenes Ei zu Ostern, und er hat keine Ahnung, was er sagen soll. Doch der Mann vom ITU übernimmt das Reden. „Die Schrift aus den Kreuzworträtseln ist identisch mit einer der Einsendungen aus ihrem Preisrätsel, Herr Oberleutnant. Die Schriftprobe stammt von einer 55-jährigen Frau, Johanna Fuchs. Wenn die Dame wüsste, dass der Preis, den sie gewonnen hat, womöglich lebenslange Haft heißt..."

Der Mann lacht kurz und heiser. „Allerdings werden wir nicht ganz schlau daraus: sie arbeitet als Serviererin in Binz. Sie wissen schon, der Badeort an der Ostsee."

Bielek hat seine Stimme endlich wieder in der Gewalt. „Eine 55-jährige Frau ... und sie wohnt nicht in Karl-Marx-Stadt?" Er schüttelt den Kopf. „Sind sie sicher?"

Der Mann am anderen Ende der Leitung lacht wieder sein heiseres Lachen. „Das MfS macht keine Fehler, Oberleutnant, das müssen sie doch wissen."

„Ostseebad Binz" steht in ausgebleichten Buchstaben an der roten Klinkerwand des Bahnhofsgebäudes. Als Bielek aus dem Nachtzug steigt und verschlafen in die Morgensonne blinzelt, kann er immer noch nicht glauben, wie sein Leben auf einmal wieder an Fahrt gewonnen hat nach all den trägen Monaten des Abwartens.

Tag 1 – der Anruf. Tag 2 – die Recherche über Johanna Fuchs. Die Frau hat ihren Hauptwohnsitz in Karl-Marx-Stadt gemeldet. An ihrem Arbeitsplatz an der Ostsee unterhält sie nur eine Zweitwohnung.

Und heute, am Tag 3, wird Bielek endlich dem Phantom ins Gesicht blicken, das er monatelang gejagt hat: dem Verfasser der blutigen Kreuzworträtsel.

Bielek steigt die vier Stufen zum Eingang des Cafés „Sommerfrische" hinauf und öffnet die verglaste Eingangstür.

Ein rätselhaftes Hobby

Ein kalter Lufthauch zieht durch das menschenleere Café. Eine ältere Frau in einem abgetragenen Serviererinnenkostüm sitzt an der Theke und blättert in einer Zeitschrift. Sie kaut geistesabwesend an einem Kugelschreiber. Als die Tür hinter Bielek ins Schloss fällt, fährt sie erschrocken herum und springt sofort auf. Erstaunlich für ihr Alter, denkt Bielek noch, da steht sie bereits vor ihm und streicht ihre Schürze glatt. „Guten Morgen, der Herr", sagt sie. Ihre Augen leuchten grün wie die einer Katze. Die Lesebrille baumelt an einer goldenen Kette um ihren Hals. Ihr Lächeln ist angespannt. „Einen Kaffee?"

Bielek nickt und setzt sich ans Fenster. Er weiß sofort, dass er Johanna Fuchs vor sich hat; und er kann sich nicht vorstellen, dass die kleine, blondgefärbte Dame der zehnjährigen Natascha Bischof auch nur ein Haar gekrümmt hat.

Der offizielle Termin für das Verhör auf der Wache in Binz ist für 14 Uhr 30 angesetzt.

Die Tasse klappert lautstark auf der Untertasse, als die ältere Dame Bielek den Kaffee serviert. Er sieht, wie ihre blassen Hände zittern.

Das ist typisch. Wahrscheinlich hat ihr niemand gesagt, warum man sie verhören will. Die Volkspolizei liebt diese Art von Geheimniskrämerei. Bielek findet es hinderlich. Wenn jemand nervös ist, sind seine Aussagen oft konfus und wenig hilfreich.

Die Serviererin setzt das Tablett vor Bielek auf den Tisch. In der Untertasse hat sich ein kleiner Kaffeesee gebildet.

„Sind sie Frau Fuchs? Johanna Fuchs?", Bielek spricht langsam und leise.

Die Frau schaut ihn erschrocken an. Sie nickt.

Bielek ist froh, dass sie kein Kaffeetablett mehr in der

Hand hält. Ihr Zittern ist noch stärker geworden.

„Bitte setzen sie sich doch einen Augenblick." Bielek deutet auf den freien Stuhl neben sich. „Mein Name ist Bielek. Ich bin Oberleutnant der Kriminalpolizei in Karl-Marx-Stadt. Wir haben heute Nachmittag einen offiziellen Termin auf der Volkspolizeiwache hier in Binz." Er lächelt sie freundlich an. „Wenn die Umstände es zulassen, ziehe ich es immer vor, mich vor dem Verhör den Befragten in einer entspannteren Atmosphäre kurz vorzustellen."

Frau Fuchs starrt ihn immer noch stumm an. Bielek nimmt einen Schluck Kaffee und zieht anerkennend die Augenbrauen nach oben. „Mhm, guten Kaffee machen sie!"

Die Serviererin hat Tränen in den Augen. „Was wollen sie?"

Bielek setzt die Tasse ab, zurück in den kleinen Kaffeesee. „Sie haben Recht. Das können wir auch hier besprechen. Ich hoffe, dass sie mir helfen können, ein Verbrechen aufzuklären, Frau Fuchs, ein furchtbares Verbrechen."

Er erzählt ihr von den blutigen Kreuzworträtseln, die man bei der Leiche der ermordeten Natascha Bischof gefunden hat. Den Kreuzworträtseln, die sie offenbar ausgefüllt hat.

Er erzählt ihr auch von dem braunen Pappkoffer und dem Plastiksack.

Johanna Fuchs laufen Tränen über die geröteten Wangen. Bielek reicht ihr seine Serviette. Sie schnäuzt sich lautstark und wischt sich dann die Augen mit ihrer Schürze.

„Ja, ich habe so einen Koffer in meinem Keller in Karl-Marx-Stadt", sagt sie, „und auch so einen Plastiksack. In dem war meine Bettdecke."

Ein rätselhaftes Hobby

Bielek muss sich zwingen, sie anzuschauen. „Ich muss sie das fragen, Frau Fuchs..." Er fühlt sich übernächtigt. Seine Krawatte würgt ihn. „Wo waren sie am 6. Januar dieses Jahres?"

Die Frau schaut ihn überrascht an. „Am 6. Januar macht das Café auf. Ich habe um acht Uhr angefangen hier zu arbeiten."

Jetzt ist Bielek überrascht. „Hier in Binz?" Frau Fuchs nickt.

„Und wann waren sie zuletzt in Karl-Marx-Stadt?"

Sie atmet tief ein. „Ich bin am 5. Januar mit dem Zug um 11 Uhr 45 dort abgefahren."

Bielek schaut sie fragend an. „Heute ist der 8. Oktober."

Sie zuckt traurig mit den Achseln. „Wir hatten eine gute Saison hier an der See. Schönes Wetter. Viele Gäste. Bis letzte Woche noch."

Bielek sitzt alleine mit dieser Frau in einem menschenleeren Café, doch er glaubt ihr.

„Hat noch jemand einen Schlüssel zu ihrer Wohnung, Frau Fuchs?"

„Ich habe doch niemand, Herr Oberleutnant." Sie greift noch einmal nach Bieleks Serviette, um sich geräuschvoll die Nase zu putzen. „Der einzige, der zu mir in die Wohnung kommt, ist der Hausmeister", sie lächelt Bielek traurig an. „Der hat zu jeder Wohnung einen Schlüssel."

Ihre Tränen haben die Wimperntusche zerlaufen lassen. Sie sieht alt aus, denkt Bielek, älter als sie ist. Er legt seine Hand auf ihre.

„Sie haben mir sehr geholfen, Frau Fuchs", sagt er, „ich danke ihnen." Er greift nach dem Geldbeutel in seiner Jacketttasche. „Was bekommen sie für den Kaffee?"

Die Serviererin schüttelt den Kopf. Stumm steht sie auf

und holt Bieleks Mantel von der Garderobe.

Eine Stunde später sitzt Bielek wieder im Zug nach Karl-Marx-Stadt. Den Verhörtermin um 14 Uhr 30 hat er abgesagt. Frau Fuchs hat ihm bereits alles erzählt, was er wissen muss.

Die Fahndung nach dem Hausmeister läuft. Sein Name ist Roland Kolb, 24 Jahre alt, geboren in Zwickau, gemeldet in Karl-Marx-Stadt im Wohnblock 16A, nur drei Blocks von der Wohnung des ermordeten Mädchens entfernt.

Bielek spürt die Anspannung in seinen Muskeln. Wie ein Windhund vor dem Rennen. Er hat das Kaninchen im Visier: Roland Kolb. Er wartet nur noch auf den Startschuss, um loszulaufen und ihn endlich zu schnappen.

Während Bielek noch im Zug sitzt, verschaffen sich zwei Schutzpolizisten Zugang zu der Wohnung des Verdächtigen. Roland Kolb ist nicht da.

Nachbarn erzählen den Beamten, dass er oft mehrere Nächte nicht nach Hause komme. Das sei nichts Ungewöhnliches bei ihm. Und überhaupt – jetzt, wo die Polizisten danach fragen, bekräftigen sie, dass Kolb ihnen schon immer verdächtig vorgekommen sei. Ein verschlossener Typ, der nie grüßt.

Die Wohnung des Hausmeisters ist klein. Ein einziges Zimmer, das die Polizisten schnell durchsucht haben. Im Wandschrank unter der frischgebügelten Bettwäsche finden sie pornografische Zeitschriften mit Abbildungen von Kindern.

Die Schlinge zieht sich zu. Um 14 Uhr 30 werden mehrere Beamte in Zivil um den Eingangsbereich des Wohnblocks postiert.

Doch Roland Kolb wird nicht mehr dorthin zurückkehren. Nur eine knappe Stunde später, um 15 Uhr 22 wird

Ein rätselhaftes Hobby

das Auto des Hausmeisters an einer Tankstelle im Norden von Karl-Marx-Stadt gesehen. Innerhalb weniger Minuten sind zwei Polizeistreifen vor Ort. Mit Blaulicht und Sirene schneiden sie Kolbs grauem Trabant den Weg ab.

Er muss aus dem Auto steigen. Als der Hausmeister die Hände auf das Wagendach legt, klicken die Handschellen. Es ist 15 Uhr 28. Bielek sitzt noch immer im Zug nach Karl-Marx-Stadt, da zappelt sein Kaninchen bereits in der Falle.

Endlich bekommt der Jäger seine Beute zu Gesicht. Um 19 Uhr 18 betritt Bielek das Befragungszimmer der Wache in Karl-Marx-Stadt.

Ein kahler Raum ohne Fenster. Der Boden grau gefliest, die Wände grau gestrichen. In der Mitte steht ein quadratischer kleiner Tisch mit brauner Resopalplatte. Links und rechts davon zwei Holzstühle.

Bielek fühlt sich hier wie zu Hause. Er weiß, in welchem Takt die einzige Neonröhre an der Decke flackert, er weiß, welcher der beiden Stühle ein zu kurzes Bein hat und wackelt.

Er hat lange Stunden hier verbracht. Alleine mit dem Tonbandgerät – und Mördern. Manche geständig, andere nicht. Ganz selten nur ist einer dabei gewesen, den er für unschuldig gehalten hat.

Als Bielek die Tür hinter sich schließt, dreht sich der Mann auf dem wackligen Stuhl erschrocken um. Er sieht jung aus. Überraschend jung. Er könnte Nataschas älterer Bruder sein. Lange blonde Haare, die ihm wild ins Gesicht fallen. Ein Babygesicht mit geröteten Wangen und verschreckten blassblauen Augen.

Er steht auf und reicht Bielek wortlos die Hand.

Bielek spürt einen schlaffen warmen Händedruck, der gar nicht zu der kräftigen Statur des Hausmeisters passt.

Roland Kolb ist einen halben Kopf größer als der Oberleutnant. Ein dickes Riesenbaby. Ein gefährliches.

Bielek muss an die Würgemale am Hals der toten Natascha denken und zieht angewidert seine Hand zurück.

„Setzen sie sich", sagt er knapp.

„Ich habe das Mädchen vor dem Kino getroffen", sagt der Hausmeister leise. Seine Stimme klingt seltsam gepresst, als habe er eine schwere Grippe.

Bielek schaltet das Tonbandgerät ein. „Fangen wir von vorne an. Name, Geburtsdatum, Adresse."

Der Hausmeister sitzt in sich zusammengesunken auf dem wackligen Stuhl. Ohne Bielek anzusehen, spricht er die verlangten Daten langsam in das Mikrofon.

Bielek hat zu lange auf diesen Moment gewartet. Fast zehn Monate. Er kommt ohne Umschweife zur Sache. „Roland Kolb, sie haben sich am 6. Januar dieses Jahres Zugang zur Wohnung von Johanna Fuchs verschafft und dort die zehnjährige Natascha Bischof sexuell missbraucht und anschließend kaltblütig ermordet."

Kolb starrt auf das Mikrofon. Tränen laufen ihm über die rosa Babybacken. „Ich habe sie vor dem Kino getroffen", sagt er, „sie war ein hübsches Mädchen. Ganz zart gebaut."

Bielek spürt wieder diesen dicken Klumpen mit dem bitteren Geschmack seine Luftröhre hinaufkriechen, wie damals, im Februar, unter der Eisenbahnbrücke.

Das ist Hass, denkt er, Hass hat diesen bitteren Geschmack.

Er zieht einen Kugelschreiber und ein Stück Papier aus seiner Jacketttasche. Beides schiebt er über den Tisch hinüber zu Kolb.

„Schreiben sie es auf", sagt Bielek. Dann verlässt er den Befragungsraum und geht auf die Toilette, wo er sich übergeben muss.

Ein rätselhaftes Hobby

Das Geständnis ist kurz und bündig. „Das Mädchen hat sich ausgezogen und alles getan, was ich wollte. Sie hatte Angst vor mir. Dann habe ich mit dem Hammer auf den Kopf geschlagen und mehrere Male mit einem Schraubenzieher in die Brust gestochen. Bis sie ganz ruhig war. Gezeichnet: Roland Kolb."

Auf dem leuchtend weißen Papier wirkt die schwarze Tinte dunkel und bedrohlich. Bielek legt das Blatt schnell wieder auf den Tisch.

„Warum haben sie das Mädchen getötet, nachdem es ihnen doch alle ihre ... Wünsche erfüllt hat?" Er spürt schon wieder einen Brechreiz im Rachen.

Der Hausmeister antwortet langsam und deutlich, wie ein Lehrer, der ein Schulkind vor sich hat, das schwer von Begriff ist. „Das Mädchen hätte mich verraten, verstehen sie nicht? Ich musste seine Leiche verschwinden lassen."

Die Spulen des Tonbandgerätes drehen sich mit einem leisen Knacksen einmal um die eigene Achse, bevor Kolb weiterspricht.

„Dann habe ich sie weggepackt. Sie war so zierlich und leicht. Ich musste den Koffer ausstopfen, so klein war das Mädchen. Und sie hat geblutet. Deshalb habe ich die Zeitungen dazu gelegt. Um das Blut aufzusaugen. Ich kann doch keinen Koffer mit in den Zug nehmen, aus dem Blut tropft, oder?"

Bielek antwortet nicht.

„Ich habe den Acht-Uhr-Zug genommen. Aber ich musste drei Stationen warten. Dann waren alle Leute aus meinem Abteil ausgestiegen. Ich habe das Fenster geöffnet und den Koffer hinausgeworfen."

Bielek fährt in Gedanken die Bahnstrecke Karl-Marx-Stadt–Dresden ab – drei Stationen – das passt mit der

Fundstelle der Leiche im Koffer zusammen.

„Und dann?" Kolb schaut den Polizisten wieder mit diesem ratlosen Blick an. „Dann bin ich wieder nach Hause gefahren. Was sonst?"

Bielek ist froh, dass er keine Dienstwaffe bei sich trägt. Wenn er jetzt eine Pistole in der Hand hätte, könnte er für nichts garantieren.

„Mögen Sie Kreuzworträtsel?" Bielek muss das nicht fragen, er hat alles. Aber er will es hören. „Warum fragen Sie?" Kolb strahlt ihn tatsächlich an. „Das ist so eine Art Hobby, ich liebe es..." Bielek muss raus hier. Das Grau an den Wänden scheint plötzlich näher zu kommen und ihn zu erdrücken. Er bekommt keine Luft. Das fette, schwitzende Riesenbaby vor ihm atmet ihm den letzten Sauerstoff weg.

„Sie werden dazu Gelegenheit haben!" Mit schnellen Schritten geht Bielek zur Tür. Dort dreht er sich noch einmal um. „Wir sehen uns im Gericht."

Dann fällt die Tür hinter ihm zu.

Draußen im Gang lehnt sich Bielek erschöpft an die Wand. Es tut gut, die kühlen Ziegel an seinem verschwitzten Rücken zu spüren.

Er wünscht sich einen harten Staatsanwalt für den Mordfall Natascha Bischof.

Und er wünscht sich einen langen Urlaub. Weit, ganz weit weg von hier.

Wolf-B. Heinz
Tödliche Spannung

„Jauchzet, frohlocket...". Aus dem Herrenoberbekleidungsgeschäft tönt der Chor aus Bachs Weihnachtsoratorium. Der junge Mann bleibt wie angewurzelt stehen. Jochen Kromarek, frisch gebackener Regieassistent der Städtischen Bühnen, ist Zeitung lesend durch die weihnachtlich geschmückte Fußgängerzone geeilt. „Auf Revision der Verteidigung hin hat der Bundesgerichtshof das Urteil wegen eines Formfehlers aufgehoben. Am 21. Dezember beginnt vor der Großen Strafkammer der neue Prozess, in dessen Mittelpunkt wieder ein kleiner Elektrokasten steht, den der Angeklagte selbst gebastelt hat. Damit soll er, so der Verdacht der Staatsanwaltschaft, drei seiner vier Ehefrauen ermordet haben. Er hatte ihnen vorgegaukelt, dass es sich bei diesem Apparat um ein Alkoholtestgerät handele, das er als Patent auf den Markt bringen wolle..."

Dieser Elektrokasten stand bereits im Zentrum der Aufmerksamkeit im letzten Prozess, über den er, Kromarek, als Gerichtsreporter berichtet hatte. Von allen ehrfurchtsvoll bestaunt! Jochen durfte das Teil von allen Seiten fotografieren und er war enttäuscht. Ihm fiel damals sein 16. Geburtstag ein, als sein Vater und er fast geheult hatten. Der Vater, der seinem Sohn die „Bibel" seiner Jugend verehren wollte, der Sohn, der damit nun überhaupt nichts anfangen konnte: Wollmanns „Großes Werkbuch für Jungen". Das Buch sah gepflegt aus, wie neu. Der Vater hatte es gehütet wie seinen Augapfel. Aber die

Fotos, Abbildungen und Bauzeichnungen, das war typisch Sechziger Jahre. „Da ist sogar ein Bauplan für ein echtes Segelboot drin!" Segelboot! Wenn überhaupt, dann hätten ihn die Kapitel „Der junge Elektrotechniker" und „Radiotechnik" interessiert. Aber das war alles „Asbach uralt". Missmutig hatte er in den Seiten, die dem Vater so viel bedeuteten, geblättert. Und diese Schachtel da vorne, aus Sperrholz gefertigt, sie hatte ziemlich genau die Größe dieses Werkbuches. Es war die biedere Art der Fertigung, die ihn an die Fotos und somit drastisch an dieses Kindheitserlebnis erinnerte. Was hat er sich denn vorgestellt? Irgendetwas Chromblitzendes aus der Requisitenkammer der James-Bond-Filme? Er wusste es selbst nicht. Ganz bestimmt aber kein Teil aus Holz, mit Digital- und LCD-Anzeigen, die wie Intarsien säuberlich in das Holz eingelassen waren und merkwürdig kontrastierten mit drei altmodischen Schaltern. Und wozu dieses kreisrunde Loch? Das ließ das Ding wie einen modernisierten, verkleinerten Volksempfänger aussehen... dieses lausige Zigarrenschächtelchen, das ein Daniel Düsentrieb zu einer Fernsteuerung umgebaut hatte oder ein geschäftstüchtiger Künstler zu einem zeitkritischen Kunstwerk, hatte Kripobeamte, ernsthafte Ingenieure vom LKA, berufene und unberufene Spezialisten, und nun die Juristen beschäftigt. Der Sachverständige nahm das Schächtelchen in die Hand, als ginge es um eine Grabbeigabe von Tutanchamun. „...Drei Schaltkreise, die elektrisch nicht verbunden sind." Behutsam nestelte er den Deckel ab. Die Eingeweide, ein Wust bunter Kabel, schienen herauszuquellen. Mit seinem silbermetallicfarbenen Stift deutete er auf zwei kleine Blöcke. „Diese Komponenten, ich nenne das mal ‚Baugruppe 1', werden Sie sicher-

Tödliche Spannung

lich kennen. Es handelt sich um handelsübliche Digitaluhrenbausteine, die über einen Schalter mit Batterien betrieben werden können." Sein Silberstift drückte einige Drähte zur Seite. „Je nach Schalterstellung kann man über diese Teile, das sind so genannte Kohlewiderstände, nennen wir sie ‚Baugruppe 2', bei ordnungsgemäßem Anschluss an das 220-Volt-Stromnetz, verschiedene Leuchtmuster mit jenen 6 Leuchtdioden im Kastendeckel erzeugen ... wenn sich dieser Kippschalter in der oberen Stellung befindet, so, und gleichzeitig jener rote Taster gedrückt wird..." Der hauptamtliche Sachverständige mit den silbermetallicfarbenen Haaren, silbermetallicfarbenen Augenbrauen und dem darauf abgestimmten silbernen Anzug demonstrierte es umständlich. „Das ist doch Hypno wie er leibt und lebt!", durchfuhr es Kromarek. So nannten sie damals in der 10. und 11. Klasse ihren Mathe-Physiklehrer. Der redete auch genau so: „Wenn jener Vektor A die Ebene Alpha durchstößt..." Kromarek hing seinen Phantasien nach, wie damals, in den meisten Mathestunden. Die Luft hier war stickig wie im Klassenzimmer. Hypno glaubte immer, seine Schüler würden Spickzettel im Fensterrahmen verstecken. „Ich könnte wetten, dieser Sachverständige fährt einen silbermetallicfarbenen Audi!" (Obwohl Hypno einen roten BMW fuhr).

„Kromarek, reiß dich zusammen! Du bist hier schließlich nicht zum Vergnügen!" Erschrocken dreht sich Kromarek um: Der Gerichtssaal ist bis auf den letzten Platz besetzt. Der junge Gerichtsreporter fühlt sich irgendwie ertappt. Er richtet sich auf, dehnt die Arme, indem er sie kurz nach oben streckt und schiebt die Sakkoärmel bis zum Ellbogen. Dann macht er sich eifrig Notizen. „... würde unter jenen Umständen eine völlig harmlose Spannung nach außen abgegeben. Mit der ‚Baugruppe 3...'" Kromarek lächelt den Silbergrauen an. Er hat den Anschluss gefunden, er kann ihm noch folgen. Der Referent sticht seinen Stift wieder in das Drähtewirrwarr. „... kann ein elektrischer Widerstand gemessen werden. Mit jener LCD-Anzeige können wir den Wert ablesen". Der Stift zeigt auf einen schmalen, rechteckigen Ausschnitt im Sperrholzdeckel. „Wenn man nun aber bei einer anderen Schalterstellung, also, wenn sich der Kippschalter in der oberen Stellung befindet, sehen Sie? Und wenn ich gleichzeitig diesen schwarzen Taster drücke, kann die Phase des Haushaltsstromes auf eine grüne beziehungsweise gelbe Buchse geleitet werden; von dort kann mit geeigneten, stromleitenden Materialien lebensgefährlicher Strom über einen angeschlossenen menschlichen Körper geleitet werden."

Er wirft einen Blick zur Anklagebank. Jochen Kromarek muss sich konzentrieren, seine unsachlichen Gedanken im Zaum halten. Fast hätte er den Angeklagten ebenfalls mit einem wehrlosen Studienrat aus alten Zeiten verglichen.

„Dieser Apparat passt zu ihm! Mit seinen akkurat gescheitelten grauen Haaren, dem ebenso gebundenen Krawattenknoten, der zeitlosen Goldrandbrille, dem ordentlichen, aber doch schon recht abgetragenen, so völlig aus der Mode geratenen Anzug, sieht der Mann aus wie... eben, wie ein altmodischer Schulmeister, oder wie ein Buchhalter mit Ärmelschonern aus der Schwarzweißfilm-Ära."

Der Silbergraue führt gerade aus, dass er keine blasse Ahnung habe, welchen Sinn dieses Gerät gehabt haben könne, und dass es auf keinen Fall dazu tauge, den Alkoholgehalt im Blut einer Person zu messen, geschweige denn als Lügendetektor funktioniere. Dieser stille Mann auf der Anklagebank, ein gelernter Maurer und Hobbyelektriker, hatte dieses ominöse Kästchen gebastelt. Kromarek verzweifelt an dem Gedanken, wie man im ausgehenden 20. Jahrhundert, wo auf jedem Schrottplatz beeindruckendere Komponenten lagerten, ein elektronisches Gerät, egal für welchen Zweck, in so prosaisches Material packen kann wie Sperrholz? „Reg dich ab, Kromarek, das ist eine reine Stilfrage", würde sein Kumpel Jens Oheim sagen. Mit Jens hatte er bereits bei Hypno die Schulbank gedrückt. Da hatten sie während des Unterrichts „zeitgenössische Lyrik" geschrieben, abwechselnd jeder immer einen Vers. Sie planten eine bibliophile Ausgabe der Gesammelten Werke im Selbstverlag, doch dazu kam es nie. Nach dem Abitur hatten sie sich aus den Augen verloren und vor kurzem wieder gefunden. Beide arbeiten sozusagen in derselben Branche: Er als Gerichtsreporter, Jens Oheim als Gerichtsmediziner. Kromarek regt sich ab, indem er Block und Bleistift in seine Umhängetasche wirft und aufsteht. Er braucht jetzt eine Zigarette und frische Luft. Möglichst unauffällig schiebt er sich zur Saaltür, er hat die Klinke in der Hand, als der silbergraue Sachverständige feierlich und bedeutungsschwanger „Todesmaschine" sagt. Er ist einige Schritte zurückgetreten und zeigt mit ausgestrecktem Arm und seinem silbernen Parker-Kuli auf das Asservat wie auf einen stinkenden Kadaver. Kromarek schiebt sich hinaus. „Von Spielzeug bis Todesmaschine, bei diesem Elektrokasten ist alles drin." Kromarek lässt die Tür ins Schloss fallen und verhilft damit dem Fazit des Silbergrauen zu einem dramatischen Ausrufezeichen. Im Gehen fischt er die zerknitterte, hellblaue Zigarettenpackung aus der Tasche, schiebt sich einen Stengel zwischen die Lippen, er wird schneller, fast rennt er einen Gerichtsdiener mit seinem Aktenwägelchen um, nichts wie raus!

Als nächstes würde Prof. Dr. Bröder, Leiter des Rechtsmedizinischen Instituts der Uniklinik, sein Gutachten zum Besten geben. Kromarek zündet seine Zigarette an und schaut an der Fassade des Gerichtsgebäudes empor. Er hat überhaupt keine Lust, da wieder hineinzugehen. Erstens ist Frühling und zweitens muss er dringend seine Notizen und seine Gedanken ordnen. Er setzt sich auf das Fahrrad, aber das scheint festgeschmiedet zu sein. Normalerweise schließt er seinen Drahtesel nicht ab. Irritiert steigt er ab. Das Fahrrad ist nicht angeschmiedet, es hat keinen Defekt, es ist nur nicht seines. Tatsächlich entdeckt er einen metallicgrauen Audi 100. „Vergiss es", sagt er sich. Ob der Sachverständige so einen fährt, interessiert ihn nicht mehr. Er beschließt, Regina in ihrer Boutique anzurufen, sie könnten zusammen bei Claudio einen Salat essen, dann käme er locker noch rechtzeitig zum Resümee des medizinischen Gutachters.

„Ciao Regina! Ciao Jochen!" Jochen mag Claudio, aber irgendwie ist er eifersüchtig auf die Art und Weise, wie er sich erlaubt, auf seine mediterrane Art den Namen seiner Freundin auszusprechen. „Redjina…" Claudio nimmt ihr den Trenchcoat ab und führt sie zu dem Bistrotisch gleich hinter der Theke, einem Platz, an dem es sich weitgehend ungestört unterhalten lässt. „Was ist los bei dir?", fragt Regina. „Nichts. Der Angeklagte hat heute wieder nichts gesagt. Er hat auch gestern nichts gesagt. Ich kann mich gar nicht erinnern, wie seine Stimme klingt. 'Ich mache zur Zeit keine Angaben', hat er am 1. Verhandlungstag gesagt." „Das heißt, dass sich die Sache noch ziemlich in die Länge ziehen kann." „Gut möglich. Mindestens bis zum 15. Juni. Habe ich dir eigentlich schon mal Jens Oheim vorgestellt? Er hat gestern Abend einen Herren-

Tödliche Spannung

abend gegeben." "Das ist doch dein Freund, der so ähnlich aussieht wie Günther Verheugen, mit seinen dicken Brillengläsern?" Jochen nickt erfreut: "Ganz genau! Professor Bröder hat ihn in sein Team berufen. Erstens, weil tüchtige Leichenschauer hierzulande echt selten sind, und zweitens, weil er total beeindruckt war, wie Jens gegen den Widerstand seines Chefs die ganze Sache ins Rollen brachte. He, Claudio, ist es nicht noch viel zu früh für so etwas?" Ungefragt bringt Claudio zwei Gläser Rotwein. Jochen klingt nicht sehr überzeugend, denn gleichzeitig greift er gierig nach einem der großen Stilgläser. "Ist kein Problem, ganz leichter Valpolicello von Allegrini. Freunde, den müsst ihr probieren. Alla Salute! Nehmt ihr dazu Insalata Primavera mit Spargel und Filets d'acciuga." Der Wirt legt Zeigefinger und Daumen zusammen, spreizt die anderen Finger ab, und küsst die Daumenkuppe. "Gute Idee, Claudio! Aber lass bitte die Sardellenfilets bei Regina weg." "Claro, wenn sein muss." "Jochen, was hat denn dein Oheim von der Rechtsmedizin ins Rollen gebracht?" "Immerhin berichte ich seit 14 Tagen darüber." "Jochilein, sei nicht beleidigt, das steht dir nicht! Entschuldige, dass ich dich an die allein erziehende Boutiquengeschäftsführerin erinnere, die gerade nebenbei Wohnung und Geschäft renoviert. Außerdem, Lieber, warum soll ich lesen, wenn es mir der Autor viel anschaulicher erzählt." "Tut mir leid, Regina. Aber der Fall geht mir ziemlich an die Nieren. Also, in der Regel landen alle Fälle, bei denen der den Totenschein ausstellende Arzt nicht zweifelsfrei die Todesursache diagnostizieren kann, an Oheims Arbeitsplatz. Unter anderem die Maurergattin Anka Hecker. Der Halbblinde hat echt was drauf! Durch seine dicken Brillengläser entdeckt er weißliche Flecken mit graurötlichen Rändern auf dem linken Arm und dem rechten Bein, die kleinsten so groß wie Marienkäferpunkte und die größeren etwa so groß wie dieser Glückskäfer." Jochen zeigte auf das Tierchen in Reginas Haaren. „Der erste Marienkäfer des Jahres! Da darf ich mir doch was wünschen, oder?" Jochen hat den Käfer schon längst vergessen. „Koagulationsnekrosen! Jens dachte sofort daran, dass da Strom geflossen ist, vom linken Oberarm zum rechten Unterschenkel, also direkt durchs Herz. Er sagt, das würde auch die Stauungsblutungen in den Augen erklären, die er ebenfalls festgestellt hat. Dann kommt sein Chef dazu, Privatdozent Dr. Kalb, ein Pykniker mit blutroter Glatze. Seine Fistelstimme hat Gewicht im Institut. Er erhebt sein gewichtiges Stimmchen und plärrt: ‚Quatsch! Die Frau ist an einer Herzmuskelentzündung gestorben!'" Jochen fängt an zu lachen! Regina schaut ihn irritiert an. „Regina, das ist einfach eine starke Szene: milchig weißblaues Licht, in der Mitte die Kühlschrankschublade mit der Leiche, die die Herren ob ihrer Diskussion vergessen haben zuzudecken, auf beiden Seiten davon je ein gestikulierender Weißkittel, ‚Herzversagen!' krächzt der mit der roten Glatze, ‚Stromtod!' kräht der andere mit den dicken Augengläsern, ‚Stromtod!' ‚Herzversagen!' die Stimmen überschlagen sich. Ich würde das wie einen richtigen Rap inszenieren. Andere Weißkittel kommen dazu und mischen sich ein: ‚Stromversagen! Herztod! Stromversagen!'" „Sieh an, ein Journalist, in dem ein Regisseur schlummert!" „Regina, lach nicht, der Job würde mich echt reizen!" „Brotlose Kunst, Herr Redakteur! Wer hat denn gewonnen? Stromtod oder Herzversagen?" „Es stand erst mal eins zu null für Herzversagen. Der Glatzköpfige mit der Fistelstimme ruft auch gleich beim Staatsanwalt

Tödliche Spannung

an, macht sich mächtig wichtig mit seiner Herzmuskelentzündung. Jens hat sich, zum Glück, nicht einschüchtern lassen. Nur seiner Hartnäckigkeit ist es zu verdanken, dass im vorläufigen Obduktionsbericht Stromtod wenigstens als ‚mögliche Ursache' in Betracht gezogen wird. Kurz darauf steht es unentschieden: Der international anerkannte Myoglobinforscher Professor Dr. Dr. Bröder – der, der jetzt gerade im Gerichtssaal spricht – und der Biochemiker Professor Dr. Dr. Gregor bestätigen nach feingeweblichen Untersuchungen einwandfrei den Befund des jungen Kollegen Dr. Jens Oheim!" Jochen lehnt sich zurück, als hätte er durch Generationszugehörigkeit Anrecht auf einen Teil dieses Erfolgs. Regina lächelt: „So etwas gefällt dir, nicht wahr?" „Ja, jetzt steht das Match zwei zu eins für Jens Oheim. Mal sehen, wie Kalb das heute dem Hohen Gericht erklärt. Das will ich mir nicht entgehen lassen."

„Und was heißt das jetzt für Hecker?" „Du scheinst ja tatsächlich kaum etwas von diesem Fall mitgekriegt zu haben. Jetzt kommt doch erst der Clou! Eine Polizeibeamtin aus dem Landkreis, die wegen einer ganz anderen Angelegenheit kurz ins Institut kommt, wird Zeugin des Streits der weißen Raben und schnappt den Namen der Leiche auf. ‚Was? Schon wieder eine tote Frau Hecker!' Jens sagte, da hätte man die berühmte Stecknadel fallen hören können. Eben noch lag die Leiche im Mittelpunkt der diskutierenden Koryphäen, nun umringen sie die Polizistin. Es stellt sich raus, dass Hecker innerhalb von 13 Jahren vier Ehefrauen verloren hat. Jetzt bist du dran!" Wie damals in der Gerichtsmedizin herrscht nun plötzlich beklommene Stille am Bistrotisch. „Und die hat er alle echt umgebracht?", flüstert Regina. „Immerhin ist auffällig, dass alle Frauen in der Nacht gestorben sind. Dreimal war es der Angeklagte, der die Toten am nächsten Morgen fand. Jedes Mal war er es, der die Sache meldete. Willst du mehr darüber wissen?" „O ja! Ich muss zwar gleich wieder rüber in die Boutique, sag' es mir im Telegrammstil, wenn's geht, und erzähl mir die Details heute Abend." Jochen holt seinen Block aus der Jutetasche, er blättert auf die richtige Seite. „Da hab' ich es: 1983 stirbt überraschend die erste Frau Anna. Sie war 45 Jahre alt. Der Pathologe findet am rechten Unterarm eine fünfzehn mal sechs Zentimeter große Hautvertrocknung und eine ein Zentimeter große rötliche Hautverfärbung. Eine weitere Hautvertrocknung von etwa einem Zentimeter Durchmesser bemerkt er am linken Fuß..." „Ist das ein Beweis?" Regina ist fast atemlos. „Der Arzt beschreibt die Befunde nur, er macht keine Fotos und deuten kann er sie nicht. Er ist Krankenhauspathologe, ein Rechtsmedizinisches Institut gab es damals noch nicht. Regina, drei mal darfst du raten, was er als Todesursache eingetragen hat." „Herzversagen?" „Genau! Sie haben sie zwar vor ein paar Tagen noch einmal ausgebuddelt. Kannst du dir vorstellen, was von ihr übriggeblieben ist?" „Jochen, bitte! Ich habe meinen Salat noch nicht ganz aufgegessen." „Okay, okay! Der Pathologe von früher kann sich an nichts mehr erinnern; wie gesagt, es ist 13 Jahre her."

„Und die zweite Frau?" „Gisela wurde von ihrem Mann am 1. April 1986 gegen 7.30 Uhr als verstorben gemeldet." „Und die Beamten sind nicht gekommen, weil sie es für einen Aprilscherz hielten?" „Hey, Regina, so kenne ich dich ja noch gar nicht! Als sie kamen, war Hecker völlig aufgelöst und erzählte, er sei am Abend allein ins Bett gegangen. Am Morgen sei er um sechs aufgestanden und habe den Ofen angeheizt, den Kaffee gemacht und sie

Tödliche Spannung

dann wecken wollen, da sei sie leblos gewesen. Apropos, ich könnte einen guten Espresso gebrauchen! Claudio!?" „Si, si! Capito, due Espressi! Subito!" „Die zweite Frau war eine starke Raucherin und hatte unter Bluthochdruck gelitten. Als Todesursache diagnostizierte er..." „Herzversagen!" „Sorry, Schlaganfall! Wegen ungenügender Beweislage wurde das Verfahren bereits ad acta gelegt." Und was war mit der Dritten?" „Paula wird am 13. Oktober 1991..." „Ein Freitag?" „Regina! Ich dachte, du hast es eilig." „Stimmt, aber diese Späßchen helfen ein bisschen, wie Pfeifen im Dunkeln... also sag' schon, was steht nun im Totenschein? Wieder Schlaganfall?" „Nein, wieder Herztod! Sie ist 36 Jahre alt geworden. Die Leiche wurde von einer ihrer Töchter, der 14-jährigen Laura, im Gartenhaus gefunden. Und weißt du, was die Tochter noch entdeckt hat?" „Bitte sag es mir, ich muss wirklich gleich gehen." „Rote, punktförmige Flecken an der Innenseite der Arme!" Regina wird nervös, bleibt aber sitzen: „Und?" „Nichts! Die leichenbeschauende Ärztin hält das für Totenflecke. Die Frau war sehr dick, litt an Diabetes und Asthma, und weil sie in der Hand noch eine Sprühdose gegen Asthmaanfälle hält, macht sich niemand Gedanken. Niemand, außer den 14, 15 und 18 Jahre alten Töchtern, die eine Obduktion wollen. Die scheitert am Widerstand des Stiefvaters, und weil die Bediensteten des Bestattungsinstituts den Mädchen erklären, dass eine Obduktion die Leiche unvorteilhaft verändern würde.

„Wieder nichts in der Hand?" „Nichts! Auch sie hat man noch einmal ausgegraben." „Erspar' mir bitte die Einzelheiten! Gibt's denn irgendwelche Motive?"

„Die erste Ehe war am Ende. Hecker hatte bereits ein Kind mit seiner zukünftigen zweiten Frau. Wenn ich mich nicht irre, hat er eine ansehnliche Lebensversicherung kassiert.

Richtig wohlhabend war die dritte Frau, Paula. Unter anderem erbte der Witwer ein Grundstück und mehrere Eigentumswohnungen. Ein Jahr vorher war die Schwiegermutter gestorben und hatte ihrer Tochter ein weiteres Haus und Bares hinterlassen. Das Haus haben die Heckers für mehrere hunderttausend Mark verkauft. Das Geld ist aber nie aufgetaucht." „Jochen, das ist ja Wahnsinn! Hatte der Hobbyelektriker beim Tod seiner Schwiegermutter auch ein bisschen nachgeholfen?" „Da gab es einen Verdacht. Aber das Verfahren musste eingestellt werden – zu wenig Anhaltspunkte." „Jochen, jetzt muss ich aber wirklich!" „Ich auch. Claudio! Il conto, per favore!" „Certo!" Claudios gedrungene Figur taucht hinter dem Perlvorhang in der Küchentür auf. „Also Fortsetzung folgt?" Regina haucht einen Kuss auf die Journalistenstirn. „Certo! Heute abend! Bei dir oder bei mir?" „Wie wär's bei mir. Ich habe sturmfreie Bude, Dominik ist bei seiner Oma. Vielleicht hilfst du mir auch ein Stündchen beim Tapezieren?" „Schauen wir 'mal!"

Die Beiden verlassen das gemütliche Ristorante. Jochen klemmt seine Jutetasche auf den Gepäckträger seines rostigen Drahtesels. Regina hat noch eine Frage: „Und bei der Letzten, gab's da auch ein Motiv?" „Das Schlimmste, Regina, ich erzähl es dir heute abend, ja?" Jochen sagt das ungewöhnlich sanft. Regina eilt in ihre Boutique. Gemächlich, damit der Gegenwind die Glut seiner Zigarette nicht in die Augen bläst, fährt Jochen Kromarek zurück zum Landgericht.

„Der in den Blutproben von Anka Hecker gefundene Myoglobinanstieg auf 2348 bzw. 2497 Mikrogramm pro Milliliter bei Fehlen von erheblichen Traumatisierungsspuren der

Tödliche Spannung

Muskulatur beziehungsweise bei Fehlen fortgeschrittener autolytischer Veränderungen lässt nur den Schluss auf einen intravitalen Stromdurchfluss durch den Körper zu." Wie Jochen vorausgesehen hatte, kommt Professor Dr. Dr. Bröder gerade mit seinen Ausführungen zu Ende. Die Gesichter der Schöffen sind in einem Ausdruck hoffnungsloser Überforderung erstarrt. Wetten, dass die Kollegin einer bekannten Boulevardzeitung ihn spätestens im Flur bitten wird, ihr die Konzentration des Myoglobingehalts im Herzblut zu erklären. Glücklicherweise hatte ihm Jens gestern abend bei zwei bis drei Pils die Brödersche und Gregorsche Myoglobinkonzentrationsthese ausführlich erläutert. Kromarek hat das Gefühl, dass auch die Verteidiger nicht richtig verstanden oder nicht richtig zugehört haben, sonst dürften sie Bröders Arbeiten nicht als „unausgereifte Forschungsmethoden" bezeichnen. Rechtsanwältin Schmitt-Reiser entscheidet sich für die Flucht nach vorne; etwas nassforsch bittet sie um Auskunft darüber, wieviel Stromtote Professor Bröder bisher auf Myoglobin untersucht habe. „Wir haben bisher 41 sichere Stromtodesfälle untersucht." Das sitzt! „Da kann man durchaus von einem wissenschaftlich gesicherten Ergebnis sprechen", sagt der vorsitzende Richter. Das sitzt erst recht. Trotzdem gelingt es den zwei Anwälten, eine unerschütterliche Selbstsicherheit zu demonstrieren, die Kromarek nicht nur unheimlich, sondern schlicht unanständig vorkommt.

Glücklicherweise folgt eine Humoreske als Programmeinlage: Dr. Kalb, Oheims damaliger Vorgesetzter, bekommt seinen Auftritt. Seine Ausführung ist etwas umständlich, sein Gesicht und die Glatze sind knallrot, der weiße Haarkranz steht ab. „Es gab eine telefonische Anfrage, entweder noch während oder unmittelbar nach der Obduktion, so genau kann ich mich nicht mehr erinnern, von dem damals sachbearbeitenden Staatsanwalt." Kalbs Fistelstimme vibriert. „Derartige Anfragen sind normal und dabei ist es klar, dass allenfalls vorläufige Ergebnisse mitgeteilt werden können. Ich betone: vorläufig!" Kleine Kunstpause, die Fistelstimme muss sich kurz erholen. „Ich habe meine persönliche Ansicht kundgetan und habe deutlich darauf hingewiesen, dass zur Absicherung der Todesfeststellung noch Zusatzuntersuchungen durchgeführt werden müssten." Allegro; die Fistelstimme holt zum Finale aus. „Ich habe glasklar gesagt, dass meine Äußerung als Diagnose vorbehaltlich der Ergebnisse dieser Zusatzuntersuchungen zu werten sei." Die Fistelstimme hat durchgehalten. Es folgt sogar eine Zugabe: „Ich darf in aller Bescheidenheit abschließend hinzufügen, dass ich es war, der die Zurückhaltung bestimmter Asservate für die Zusatzuntersuchungen vorgeschlagen hat." Kalb deutet eine Verbeugung an, als wolle er nun huldvoll den Applaus entgegennehmen.

Kromarek wirft einen Blick auf die Verteidiger. Sie kommen ihm vor wie Kampfstiere, die ungeduldig mit den Vorderhufen scharren. Ihr Antrag auf Einholung weiterer Sachverständigengutachten, zum Beispiel von einem Arzt für Herzkrankheiten und einem Pathologen, wird „abgelehnt, weil weder ersichtlich noch dargetan ist, dass diese Sachverständigen über Forschungsmittel verfügen, die denen des Sachverständigen Professor Dr. Dr. Bröder überlegen erscheinen. Es ist auch nicht erkennbar, wie ein Arzt für Herzkrankheiten oder ein Pathologe Kenntnisse auf dem Gebiet der Myoglobinforschung haben sollte, die über die des Sachverständigen Professor Dr. Dr. Bröder hinausgehen." Feierabend. Der Prozess wird in

Tödliche Spannung

acht Tagen fortgesetzt. Es war der 6. Verhandlungstag. Vier weitere sind vorerst eingeplant. Vier weitere Termine, an denen der Verteidigung jedes Mittel Recht sein wird, ihren Mandanten frei zu bekommen.

Frustriert verlässt Jochen Kromarek den Gerichtssaal. Durch die Rekapitulation im Gespräch mit Regina in der Mittagspause schien ihm im Prinzip alles so einfach. Ihm fiel ein uraltes Märchen ein. Regina mag Märchen. „Es war einmal ein König, der prüfte die Neugier seiner jungen Frau. Ihr wurde der Zutritt zu einer bestimmten Kammer verboten. Doch was verboten ist, macht bekanntlich heiß. Sie schließt auf, und wie die Tür aufgeht, schwimmt ihr ein Strom Blut entgegen, und an den Wänden herum sieht sie tote Frauen hängen, von einigen sind nur die Gerippe übrig. Sie erschrickt so heftig, dass sie die Tür gleich wieder zuschlägt. Der Schlüssel springt dabei heraus und fällt ins Blut. Geschwind hebt sie ihn auf und will das Blut abwischen, aber es ist umsonst: Wenn sie es auf der einen Seite abgewischt hat, kommt es auf der anderen wieder zum Vorschein. Der König tötet sie und ebenso weitere Frauen, bis die Letzte von ihren Brüdern gerettet und König Blaubart getötet wird." Er wird ihr dieses heute Abend erzählen, bevor er mit der Geschichte von Erich Hecker fortfährt.

„Hast du dieses Myoglobinphänomen von Professor Bröder kapiert?" Die Stimme seiner Kollegin holt ihn zurück in die Realität. Wunder gibt es immer seltener! Und es wäre eines gewesen, wenn ihm heute ihre Fragen erspart geblieben wären. „Verena-Schatz, ich musste zwischendurch dringend weg, gab's denn Neues von Branko?" „Ach, der hat nur vier Worte gesagt." „Was denn?" „Er hat dem Angeklagten tief in die Augen geschaut und gesagt: ‚Du hast sie umgebracht.'" „Er meinte wahrscheinlich seine Mutter, Heckers erste Frau." "Ja, genau." "Sonst hat er nichts gesagt? Hat er nicht ausgeführt, warum er sich da so sicher ist?" "Ach ja, doch! Seine Mutter soll ihm kurz vor ihrem Tod gesagt haben, wenn ihr was zustieße, dann sei es Hecker gewesen, er solle dann sofort die Polizei benachrichtigen." "Verena, das ist doch was." "Schnee von gestern! Die ersten drei Leichen haben sie doch schon voll aufgegeben. Jetzt geht's nur noch um die Letzte. Also, wie funktioniert das mit dem Myoglobin?" "Weißt du, was Hämoglobin ist?" "Sind das nicht die roten Blutkörperchen?" "Im Prinzip nicht ganz falsch! Es ist der Inhalt der roten Blutkörperchen. Man kann auch trivial sagen: ‚Der rote Blutfarbstoff' und Myoglobin ist der rote Muskelfarbstoff." "Was du nicht alles weißt", staunt die Journalistin. Jochen Kromarek doziert weiter und spricht dabei immer schneller: "Bekanntlich können durch den quantitativen Nachweis der Myoglobinkonzentration im Herzblut, die postmortal, ohne vorangegangenes Trauma, bei 10 bis 200 Mikrogramm pro Milliliter liegt, Rückschlüsse auf intravitale Stromdurchflüsse durch einen Körper erfolgen. Durch das so genannte Herzkammerflimmern kann die Myoglobinkonzentration wie bei Anka Hecker auf über 2000 Mikrogramm pro Milliliter steigen." Kromarek sieht, dass seine Kollegin Tränen in den Augen hat. "Mach dir keine Sorgen, Verena-Schatz, das schnallen deine Leser sowieso nicht! Und tschüs, ich habe noch einen wichtigen Termin!" Jochen ist auf die steinerne Brüstung der Treppe gestiegen und rutscht nun in atemberaubendem Tempo hinunter. Bei Verenas Kommentar "Blödmann!" sitzt er bereits auf dem Fahrrad. Bei Claudio lässt er sich ein paar Feinheiten aus der Vorspeisenvitrine in Alufolie wickeln. Er schiebt ein Ciabattabrot und eine

Tödliche Spannung

Flasche von dem „ganz leichten Valpolicello" in seine Jutetasche, dann fährt er zu Reginas Boutique. Regina hat noch Kundschaft. Sie gibt ihm den Schlüssel. Die Wohnung liegt gleich über dem Laden. Um gar nicht erst die Stimmung für Renovierungsarbeiten aufkommen zu lassen, entkorkt er die Flasche, stellt zwei Gläser zurecht, legt das Brot auf ein Holzbrett, findet zwei geschmackvolle Papierservietten, arrangiert die eingelegten Steinpilze und getrockneten Paprikascheiben auf zwei Untertassen, zündet die zwei Kerzen im Ständer an und schiebt eine von Reginas Meditations-CDs in den Player. Mit seinem Notizblock setzt er sich an Reginas PC. Da sie einen Internetanschluss hat, kann er sich auch mal den Besuch in der Redaktion sparen. Nach einer Viertelstunde ist sein Artikel fertig. Zum Schluss setzt er die Überschriften: „Sachverständiger belastet Erich Hecker schwer: Ehefrau des Maurers starb durch Stromstöße. ‚Todesmaschine' untersucht. Angeklagter schweigt..." Fertig. Er klickt „Senden" an. Die E-Mail ist unterwegs, im selben Moment betritt Regina ihre Wohnung. „Salute!" Jochen reicht ihr ein gut gefülltes Glas. Schweigend betrachten sie das leuchtende Rot. „...und wie die Türe aufgeht, schwimmt ihr ein Strom Blut entgegen." Jochen hat nicht mehr die geringste Lust, ihr das Märchen zu erzählen, auch nichts mehr von Hecker... Antipasti und Leichen, das ist auch nicht nach Reginas Geschmack. Schweigend sitzen sie in der Sofaecke. Erst als die Gläser fast leer sind und der letzte Ciabattakrümel vertilgt ist, fragt Regina: „An was denkst du?" „An Sonne, Gardasee und Freiluftoper in Verona!" Das kam fast ein bisschen pampig, denn Jochen weiß nur zu gut, worauf sie hinaus will. Behutsam füllt Regina die Weingläser. Prostet ihm zu und sagt ganz sanft: „Du wolltest mir noch etwas erzählen." „Wollte ich das? Nicht, dass ich wüsste." „Jochen, du hast es mir versprochen..." „Was denn?" „Das Motiv!" „Na gut, das Motiv: Auseinandersetzungen um Geld und die Kinder, die Anka Hecker mit in die Ehe gebracht hatte." „Jochen, du verschweigst mir etwas. Wenn es das wäre, hättest du mir das heute Mittag gesagt. Stimmt's?"

Jochen schweigt. Dann trinkt er das Glas mit einem Zug aus. Die Flasche ist leer. „Dann brauche ich noch Stoff, ich hol schnell welchen." Zehn Minuten später taucht er wieder auf, mit einer neuen Weinflasche von Claudio. Er ist außer Atem, trotzdem beginnt er sofort zu sprechen, als ob er es so schnell wie möglich hinter sich bringen will: „Zlata, Ankas Tochter aus erster Ehe, ist jetzt 17. Als sie 11 Jahre alt war, hat Hecker sie vergewaltigt. Zlata dachte, sie solle Wäsche im Schlafzimmer zusammenlegen. Hecker riegelte die Tür ab, warf sie rücklings aufs Bett. Um sie am Schreien zu hindern, drückte er ihr die Hand auf den Mund. Dann forderte er das völlig eingeschüchterte und verletzte Kind auf, sich ganz auszuziehen. Sie musste sich nackt vor dem Bett aufstellen. Hecker fotografierte sie mit einer Polaroidkamera. Dann drohte er, er werde sie umbringen, falls sie diesen Vorfall ihrer Mutter oder irgendeiner anderen Person erzählen würde." „Wo war denn die Mutter?" „Sie war zumindest vorübergehend nach Slowenien in ihre Heimat zurückgekehrt. Anka hatte Heimweh und Angst. Unbekannte hatten Hakenkreuz-Schmierereien an ihrem Haus angebracht, hatten sogar auf das Wohnzimmerfenster geschossen. Die Geschosse blieben teilweise in der gegenüberliegenden Wand stecken." „Zlata hat tatsächlich geschwiegen?" „Aus Angst und aus Scham, ja. Sie hat über sechs Jahre geschwiegen! Dann hat sie es ihrer Mutter und ihrem Bruder anvertraut. Es gibt

Tödliche Spannung

Zeugen, die gehört haben, wie Anka ihrem Mann gegenüber erklärt hat: „Wenn ich dich bei der Polizei anzeige, bist du sofort im Knast. Ich bin sicher, dass sich das auf die Vergewaltigung bezieht." „Und dass er sie deswegen umbringen musste." „Ja." Die zweite Flasche ist leer.

„Jochen, darf ich dich noch etwas fragen?" „Ja." „Warum machst du eigentlich diesen Job?" „Darüber muss ich selbst erst nachdenken." Er hat jetzt keine Lust, darüber zu sprechen. „Ist doch egal, einer muss doch den Job machen." Es ist dunkel geworden und kalt. Regina und Jochen kuscheln sich aneinander, decken sich mit der Sofadecke zu.

Zwei Wochen später tippt Jochen in sein neu erworbenes Notebook: „Lebenslange Haft wegen Mordes in einem Fall und zehn Jahre Gefängnis für die Vergewaltigung eines elfjährigen Kindes: Das Urteil gegen den Maurer Erich H., der im Verdacht gestanden hatte, drei seiner vier Ehefrauen durch Stromschläge getötet zu haben. Der mit Spannung erwartete Urteilsspruch wurde nach 17 teilweise recht zähen Verhandlungstagen gestern Abend um 18 Uhr verkündet. Die Verteidiger des Angeklagten hatten auf Freispruch plädiert und kündigten Revision an. jk"

Fünf Jahre später. Jochen Kromarek ist inzwischen Spielleiter an den Städtischen Bühnen – und hat wieder mit Leichen zu tun: Er probt Macbeth. Er ist im Stress. Beleuchtungsprobe, erste Hauptprobe, übermorgen Premiere, nichts klappt! In der Theaterkantine fällt sein Blick auf folgende Zeitungsnotiz:

„Erich H. wird heute aus der Justizvollzugsanstalt in die Freiheit entlassen. Nach Verbüßung von fünf Jahren und neun Monaten wurde die Reststrafe zur Bewährung ausgesetzt, weil nach Auffassung des Gerichts eine Tötungsabsicht nicht zweifelsfrei nachzuweisen ist."

Stefan Albrecht
Siebenunddreißig

Die dichte Rauchwolke erdrückt förmlich das winzige Verhörzimmer. Er sollte eigentlich nicht mehr so viel rauchen und jetzt ist der Aschenbecher schon wieder voll. Er sollte auch nicht mehr so viel arbeiten. Doch für diese Gedanken ist es mittlerweile zu spät. Jetzt darf er die Kinder nur noch am Wochenende sehen. Die Kinder. Hatte Margarete Streitmann auch welche? Kommissar Markus Reichenbach blättert etwas in der Akte. Egal. Auf alle Fälle ist sie jetzt tot. Hausfrau, 36 Jahre, allein erziehende Mutter zweier Kinder. Vor zwei Tagen hatte man sie tot in ihrer Frankfurter Wohnung gefunden. Eine schöne Frau. Doch der Todeskampf hatte ihre Gesichtszüge hässlich verzerrt. Mitarbeiter des Jugendamtes haben die Kinder bei den Großeltern untergebracht. Warum immer die Kinder? Reichenbach fischt aus der Akte ein paar zusammengeheftete Seiten – „Fasergutachten". „Tja, Herr Dorn, jetzt erzählen Sie mir mal, wie denn die Fasern von Ihrem Unterhemd auf die Bluse der Toten gekommen sein sollen?"

Der Mann hinter den Rauchschwaden bewegt sich kaum. Richtig ordentlich sitzt er da. Da hatte Kommissar Reichenbach schon andere Kandidaten. Doch Gustav Dorns riesige Hände liegen ruhig auf dem Verhörtisch. Nur manchmal nippt er an dem Glas Mineralwasser. Gustav Dorn, Jahrgang '54, Maler, Sozialhilfeempfänger. Irgendwie hat Reichenbach Mitleid. Ihm gegenüber sitzt ein armer Kerl, der nach der Scheidung von seiner Frau zusehen muss, dass er über die Runden kommt.

Siebenunddreißig

Dorn erklärt, dass er regelmäßig bei Margarete Streitmann vorbeigesehen habe. Die Verabschiedung war immer herzlich. Bahnte sich da etwas zwischen den beiden an? Musste Margarete Streitmann sterben, weil sie ihn zurückgewiesen hatte? Reichenbach bohrt weiter, zum x-ten Mal. „Wo waren Sie am 5. September zwischen 16 und 18 Uhr?" Dorn zuckt nur mit den Schultern. Er war zu Hause, allein. Nein, das kann niemand bezeugen. Reichenbach überlegt, ob er ihn weich klopfen soll, aufstehen, sich aufbauen, laut werden, einschüchtern. Das kleine Programm eben. Er bleibt sitzen. „Herr Dorn, aus der Wohnung fehlen 400 Mark Bargeld. Das könnten Sie doch gut gebrauchen in Ihrer Situation?" Über Dorns Gesicht huscht ein leichtes Lächeln. „Nein, Herr Kommissar, so etwas würde ich doch nie tun." Reichenbach schaltet das Tonbandgerät ab und drückt seine Zigarette aus. „Danke, das war's für heute." Er winkt den Kollegen durch die verspiegelte Glasscheibe. Gustav Dorn wird wieder abgeführt.

Reichenbach steht auf, als die Beamten kommen, um seinem Tatverdächtigen Handschellen anzulegen. „Habt Ihr die Fingerabdrücke schon genommen?" „Kommissar Reichenbach, die sind doch längst zum AFIS-Vergleich beim LKA." Ach ja, die Überprüfung durch AFIS, das automatische Fingerabdruck-Identifikationssystem. Wie alles Wichtige, Neue, Moderne, befindet sich der Computer beim Landeskriminalamt. In dem riesigen, elektronischen Bauch von AFIS sind sämtliche Fingerabdrücke von Tatverdächtigen oder Verbrechern gespeichert. Sobald jemand seine Untersuchungshaft antritt, nehmen die Kollegen vom Erkennungsdienst seine Abdrücke. Der Vergleich mit der AFIS-Datenbank ist reine Routine.

Reichenbach lehnt sich zurück, verschränkt die Arme hinter dem Kopf und schließt die Augen. Er denkt an seine beiden Kinder, ihr Lachen, als er mit ihnen letztes Wochenende beim Baden war. Es war ein schöner Spätsommertag und es tat weh, als er sie wieder bei seiner Frau vorbeibrachte. Reichenbach öffnet wieder die Augen. Der Bericht wartet und der Chef will Ergebnisse sehen. Der Frankfurter Kommissar ärgert sich längst nicht mehr darüber, dass er die meiste Zeit an seinem Schreibtisch sitzt, um irgendwelche Formulare auszufüllen. Wer ist der Mörder von Margarete Streitmann? Er hat eine Leiche, ein Faserngutachten und einen Tatverdächtigen, Gustav Dorn. Obwohl dieser etwas verbirgt, kann ihn Reichenbach nicht knacken. Und nur auf Verdacht kann er ihn nicht mehr lange festhalten. Unschuldsvermutung. Markus Reichenbach denkt unvermittelt an die Polizeischule und muss schmunzeln. „Meine Herren, Sie müssen dem Tatverdächtigen das Verbrechen nachweisen. So lange Sie dazu nicht in der Lage sind, wird kein Gericht der Welt den Mann verurteilen. Er ist so lange unschuldig, bis das Gegenteil bewiesen ist", hat ihnen der Ausbilder damals eingetrichtert. Der Kommissar denkt an seinen besten Freund von damals, Matthias Stark. Es war eine schöne gemeinsame Zeit an der Polizeischule. Sie waren ein gutes Team. Matthias ist damals zur Münchener Mordkommission gegangen. Im Lauf der Jahre haben sich ihre Wege nur noch bei wenigen Gelegenheiten gekreuzt. Noch bevor er beginnt, den Bericht zu schreiben, weiß Markus Reichenbach, dass der nette, zurückhaltende Mann, der stoisch seine Qualmerei ertragen hat, noch eine Nacht auf Staatskosten im Untersuchungsgefängnis logiert und dann wieder ein freier Mann sein wird. Er hat

Siebenunddreißig

gegen Gustav Dorn so gut wie nichts in der Hand und fürchtet, dass die Akte „Margarete Streitmann" zu den ungelösten Fällen wandert, die vielleicht einmal durch einen glücklichen Zufall aufgeklärt werden. Oder auch nicht. Hinter der Paulskirche sieht Reichenbach Wolken aufziehen. Am Abend wird es wohl regnen.

Matthias Stark blickt aus dem Fenster seines spartanisch eingerichteten Büros auf die Münchener Innenstadt. Es ist ein herrlicher Spätsommer. Die Frauenkirche strahlt förmlich im Sonnenlicht. Stark liebt diese Stimmung. Er ertappt sich bei dem Gedanken an das Oktoberfest. Der Kommissar fährt herum, als ihn das Klingeln des Telefons wieder in die Wirklichkeit zurückholt. Am anderen Ende ist das hessische Landeskriminalamt. Man hätte Fingerabdrücke eines aktuellen Falles mit AFIS überprüft. Sie passen zu einem ungeklärten Mordfall in München, der genau 20 Jahre zurückliegt. „Wunder der Technik", grinst Stark ins Telefon und lässt sich sofort die Unterlagen kommen.

Kurz darauf blättert er in den Akten des ungeklärten Mordes an Jeanette Heizinger, eines Münchener Callgirls. Sommer 1980. Sie wurde mit den bloßen Händen erwürgt. In ihrer Wohnung fand man keine brauchbaren Spuren außer zwei Fingerabdrücken an einer Schublade. Zwei Stunden später starb Aischa Werner, ebenfalls eine Edelprostituierte aus dem damals anrüchigen Bezirk um die Münchener Schillerstrasse. Beide Frauen wurden in ihren Wohnungen umgebracht. Keiner hatte die Schreie in Todesangst gehört. In beiden Apartments fehlte sämtliches Bargeld. Die Kollegen hatten damals zwei Morde mit derselben Handschrift und keine Spur außer den Fingerabdrücken eines Unbekannten. Stark weiß: es muss ein kriminalistischer Albtraum gewesen sein. Zwei Morde im Milieu. Er spürt förmlich den öffentlichen Druck, die allgemeine Angst vor einem Serientäter, einem Prostituiertenkiller. Die löchernden Fragen der Schmeißfliegen mit ihren Mikrofonen. Doch dann hat sich alles in nichts aufgelöst. Übrig blieben zwei ungelöste Mordfälle und zwei nicht identifizierte Fingerabdrücke an einer Schublade. Diese beiden Abdrücke haben jetzt, nach fast zwei Jahrzehnten, einen Namen: Gustav Dorn. Markus Reichenbach, sein Frankfurter Freund, hatte ihn vor kurzem verhört. Das ist die zweite gute Nachricht. Schade, dass Markus in Frankfurt hängen geblieben war. Die Wege der Liebe sind doch verschlungen und meistens unergründlich. Eine halbe Minute später hat er Markus Reichenbach am Telefon.

Matthias Stark erfährt vom ungelösten Fall „Margarete Streitmann", vom Verdächtigen Gustav Dorn, der mangels Beweisen wieder auf freien Fuß gesetzt worden ist, vom Verhör, dem Faserngutachten und der Scheidung, die seit vier Monaten durch ist. Mordkommission ist offensichtlich doch ein Job für Singles. Stark war das offenbar von vornherein klar. Reichenbach skizziert den Stand der Ermittlungen kurz am Telefon. Den Rest besorgt die spröde Maschinerie süddeutscher Strafermittlung: Haftbefehl beantragen, Akten zusammenstellen, Überführung organisieren.

Zwei Wochen später sitzt Stark Gustav Dorn gegenüber. Das Verhörzimmer im Münchener Polizeipräsidium versprüht einen ähnlich wohnlichen Charme wie das in Frankfurt. Ein Tisch, zwei Stühle, ein Polizist. Doch Gustav Dorn lässt sich nichts anmerken. Wenigstens raucht sein Gegenüber diesmal nicht wie ein Schlot. „Tee oder Kaffee?" Stark behandelt den Mann, der gerade

Siebenunddreißig

hereingeführt wird, wie jemanden, gegen den er nichts in der Hand hat außer zwei Fingerabdrücken auf einer Schublade – höflich. Er weiß, dass er sich bei dieser Eröffnung keinen falschen Zug erlauben darf, ansonsten löst sich sein Fall in nichts auf. Gustav Dorn wirkt alles andere als verunsichert, eher wie eine Wand aus Korrektheit. „Herr Dorn, waren Sie schon einmal in München?" – „Ja." „Waren Sie dort jemals bei Prostituierten." „Nein." Die Falle schnappt zu. Ohne mit der Wimper zu zucken, holt Stark die Fingerabdrücke hervor, die der Schublade, und die von Dorns Zeige- und Mittelfinger. Er hat den Maler mit dem Gesicht aus Stein bei einer Lüge erwischt. Warum sagt er nicht die Wahrheit? Stark setzt nach. Dorn weicht aus, verheddert sich in Widersprüche. Bald steht fest, dass er bei beiden Callgirls war. Aber er behauptet, beide lebend verlassen zu haben. Das eine glaubt Stark ihm aufs Wort, beim zweiten hat er berechtigte Zweifel. Damals haben die Kollegen jeden, wirklich jeden Menschen ins Visier genommen, der mit den beiden Prostituierten vor ihrem Tod in Kontakt war. Freunde, Freier, Zuhälter, alle konnten beweisen, dass sie mit den Morden an Jeanette Heizinger und Aischa Werner nichts zu tun hatten. Nur eine Spur endete immer wieder in einer Sackgasse – die des unbekannten letzten Freiers, der die Fingerabdrücke an der Schublade hinterlassen hatte. Stark hat nach 10 Jahren in der Mordkommission gelernt, nicht mehr an Zufälle zu glauben. Er lässt seine Fragen auf Dorn niederhageln. Stark weiß, dass er den Mann bald soweit hat. Dorn bittet um einen Schluck Wasser. Das Verhör, das bei einer richtigen ersten Antwort Dorns vielleicht ein paar Minuten gedauert hätte, geht in die fünfte Stunde. Plötzlich herrscht Stille. Sie lastet mehrere

Sekunden auf dem Raum. Gustav Dorn lehnt sich zurück, so dass der Schein der Schreibtischlampe aus seinem Gesicht weicht. Er schließt die Augen und atmet tief ein. Dann gesteht er einen Doppelmord.

„Ja, ich habe die beiden umgebracht." Der Münchener Kommissar kann die Gesichtszüge seines Gegenübers nicht erkennen. Er kann es immer noch nicht fassen. 20 Jahre mussten seine Kollegen warten und jetzt sitzt er in einem winzigen Verhörzimmer mit einem Maler aus Frankfurt, der ihm die beiden Prostituiertenmorde in allen Einzelheiten gesteht. Eine halbe Stunde redet Dorn, ohne Punkt und Komma. Starks einzige Bewegung während dieser Zeit sind die Seitenblicke auf das Tonbandgerät, das Dorns Geständnis Wort für Wort aufzeichnet.

Juli 1980. Die Hitze steht in der Münchener Innenstadt, als er die „Bar Lasziva" ansteuert. Die halbseidenen Angebote der Prostituierten vom Straßenstrich auf dem Weg dorthin interessieren ihn wenig. Dorn lässt sich verschwitzt in einen der abgelegenen Plüschsessel fallen, bestellt sich ein Wasser und wartet. Erleichtert registriert er, dass die Klimaanlage in der Bar arbeitet. Er weiß, dass Jeanette kommen wird, wie jeden Freitag. Als sie eintritt, ist sie wie eine Offenbarung. Er weiß, dass der Sex mit ihr nicht billig sein wird, aber die Investition wird sich lohnen. Warum müssen einen Nutten immer so von oben herab behandeln? Er muss kurz an seine Mutter denken. Jeanettes Apartment ist nur ein paar Schritte von der Bar entfernt. Dorn lässt den Rest seines Wassers stehen, wirft ein paar Münzen auf den Tisch und folgt Jeanettes langen Beinen die Treppe hoch.

In dem überladenen, professionell ausgestatteten Liebesnest, zwischen orientalischen Zimmerpflanzen, schweren

Siebenunddreißig

Vorhängen und dem riesigen Wasserbett kommt es zum Streit. Dorn erwähnt nicht, dass ihn diese Nutte einfach ausgelacht hat. Plötzlich bricht ihr Gelächter ab. Es mündet in ein verkrampftes Gurgeln, weil Dorns riesige Hände den Hals der attraktiven Frau umschlingen wie einen Schraubstock. Er spürt nicht, wie sie ihm mit ihren Fingernägeln das Gesicht zerkratzt, ihm einen Daumen in die Augenhöhle presst. Er drückt einfach zu. Es dauert einige Minuten, bis ihre Bewegungen schlaffer werden und ihr Körper leblos zusammensackt. Er zählt langsam bis 100 bevor er loslässt. Denn er will sicher sein, dass er eine Leiche hinterlässt. Jeanette Heizinger liegt mit gebrochenem Blick vor ihm. Sie wird ihn nie wieder auslachen. Er breitet die nackte Frau auf dem Boden aus und sieht sich in der Wohnung nach Bargeld um.

Knapp 1.500 Mark reicher tritt er wenige Minuten später auf die Straße. Es ist immer noch heiß. Obwohl man ihm außer dem Kratzer an der linken Wange nichts anmerkt, ist er innerlich aufgewühlt. Seine Bewegungen sind mechanisch und ruhig. Er weiß nicht, wie lange er so durch die Straßen gelaufen ist. Irgendwann blickt er auf. Er steht vor dem „Moulin Rouge" – und tritt ein. Noch auf dem Weg zum Tresen spricht ihn eine exotische Schönheit an. „Na, mein Kleiner, Ärger mit deiner Frau?" und streicht ihm über die Schramme im Gesicht. Dorn nickt. „Ich kann dich trösten. Und glaub' mir, ich habe schon viele getröstet." Sie heißt Aischa und scheint nett zu sein. Wie ein Dackel trottet Dorn hinter der exotischen Schönheit her, bis zu ihrem Penthouse. Minutenlang starrt er nach draußen. Als er sich umdreht, steht Aischa nackt vor ihm. Dorn kann nicht. Er hat fast nie gekonnt. Es ist zum Kotzen. Wieder fühlt er die Wut aufsteigen, diese unbändige

Wut, gegen die er nichts machen kann. Die Wut auf alle schönen Frauen, die ihn derart hilflos sehen. Das einladende Lächeln in Aischas Blick weicht nacktem Entsetzen, als Dorn mit kaltem Blick auf sie zutritt. Sie dreht sich um und hastet in Todesangst zur Wohnungstür. Kurz davor reißt Dorn sie an ihren langen Haaren nach hinten. Gemeinsam mit einem Garderobenständer stürzen sie zu Boden. Obwohl sich Aischa in Todesangst wehrt, ist der Kampf kurz. Dorn sieht, wie ihre Augen hervortreten, als er sie mit seinen Händen würgt. Ihr anmutiges Gesicht verzieht sich zur blutunterlaufenen Fratze. Dorns Unterarme schmerzen. Seine Fingerknöchel werden weiß. Aischa atmet längst nicht mehr. Doch er kann nicht loslassen. Er schüttelt den leblosen, nackten, makellosen Körper. Aischas Kopf baumelt haltlos hin und her. Dorns verbissene Grimasse beginnt, sich zu entspannen. Tränen laufen ihm die Wangen herunter. Der Killer weint. Er streicht dieser schönen, toten Frau die Haare aus dem Gesicht und küsst sie sanft auf die Stirn. „Es tut mir leid", flüstert er dabei. „Susanne, verzeih' mir bitte." Dann steht er auf und geht.

Gustav Dorns Gesicht ist immer noch im Dunkeln. Doch seine Hände sind geballt. Jetzt erst fallen Kommissar Stark auch die riesigen Fäuste auf. Zweimal musste er den Redefluss kurz unterbrechen, um ein neues Band einzulegen. Der Doppelmord ist nun aufgeklärt, nachdem die Akten 20 Jahre lang im Keller des Münchener Polizeipräsidiums vor sich hin gammelten. „Danke, Herr Dorn, das war's für heute." Der geständige Doppelmörder blickt ihn an. Ihm wird jetzt erst klar, dass er seit acht Stunden in diesem winzigen Verhörzimmer sitzt. Doch endlich hört ihm jemand zu, auch wenn es ein Polizist ist. Endlich kann er reden.

Siebenunddreißig

Dieses Gefühl hatte er schon beinahe vergessen. Dorn überlegt, als ihm Handschellen angelegt werden und er von zwei Beamten wieder zurück in die Zelle geführt wird. Er blickt zum kleinen, vergitterten Fenster, das noch das letzte Licht des Tages hereinlässt und beschließt, dass es Zeit ist, reinen Tisch zu machen.

Als er sich auf die Pritsche sinken lässt, denkt er an seine Mutter. Als er sechs Jahre alt war, hatte sie ihn alleine, nur mit einem Schild um den Hals, am Bahnhof in Kassel stehen lassen. Seinen Vater hat er nie zu Gesicht bekommen. Der kleine Gustav kommt in ein Kinderheim. Fieberhaft wird nach seiner Mutter gesucht. Man findet sie Monate später in Bremerhaven. Gustav beginnt, ihr Briefe zu schreiben. Die anderen Heimkinder nennen ihn spöttisch „Schriftsteller". Wenn sie Fußball spielen, schreibt er. Wenn sie Schwimmen gehen, schreibt er. Wenn sie Fahrrad fahren, schreibt er. Doch seine Mutter antwortet nicht. Der Heimleiter macht ihm Mut. Das wird schon wieder. Der Heimleiter war der letzte, dem er ähnlich vertrauen konnte wie dem Bullen von gerade eben. Als Gustav mit der Malerlehre beginnt, kommt ein erster Brief zurück. Er soll sich eine Wohnung suchen, denn sie komme zu ihm. Sein Herz pocht wie wild, als der Zug aus Bremerhaven am Kasseler Hauptbahnhof ankommt. Zehn Jahre hatte er auf diesen Augenblick gewartet. Er ist so glücklich, dass er gar nicht spürt, dass seine Mutter die Umarmung nicht erwidert. Er lädt sie zum Kaffee ein und zeigt ihr die kleine Wohnung, die er für sie beide ausgesucht hat. Sie wird noch etwas dazu verdienen müssen, weil das Lehrlingsgehalt nicht für beide ausreicht. Vielleicht hatte der Heimleiter doch recht. Vielleicht geht es jetzt endlich aufwärts mit seinem Leben. Doch das Leben mit seiner Mutter wird die Hölle. Sie verhöhnte ihn für jeden kleinsten Fehler, wenn es sein musste sogar in aller Öffentlichkeit. Sie nimmt ihm alles Geld weg, und teilt es ein. Sie bestimmt sogar, was er in Wirtshäusern bestellen darf. Als er ihr Susanne, seine erste und einzige große Liebe vorstellt, wirft seine Mutter das Mädchen raus. Warum war er damals nicht weggelaufen? Warum hatte er nicht versucht, sich mit Susanne, dem Mädchen, das er wie eine Heilige verehrte, ein neues Leben aufzubauen? Susanne – sie war das Wertvollste, das er je kennenlernen durfte. Dorn liegt auf der Pritsche und überlegt. Mittlerweile ist es vollkommen dunkel in dem kleinen Raum. Sie war doch seine Mutter.

Am nächsten Morgen holen ihn wieder zwei Polizisten zum Verhör ab. Was wird Kommissar Stark heute von ihm wissen wollen? Ein netter Kerl. Schade, dass er ein Bulle ist.

Matthias Stark hatte sich die halbe Nacht den Mitschnitt des Geständnisses angehört. Der Doppelmord an den beiden Prostituierten trägt die gleiche Handschrift wie der Mord an Margarete Streitmann. Das Fasergutachten, das fehlende Alibi. Gustav Dorn wird ihm einiges erklären müssen. Natürlich hat sich Stark noch einmal die Akte durchgesehen und sich den traurigen Lebenslauf seines geständigen Doppelmörders vor Auge geführt. Ihm fällt auf, dass Dorn nie verheiratet war. Verwunderlich, denn er sieht doch nicht schlecht aus. Die Zeugen im Fall „Streitmann" beschreiben seinen Charakter unisono als hilfsbereit, höflich, aber zurückhaltend. Warum schlug seine Stimmung bei beiden Prostituierten so plötzlich um? Als Stark beschließt, später einen Kriminalpsychologen hinzuzuziehen, öffnet sich die Tür des Verhörzimmers

Siebenunddreißig

und zwei Beamte schieben Gustav Dorn herein. „Guten Morgen". Stark erkennt so etwas wie ein Lächeln auf seinem Gesicht. Nicht höhnisch oder arrogant, sondern schlicht und freundlich.

Der Kommissar will die Gunst der Stunde nutzen und auch ein Geständnis im dritten Fall erwirken, um dann auch die Akte „Streitmann" schließen zu können. Die Details des Doppelmordes können warten. Mordverdächtige sind wie Vögel. Beide singen nie lange. „Herr Dorn, machen wir doch reinen Tisch. Haben Sie noch weitere Frauen umgebracht?" „Kann ich bitte einen Schluck Wasser haben?" Stark weiß, mit diesem Satz haben schon viele Geständnisse begonnen. Er nickt dem Kollegen, der das Wasserglas hereinbringt, dankend zu und startet das Tonband. Doch Stark glaubt seinen Ohren nicht zu trauen, als Gustav Dorn ansetzt. Er beginnt, einen weiteren Prostituiertenmord zu gestehen. Margarete Streitmann aber war Sekretärin!

Köln, 1982. Gustav Dorn lächelt glücklich, als er sich von Kristen Graf herunterrollt. Tiefe Befriedigung durchströmt seinen Körper. Endlich hat es geklappt. Es ist ihm egal, dass die Prostituierte sich teilnahmslos eine Zigarette anzündet und langsam beginnt, sich wieder anzuziehen. „Hör' mal, Kleiner, das hat jetzt alles doch länger gedauert als besprochen. Du musst noch einen Hunderter drauflegen. Wenn du Schwierigkeiten machst, hol' ich Horst." Warum sind die Weiber immer nur aufs Geld aus? Wie seine Mutter. Schlaglichtartig tauchen vor seinen Augen Bilder auf. Bilder seiner Mutter. Wie sie ihm das Geld wegnimmt. Wie sie ihn auslacht. Wie sie Susanne aus der Wohnung jagt. Kristen war doch so nett. Sie hatte ihn erst gestreichelt, in den Arm genommen und irgendwie hatte es doch funktioniert. Er begann schon, Kristen zu mögen. Und jetzt das. Diese miese, kleine Ratte. Sie sieht ihn nicht einmal an, wenn sie mit ihm spricht. Sie sieht nicht, wie er aufsteht und sich ihr mit gespreizten Händen von hinten nähert. Kristen Graf ist vollkommen überrascht, als sie zu Boden gerissen wird. Sie sieht in die kalten Augen Gustav Dorns und fühlt den eisernen Griff um den Hals. Der metallische Geschmack in ihrem Mund wird immer stärker. Ihr Kopf scheint zu platzen. Rote Ringe tanzen vor ihren Augen. Dann wird alles schwarz. Auch Kristen legt er mit ausgebreiteten Armen und Beinen vor dem Bett aus. Ein nackter Engel in einem Nuttenzimmer. Wie immer schmerzen Dorns Hände von der Anstrengung.

Das Geständnis dauert nicht einmal 30 Minuten. Gustav Dorn glaubt, dass die Ermittler anhand seines Spermas die Spur längst zu ihm zurückverfolgt haben. Darum will er ihren Anschuldigungen mit einem Geständnis zuvorkommen. Doch er verrechnet sich. 1982 steckten die Methoden der DNA-Analyse noch in den Kinderschuhen. Der genetische Fingerabdruck konnte damals noch nicht genau gelesen werden.

Im Kopf von Matthias Stark überschlagen sich die Gedanken. Er hat es mit einem Psychopathen zu tun, der Frauen hasst. Vielleicht kommen Potenzprobleme dazu. Er unterstreicht den „Kriminalpsychologen" auf seiner to-do-list. Gustav Dorn ist ein serienhafter Prostituiertenmörder. 1980 der Doppelmord. 1982 Mord Nummer drei. Was mag in den restlichen 18 Jahren bis jetzt geschehen sein? Stark beschließt, sämtliche nicht aufgeklärten Prostituiertenmorde überprüfen zu lassen, seit Gustav Dorn 1978 das Heim in Kassel verlassen hatte. Stark spürt, wie ihm eine böse Ahnung die Kehle zuzuschnüren beginnt,

Siebenunddreißig

wie etwas Großes, Dunkles auf ihn zurollt. Er spricht Dorn auf den Mord an Margarete Streitmann an. Gustav Dorn gesteht. Der Widerstand ist gebrochen. Der Frauenwürger berichtet tonlos, wie die Sekretärin sein Werben zurückwies, wie sie ihn, den Sozialhilfeempfänger, verhöhnte. Innerhalb von Sekunden schlägt seine Liebe in blinden Hass um. Nie darf eine Frau ihn derart verachten. Margarete Streitmann hat selbst ihr Todesurteil ausgesprochen. Gustav Dorn vollstreckt es mit beiden Händen. Doch die beiden Kinder tun im leid, die jetzt niemanden mehr haben. „Zwei kleine Mädchen", sagt er leise und lächelt sanft. Er weiß wie es ist, ohne Mutter aufzuwachsen. „Herr Kommissar, Sie müssen das verstehen", versucht er sich zu rechtfertigen. Er habe es nicht ertragen können, als sie ihn verspottete. Natürlich ist er auf Sozialhilfe angewiesen. Doch er hat sich das nicht ausgesucht. Nein, ein Drückeberger ist er bestimmt nicht. Er war lange Zeit Signalmaler bei der Bahn. Doch dann sind die Stellen abgebaut worden. Ihn hat es als Alleinstehenden schnell getroffen. Ohne Familie. Wen hatte er denn schon, außer seiner Mutter, diesen Besen.

Stark beendet das Verhör und schickt Dorn wieder zurück in seine Zelle. Vier Stunden später sitzt er in der Abendmaschine nach Hamburg. Er ist auf dem Weg zu Professor Dietmar Eckstein, einem anerkannten Kriminalpsychologen. Sein Fachgebiet: Serienmorde mit sexuellem Hintergrund. Stark will jetzt keinen Fehler machen. Bevor er sich mit diesem Serienmörder wieder an einen Tisch setzt, will er optimal vorbereitet sein. Er will diesem Monster beim nächsten Zusammentreffen mindestens einen Schritt voraus sein. Er weiß, dass er bei einem nächsten Verhör nur weiter kommt, wenn er bei

Dorn auf die richtigen Knöpfe drückt. Doch dazu braucht er genaue Informationen, wie ein Mann wie Gustav Dorn gestrickt ist. Ein Täterprofil muss her, und zwar schnell. Am Handy hat Stark den Professor schon auf das eingestimmt, was ihn erwartet. Doch der Experte muntert ihn nicht wirklich auf, denn auch er vermutet nach einer ersten, schnellen Analyse eine größere Mordserie. Die Anfrage wegen der noch ungeklärten Frauenmorde ist ebenfalls an die einzelnen Landeskriminalämter raus. Stark hat einem seiner Kollegen nur in Stichpunkten Dorns Tatmuster beschrieben, um die Suche etwas einzugrenzen. Dieser Mann hat wahrscheinlich niemals eine Waffe benutzt. Die LKA-Fahnder sollen besonders auf Fälle achten, in denen die Leiche in einer bestimmten Pose abgelegt wurde.

Stark atmet beinahe erleichtert durch, als er im hanseatischen Nieselregen vor dem Flughafengebäude in Hamburg-Fuhlsbüttel steht. Die Polizeimaschinerie ist in Gang. Während der Taxifahrt in die Innenstadt vergewissert er sich, dass Professor Dietmar Eckstein mit sämtlichen verfügbaren Informationen über Gustav Dorn versorgt worden ist. Während sich der Kriminalpsychologe in seinem Büro durch die Mitschriften von Gustav Dorns Geständnissen arbeitet, lächelt Stark der charmanten Empfangsdame im Hotel zu. Männer flirten etwa 20 Mal am Tag, hatte er in einer Zeitschrift während des Fluges gelesen. Doch manche Männer können nicht flirten. Hoffentlich sind das nicht alles Frauenmörder. Während er an der Hotelbar an einem Bier nippt, denkt er unablässig an Gustav Dorn, den Fall, der wie aus dem Nichts plötzlich auf seinem Schreibtisch landete. Warum wird ein unscheinbarer Anstreicher, ordentlich, hilfsbereit, höflich,

Siebenunddreißig

wiederholt zur Bestie? Was ist der Auslöser? Warum macht er das immer wieder? Wie oft hat er wirklich zugeschlagen?

Gustav Dorn sitzt in seiner Zelle und versucht, seine Gedanken zu ordnen. Im fahlen Mondlicht schimmert die Edelstahltoilette matt in der Ecke. Er weiß, dass er das Gefängnis nie wieder lebend verlassen wird. Doch soll er diesen Bullen wirklich in seine Geheimnisse einweihen? In alle? Ihm klingen noch Starks Worte im Ohr, dass das Reden befreien würde. Da mag schon etwas Wahres dran sein. Dorn blickt sich um. Zwei auf drei Quadratmeter, grün getüncht. War's das für den Rest seines Lebens? Wenigstens hat er hier Ruhe vor seiner Mutter. Stark hat ihm ein paar Tage Bedenkzeit gegeben. „Siebenunddreißig" flüstert Dorn in die Einsamkeit der Gefängnisnacht.

Hamburg-Blankenese hatte sich Stark irgendwie anders vorgestellt. Er blickt auf nette, weiß verputzte Häuser am Elbe-Hochufer. „Ein Bayer in Hamburg", grinst er, als er beim „Kriminalpsychologischen Institut" klingelt. Eckstein erwartet ihn bereits. Der Professor hat höchstens drei Stunden geschlafen, ist aber voll da. Beide nehmen an dem mit Papier überladenen Mahagonischreibtisch Platz. Für Höflichkeitsfloskeln ist keine Zeit. Beide Männer kommen sofort zur Sache.

„Der Mann war nie verheiratet, hat wahrscheinlich einen schweren Mutterkomplex. Wahrscheinlich konnte er nie ein normales Verhältnis zur Sexualität entwickeln. Er hasst Frauen und er hasst seine Mutter. Weil er nicht alles Weibliche auf der Welt auf einmal auslöschen kann, tötet er es immer wieder. So lässt sich ganz kurz seine sexuelle Verhaltensstörung zusammenfassen."

Gustav Dorn, der Psychopath, ein Täter, der sich ständig

auf der Suche nach Opfern befand. Niemand weiß, wie oft er die Gelegenheit zur Tat hatte. „Wir sind gerade dabei, das herauszufinden, Herr Professor."

„Gut. Da ist noch etwas. Dorn ist sehr unsicher, kränkbar und nur vermindert zur Selbstkritik fähig. Bereits leiser Widerspruch kann bei ihm zum Ausbruch führen. Ein Streit um Geld, zum Beispiel. So wie ich das sehe, hat ihn seine Mutter sehr stark bevormundet."

„Warum breitet er die Leichen aus?" „Er will seine Opfer auch über den Tod hinaus demütigen, Macht ausüben. Er kann mit ihnen tun, was er will. Die Frauen breiten die Arme aus wie Engel. Vielleicht ist auch eine gute Portion Spott in dieser Pose."

„Ist er ein Sadist?" „Ich glaube, nein. Es reicht ihm, die Todesangst minutenlang während des Erwürgens in den Augen seiner Opfer zu sehen. Er quält sie wahrscheinlich nicht zusätzlich."

Die beiden Kriminalisten unterhalten sich mehrere Stunden über Gustav Dorn. Er muss ein sehr entschlossener, für die Tat sehr motivierter Mann sein. Erwürgen ist eine sehr anstrengende Art, jemanden umzubringen. Dem Gehirn muss über mehrere Minuten der Sauerstoff entzogen werden. Viele Täter sind dazu rein körperlich nicht in der Lage. Matthias Stark kennt das leider nur zu gut aus seinem Alltag in der Mordkommission. Die meisten schaffen es nicht, den Kehlkopf einzudrücken, oder das Zungenbein zu brechen oder ein Opfer, das sich in Todesangst wehrt, derart zu kontrollieren, um es auch tatsächlich erwürgen zu können. Viele Opfer werden daher mit dem Briefbeschwerer oder Aschenbecher erschlagen, wenn es mit dem Strangulieren nicht klappt. Doch Gustav Dorn hat es jedesmal durchgezogen. Stark erinnert sich

Siebenunddreißig

an die riesigen Hände des Frauenwürgers.

Als er wieder in München an seinem Schreibtisch sitzt, hat er die ersten Auswertungen der Fallanalysen vorliegen. 56 Prostituiertenmorde sind seit 1968 in Deutschland nicht aufgeklärt. Die meisten davon in Hamburg, Frankfurt, München und dem Niederrheingebiet.

Stark überlegt: drei Dinge machen einen Verdächtigen zum Täter: das Motiv, die Gelegenheit und die Mittel. Dorn hatte für seine Morde ein kompliziertes, dafür aber umso stärkeres Motiv, seinen Frauenhass. Seine Mittel sind einfach, aber wirkungsvoll: seine eigenen beiden, riesigen Hände. Stark braucht Hinweise auf Tatgelegenheiten. Kann er nachweisen, dass Dorn zur richtigen Zeit am richtigen Ort war?

Per Telefon organisiert er einen weiteren Durchsuchungsbefehl für Dorns kleine Wohnung außerhalb von Frankfurt, die er sich mit seiner Mutter teilt. Bei dieser Gelegenheit trifft er wieder seinen Freund Markus Reichenbach. Man sieht ihm die Scheidung an, findet Stark. Das Gesicht ist verhärmt. „Du siehst prachtvoll aus, Kumpel", lügt er ihn zur Begrüßung an, und beginnt sofort zu erklären, wonach sie diesmal suchen. Sämtliche Hinweise auf eine Tatbeteiligung am Mord von Margarete Streitmann sind längst sichergestellt. Er will Gustav Dorn näher kennen lernen. „Hobbys, Vorlieben, reist er gerne? Briefe, Fotos, Kassenzettel. Du kennst das ja." Markus nickt schmunzelnd. Schon damals war Matthias der Chef gewesen. Es hat sich nichts verändert. Er ist wie ein Spürhund, den man auf eine Fährte setzt. Voll konzentriert. Wenige Minuten später stehen sie vor einem heruntergekommenen Mietshaus. Reichenbach kennt es von den früheren Durchsuchungen im „Fall Streitmann". Ein kurzer Blick zu Stark, ein Nicken. Dann klingelt er.

An der Tür werden die beiden zunächst von Dorns Mutter abgefangen und mit einer Schimpftirade überzogen. „Dieser Nichtsnutz von einem Sohn. Geschieht ihm wahrscheinlich recht. Er hat es nie zu etwas gebracht." Matthias Stark beginnt, Mitleid mit Gustav Dorn zu haben und erinnert sich an die Worte von Professor Eckstein. Die Rolle der Mutter scheint ein Volltreffer gewesen zu sein. In der Küche finden sie Biergläser aus verschiedenen deutschen Städten. München, Hamburg, Düsseldorf, Köln. „Ist ihr Sohn viel in Deutschland herumgekommen?" Der Bengel habe sich immer wieder heimlich auf und davon gemacht. Tagelang habe sie nicht gewusst, wo er steckt. Dann war er plötzlich wieder da. Sie erzählt ihm von seiner angeblichen Geheimkasse. „Immer, wenn er schwarz gearbeitet hat, legte er das Geld in die Kasse. Er dachte, ich hätte keine Ahnung." Die alte Frau lacht grimmig in sich hinein. Nach jeder seiner Touren war die Kasse dann leer. „Wie oft ist er denn losgezogen?" „Alle paar Monate." Frau Dorn zeigt den beiden Männern die Schatulle. Sie zieht sie lächelnd aus einem Versteck in der Wand, als ob ihr Sohn etwas vor ihr verbergen könnte. In der Kasse ist kaum Geld, dafür Zeitungsannoncen von Prostituierten und Gedichte. Dorn hat an eine gewisse Susanne Liebesgedichte geschrieben, offenbar das Phantom seiner Liebe, das er nie erreichen durfte. An der Innenseite der Metallkassette fühlt Stark kleine, regelmäßige Kerbe. Er sieht sich die Stelle genauer an. Er sieht exakte, regelmäßige Schrammen, die ordentlich in das Metall eingeritzt worden sind. Sie führen über zwei Seiten der Schatulle unter dem Deckelfalz entlang. Stark denkt unweigerlich an eine Strichliste. Mit dem Daumennagel streicht er langsam über die Kerben und zählt leise mit. „Siebenunddreißig", flüstert Stark am Ende.

Siebenunddreißig

Vier Tage sind seit dem letzten Verhör vergangen. Doch Stark ist bei seinen Ermittlungen ein großes Stück weitergekommen. Jetzt fühlt er sich gerüstet für ein neues Gespräch mit Gustav Dorn, von dem er immer noch nicht weiß, ob er noch weitere dunkle Geheimnisse vor ihm verbirgt. „Heute in diesem Zimmer?", fragt Dorn, als er hereingeführt wird. „Noch kann man bei uns kein Zimmer reservieren. Wir sind kein Hotel", lächelt Stark ihn an.

Dorn wartet ab und lässt dem Kommissar den ersten Zug. Stark legt die Liste mit den Namen der Prostituierten aus Dorns Schatulle vor. Nicht wenige davon, genaugenommen 28, hatten Polizisten ausgebreitet mit gebrochenem Blick in ihren Wohnungen gefunden. Darunter auch die Namen von Aischa Werner, Jeanette Heizinger und Kristen Graf. „Diese Morde tragen Ihre Handschrift!" Gustav Dorn sieht sich die Liste genau an, Namen für Namen. Stark hat bei den erwürgten Frauen das jeweilige Todesdatum dahinter geschrieben. Minutenlang scheint Gustav Dorn die Buchstaben in sich aufzusaugen. Kein Laut ist zu hören außer dem leisen Geräusch des Tonbandes, das nichts aufnimmt außer die Stille des Raumes. Matthias Stark beginnt, die Schlinge enger zu ziehen. Dieses Verhör hatte er sich zuvor stundenlang zurechtgelegt. Er wisse von den Reisen, der schwarzen Kasse. „Sie hatten immer die Gelegenheit dazu", pokert er, denn natürlich hat noch kein Polizist sämtliche Vergnügungsfahrten Gustav Dorns überprüfen können.

Während Stark redet, beginnt Dorn, die Namen zu zählen. Wieder und wieder. Sein kalter Blick stoppt den aufgesagten Monolog des Polizisten. „Da fehlen welche", sagt er ruhig und deutet auf die Liste. Stark fühlt, wie sich eine große Faust in seinen Magen bohrt. Ein kalter Druck breitet sich in seinem Körper aus, bis unter die Schädeldecke. Er wagt es nicht auszusprechen, was er zu ahnen beginnt. Auf dieser Liste stehen die Namen 28 toter Frauen. Aufgrund der Geständnisse Dorns konnten drei Prostituiertenmorde aufgeklärt werden. Der „Fall Streitmann" wird getrennt behandelt. Bleiben noch 24 nicht aufgeklärte, zusätzliche Prostituiertenmorde. Und selbst diese Zahl des Schreckens reicht nicht aus, um Dorns kranke Mordlust komplett zu erfassen. Stark hatte sich vor diesem Verhör auf einige Überraschungen vorbereitet. Doch jetzt wird ihm schmerzhaft bewusst, dass er in diesem Raum sitzt, um Gustav Dorn auf einer langen Reise in die dunkle Seele des Verbrechens zu folgen. Er beginnt zu realisieren, dass er einer menschlichen Bestie gegenüber sitzt.

„Wie viele?", fragt Stark, bemüht seine Stimme kontrolliert klingen zu lassen. „Sie haben doch meine Kasse in der Hand gehabt, Herr Kommissar." In Starks Kopf überschlagen sich die Gedanken. Die Kasse. Die Strichliste. Siebenunddreißig. „Sagen Sie mir, wann und wo Sie die restlichen neun Prostituierten getötet haben?" „Es waren nur acht, Herr Kommissar. Die letzte war Margarete." Die alleinstehende, attraktive Sekretärin hat er wirklich geliebt. Sie war die zweite Frau, der er nach Susanne sein Herz geöffnet hatte. Doch der gekränkte Stolz besiegte die Liebe. Darum musste auch Margarete Streitmann sterben. Dorn bittet um seine Bibel, die Stark binnen drei Stunden aus Frankfurt einfliegen lässt. Sie wird ihm im Laufschritt gebracht. Sie war bei den wiederholten Hausdurchsuchungen nicht aufgefallen. Warum auch? Der speckige, abgegriffene Ledereinband zeugt von regelmäßiger Benutzung. Es ist Dorns Kommunionsbibel, wie die Widmung des Heimleiters von damals auf der ersten

Siebenunddreißig

Innenseite zeigt. Stark zieht aus dem Buch einen beidseitig beschriebenen Zettel mit der Überschrift „Du sollst nicht töten." Es ist Gustav Dorns Todesliste. Er hat die Namen seiner Opfer fein säuberlich untereinander geschrieben. In den Spalten daneben sind die Orte und das Todesdatum eingetragen. Die Liste endet mit Margarete Streitmann. Seit 1979 befindet sich Gustav Dorn auf der Jagd, als seine Mutter seine erste Freundin verstoßen hat. Dafür müssen die anderen Frauen büßen. „Vielleicht wären die anderen noch am Leben, wenn ich meine Mutter umgebracht hätte", flüstert Dorn. Ein Mord anstelle von 37 - die zynische Rechnung eines Serienkillers. Jeanette Heizinger und Aischa Werner sind nicht die ersten, die von seiner Hand sterben müssen. Seinen ersten Mord begeht er aus Verzweiflung, als er weinend durch die Straßen von Frankfurt stolpert. Vor einer Stunde hatte seine Mutter Susanne rausgeworfen. Hin- und hergerissen zwischen seiner Mutter und Susanne hat er sich in dieser Nacht für seine Mutter entschieden. Es ist eine fürchterliche Nacht. Dorn spürt den Regen nicht, nicht die Nässe, die längst sämtliche seiner Kleidungsstücke durchdrungen hat. Dann spricht ihn diese Straßennutte an. Er fragt nicht einmal nach ihrem Namen. Den erfährt er später aus einer Todesanzeige. Oben, in ihrem Zimmer sieht Dorn nur noch das Bild seiner Mutter, höhnisch grinsend, als sie hinter Susanne die Tür schließt. Er hört nur Susanne, wie sie draußen im Treppenhaus schluchzt. Sein Hass entlädt sich schlagartig. Gustav Dorn handelt wie in Trance. Als er wieder auf die Straße tritt, kann er seine verkrampften Hände immer noch nicht öffnen.

„Warum?", fragt ihn Stark. „Sie haben es doch selber geschrieben. Du sollst nicht töten." Der Frauenwürger beginnt, langsam zu weinen. Es ist das erste Mal, dass er seine Mauer durchbricht. „Das ist es ja eben." Die ganze Zeit habe er die Morde mit sich herumgeschleppt. Doch fast immer, wenn er bei den Prostituierten war, sah er dieses Bild, das Bild seiner Mutter, wie sie ihn verspottete. Im Alter von 23 Jahren hat er selbst verfasste Weihnachtsgedichte vorgetragen. Doch sie hat ihn vor den Bekannten ausgelacht, bloßgestellt, beschimpft. Da waren dann diese jungen, attraktiven Frauen, die doch eigentlich zu ihm lieb sein sollten. Dafür hat er sie doch bezahlt. Und sie behandelten ihn viel zu oft von oben herab. Vielleicht liegt es auch daran, dass es häufig bei ihm nicht so richtig klappt. „Na, Sie wissen schon, Herr Kommissar." Und dann bricht es eben immer aus ihm hervor. „Ich wollte, aber ich konnte nichts dagegen machen." Hinterher kommen dann immer die große Leere und die Gewissensbisse. Es ist fürchterlich, kaum auszuhalten. Doch dieses Gefühl, sich selbst anzuwidern, wird schnell vom Hass abgelöst, der sich ständig zwischen ihm und seiner Mutter in der Zweizimmerwohnung aufstaut. 37 Mal öffnete sich bei Gustav Dorn das mörderische Ventil des Hasses. Dorn weiß, dass er krank ist. „Bitte helfen Sie mir, Herr Kommissar." – „Sie haben diesen jungen Frauen auch nicht geholfen. Sie haben ihnen keine Chance gegeben, Dorn." Stark fühlt unbändigen Ekel in sich aufsteigen, vor diesem winselnden, sich selbst bemitleidenden Frauenkiller. „Ich kann Ihnen nicht helfen, Dorn, und ich will es auch nicht. Ich organisiere Ihnen jemanden, der Ihnen zuhört. Doch verschonen sie mich mit Ihrem Jammern."

Eine unglaubliche Mordserie ist aufgeklärt. Matthias Stark hat genug gehört. Als er die langen Gänge des Münchener Polizeipräsidiums entlang geht, tippt er eine

Siebenunddreißig

Nummer in sein Handy. „Psychiatrie? – Ich hab etwas für euch. – Dorn, Gustav Dorn, Frauenmörder. – Ja, Suizidgefahr. Kümmert euch bitte um ihn." Dann tritt er ins Freie. Ein wohltuendes Gefühl, dass an solchen Tagen wenigstens die Sonne scheint. Gestern wurde das Oktoberfest eröffnet. Doch ihm ist nicht nach Feiern zumute. Er läuft über den Kies, den die Isar an ihrem Ufer angeschwemmt hat. Langsam spürt er, wie der Ekel einer großen, tiefen Müdigkeit weicht. Er schiebt den Gedanken an den Bericht auf den nächsten Tag und lässt seine nackten Füße im kalten Wasser des Flusses baumeln. Alles scheint so friedlich. Dann klingelt sein Handy. Es ist die Pressestelle. Die ewig hungrigen Zeitungen brauchen wieder Futter. Die verehrten Medienvertreter möchten endlich etwas über den Sensationsfall wissen. Gustav Dorn, der Frauenwürger. Stark beginnt sich nicht einmal zu fragen, durch welches gut bezahlte Loch diesmal die Indiskretion nach außen gedrungen ist. „Muss das denn sein? Morgen bekommen die Schmeißfliegen alles, was sie wollen. – Ja ich schreib' etwas zusammen." Pressekonferenz, Fernsehen, Interviewtermine – die scheinen es diesmal wirklich wissen zu wollen. Haben die sonst nichts zu schreiben? Stark will schon aufstehen und den Pressebericht vorbereiten. Dann setzt er sich wieder hin, lehnt sich zurück, schließt die Augen und lächelt in sich hinein. „Morgen."

<Karin Köster
Die persische Mumie

Meada Osmahim heißt die Frau, die Andrea besuchen wird. „Klingt wie eine Fürstin aus ‚Tausend und einer Nacht'", denkt sie sich, als das Flugzeug die dicken Herbstwolken durchbricht und in die klirrend blauen Luftschichten aufsteigt. Meada Osmahim. Sie ist Archäologin. Ein ungewöhnlicher Beruf für eine pakistanische Frau. In Karatschi wird es warm sein. Vermutlich sogar heiß und unerträglich schwül. Gegen Gelbfieber und Hepatitis musste sich Andrea impfen lassen. Ihre Kollegen beneiden sie. Robert Wotschnik hatte sogar versucht, ihr die Fotostory abzuschwatzen.

„In Pakistan hat eine westliche Frau nichts zu suchen. Da leben die Menschen im Mittelalter – da gibt es noch Leibeigene und Feudalherrschaft", hatte er vor der ganzen Redaktion behauptet, als kenne er sich aus in dieser Gegend. Andrea hätte ihm am liebsten an den Kopf geworfen, dass er besser seine eigenen Geschichten recherchieren solle, als sich in die Jobs Anderer einzumischen. Doch Wotschnik war kaum mehr zu bremsen:

„Und Du willst in ein Land fahren, in dem Frauen von ihren Männern totgeschlagen werden und ihnen das Gesetz dabei auch noch Recht gibt?" Andrea hatte ihn mit einem trockenen Lächeln abgewürgt.

„Ich habe nicht vor, dort zu heiraten." Das hatte gesessen. Schließlich war es ihre Geschichte. SIE hatte von der persischen Mumie gehört, und SIE hatte Kessler überredet, die Geschichte machen zu dürfen.

Die persische Mumie

Die Mumie ist eine Sensation. Andrea stellt sich vor, wie sie Auge in Auge einem Menschen gegenübersteht, der 2.500 Jahre alt ist. Das kommt ihr wie eine Zeitreise vor, wie ein Trip in eine andere Welt.

Andrea war im Internet auf die Geschichte gestoßen. Vor ein paar Wochen hatte in Karatschi ein Schmuggler versucht, für 100 Millionen Dollar eine persische Mumie zu verkaufen. Er hatte behauptet, dass es sich dabei um eine ehemalige Königstochter handelt. Die Polizei hat ihn geschnappt und den Kunstschatz beschlagnahmt. Dass die Mumie angeblich aus Persien ist, hat Historiker und Wissenschaftler in Erstaunen versetzt. Bisher wusste man nicht, dass auch in Persien Menschen mumifiziert wurden. Im Museum von Karatschi soll der Sarkophag nun unter den Augen von Wissenschaftlern und Archäologen geöffnet werden.

Im Flugzeug blättert Andreas Sitznachbar in der „Financial Times". Er muss ein indischer Geschäftsmann sein, der Andrea gegenüber nicht besonders gesprächig ist. Erst als sie ihm erzählt, dass sie von Delhi nach Karatschi fliegt, rät er ihr, lieber Urlaub auf Bali oder Ceylon zu machen. Andrea betrachtet seine Haut, die von der Sonne gegerbt ist. Sie überlegt, mit welcher Perfektion Ägypter so etwas Feines wie Haut für Tausende von Jahren konservieren konnten. Tote zu mumifizieren muss eine regelrechte Kunst gewesen sein. Zuerst wurden die inneren Organe entfernt, außer dem Herzen, das den Weg ins Jenseits öffnen sollte. Dann wurde der Tote 40 Tage lang in Natron getrocknet. Andrea denkt daran, wie sie zu Pauls Geburtstag den Hasenbraten über Nacht in Marinade eingelegt hat und das Fleisch dadurch ganz zart geworden ist. Ein Geheimrezept von ihrer Großtante. Sicher gab es früher auch geheime Rezepte, wenn es darum ging, die Körper von Toten zu behandeln. Besonders die Ägypter waren darin Meister. Nur Mitglieder des Königsgeschlechts hatten die Ehre, mumifiziert zu werden. Wenn es stimmt, was der Schmuggler behauptet hat, müssten die Ägypter vor vielen tausend Jahren nach Persien gekommen sein und den Menschen dort die Mumifizierung beigebracht haben. Und dann müssen die Geschichtsbücher neu geschrieben werden.

Nach vielen Stunden ist Andrea endlich angekommen. Sie blickt von ihrem Hotelzimmer aus auf den arabischen Golf, wo in einer Bucht viele hundert Fischerboote liegen. „Gäbe es in Pakistan nicht diese Unruhen, wäre Karatschi wahrscheinlich ein beliebtes Urlaubsziel," denkt Andrea. „Und Klimaanlagen müssten angeschafft werden." Am liebsten würde sie sich schon wieder unter den spärlichen Strahl ihrer Dusche stellen.

Die Archäologin Meada Osmahim ist die Leiterin des Museums und damit auch der Untersuchungen. Sie trägt die traditionelle weite Hose und eine knielange Bluse, dazu die Dupatta, einen Schal, mit dem Muslime Hals und Kopf verhüllen. Ihre dunklen Locken liegen frei und umspielen ihr entschlossenes Gesicht. Weil sie ständig in Bewegung ist, hört ihre Kleidung nicht auf zu wehen. Wenn sie durch das Museum schreitet und ihren Mitarbeitern Anweisungen gibt, fliegt ihr Schal hinterher, wie ein Sternenschweif. Das ganze Museum ist ein schäbiger Flachbau, den kein Tourist aus dem Ausland betreten würde. Die Mitarbeiter von Meada Osmahim, alle Männer, behandeln ihre Chefin mit großem Respekt. Eine Frau als Vorgesetzte ist fast so ungewöhnlich wie der Schatz, den es jetzt zu untersuchen gilt.

Die persische Mumie

Die Männer schaffen den Sarkophag ins Museumslabor. Andrea schaut sich um. Außer einem verstaubten Regal an der Wand und ein paar alten Flinten auf dem Tisch ist der Raum leer. Osmahim gibt der Fremden den Rat, immer tief durchzuatmen, auch wenn der Geruch gleich unerträglich wird. Andrea nickt. Nervös überprüft sie noch einmal ihre Kamera. Der Film ist eingelegt. Sie fragt, wo die Männer den Sarg hinstellen werden und ob sie einen Scheinwerfer aufbauen darf. Osmahim lächelt. Sie zeigt auf den Ventilator, der stillsteht.

„Gerne, aber ohne Strom werden sie nicht viel Glück haben mit ihrer Lampe." Durch das Fenster fallen ein paar Lichtstrahlen. Solange die Sonne so hoch steht und über das gegenüberliegende Gebäude scheint, reicht das Licht, das im Raum ist. Notfalls muss sie eben mit dem Blitz arbeiten.

Die Männer öffnen den steinernen Sarg mit ihren bloßen Händen. Warum verwenden sie kein Werkzeug? Eine Frage, die nur eine Ausländerin stellen kann, gibt Osmahim der Fremden durch ihren Blick zu verstehen. „In meinem Büro gibt es nicht mal einen Computer. So ist das eben bei uns."

Im Inneren des steinernen Trogs ist ein zweiter Sarg aus Holz. Er ist etwa zwei Meter lang und einen Meter hoch. Rotes Pinienholz mit Schriftzeichen und Schnitzereien. Ein Relief von Zypressen. Andrea fotografiert. Schade, ein Lichtstreifen von der Seite hätte die Verzierungen viel plastischer erscheinen lassen. Am unteren Ende des Sargs ist ein Gott mit Bart und Flügeln zu sehen. Die Wissenschaftler murmeln etwas in ihrer Sprache. Sie scheinen aufgeregt zu sein, doch Andrea kann sie nicht verstehen.

„Jemand hat die Schriftzeichen mit einem Eisen in das

Holz gestemmt. Ziemlich brachial", erklärt ihr Osmahim auf Englisch. „Die Ägypter haben ihre Toten immer mit äußerster Sorgfalt und Hingabe mumifiziert. Doch hier waren offenbar Pfuscher am Werk."

Die Männer öffnen nun auch den hölzernen Sarg. Ein süßlicher, ekelerregender Geruch verbreitet sich im Raum. Andrea denkt an Osmahims Rat und zwingt sich, weiter zu atmen. Sie hält ihre Kamera vors Gesicht, als könne sie damit den Geruch abhalten. Jetzt erst fällt ihr auf wie heiß es im Raum ist. Allen läuft der Schweiß über das Gesicht. Die Männer scheinen das gewöhnt zu sein und der Geruch hindert sie nicht daran, mit ihrer Arbeit fortzufahren. Nur Osmahim hält sich ihren seidenen Schal vor die Nase.

Dann der Blick in den Sarg. Die Mumie ist in eine Bastmatte eingewickelt. „Sie muss eine kleine Frau gewesen sein", denkt Andrea. Vielleicht Einmeterfünfzig. Die Männer heben sie ein paar Zentimeter hoch, so dass Osmahim die Matte herausziehen kann. Der Kokon liegt jetzt nackt und verletzlich da. Er ist in fleckige, verklebte Bandagen eingewickelt. Es sieht aus, als wäre die Umwickelung mit Eiter und Wundflüssigkeit getränkt. „Atmen", denkt Andrea. Sie hätte heute morgen nichts essen sollen. Im Kopf geht sie noch einmal die Museumsgänge entlang und erinnert sich, wo die Toiletten sind. „Atmen, tief atmen und nur nicht an das Frühstück denken." Für einen Moment kann sich Andrea wieder auf ihre Arbeit konzentrieren. Sie knipst.

Auf dem Kopf trägt die tote Königstochter eine Goldene Krone. Auch ihr Brustschild und ihre Gesichtsmaske sind aus echtem Gold. Andrea überlegt. Die Maske erinnert sie an irgendetwas. Dann fällt es ihr wieder ein. An Silvester

Die persische Mumie

hatte sie beim Bleigießen so ein merkwürdiges Gebilde aus dem Wasser geholt. Seine Oberfläche war genauso faltig und glänzend wie die vergoldeten Gesichtszüge der Frau. Auf dem Brustschild steht eine Botschaft. Osmahim beginnt, die Schrift zu entschlüsseln.

„Die Tote ist auf ägyptische Art und Weise mumifiziert worden, doch die Schrift stammt aus Persien und ist mehrere tausend Jahre alt", erklärt sie aufgeregt.

Ein Luftzug weht durch den Raum und mit seiner süßlichen Schwere Andrea direkt ins Gesicht. Nun wird ihr endgültig schlecht. Sie rennt aus dem Zimmer, die Gänge entlang, die sie vorher im Kopf durchgegangen war und schafft es gerade noch rechzeitig, um sich auf dem Klo zu übergeben.

Andrea wäscht sich das Gesicht und betrachtet ihre Falten im Spiegel. „Der langsame Verfall beginnt schon, wenn man geboren wird", denkt sie, „und ehe man sich versieht, ist es auch schon wieder vorbei." Andrea hat keine Angst vor dem Tod, doch so leibhaftig wie gerade war sie ihm noch nie gegenüber gestanden. Auf dem Rückweg zum Labor versucht sie, sich selbst zu beruhigen. Vielleicht macht ihr auch nur der Gedanke zu schaffen, dass die Tote für alle Ewigkeiten in diesem klebrigen Kokon gefangen sein wird.

Osmahim blinzelt ihr zu, als sie den Raum wieder betritt. Ihren aufmerksamen Augen war nicht entgangen, wie sich die Fremde fühlt.

„Wir haben inzwischen die Schrift entziffert. Hier steht: ‚Ich, Tochter des Xerxes, des großen Königs, ich Ruduamna'", übersetzt sie für Andrea und fährt dabei mit ihrem Finger über die Schrift auf der Brustplatte. Sie mag die Fremde, die, wie sie, Mitte dreißig sein muss und genauso von der Neugierde zu Entdecken getrieben wird. Und dann verrät sie Andrea, was sie schon seit langem vermutet und nun bewiesen hat:

„In dem Text sind Grammatikfehler und Wörter, die es vor ein paar tausend Jahren noch nicht gegeben hat. Deshalb sind wir uns ziemlich sicher, dass die Mumie eine Fälschung ist."

„Doch wer ist dann diese Frau?", fragt Andrea und bekommt von Osmahim nur ein Schulterzucken als Antwort. Sie starrt auf den Kokon. Die Lust am Fotografieren ist ihr nun endgültig vergangen. Ihr fällt auf, dass die Mumie unter dem Schild stark gewölbt ist. Man muss ihr die Hände auf der Brust gekreuzt haben, als würde sie beten. „Wie ist das eigentlich – wie lange dauert es, bis bei einem Menschen die Totenstarre einsetzt?" Doch das will sie Osmahim lieber ein andermal fragen.

In Andreas Abwesenheit ist Sama ul Dad zu der Wissenschaftlertruppe gestoßen. Er ist der Kultusminister von Karatschi und sieht aus wie Omar Sharif. Herrisch mischt er sich in die Diskussion ein. Er spricht dabei Englisch, damit Andrea, die westliche Journalistin, ihn auch verstehen kann.

„Das Schild ist ja so dünn wie Papier", bemerkt er herablassend. „Ich habe die Geschichte von Anfang an nicht geglaubt."

Osmahim lässt sich von ihm nicht verunsichern und veranlasst, dass der Sarg wieder geschlossen wird. Sie will mit den Untersuchungen am nächsten Tag weitermachen. Unter dem Mikroskop, um die Details herauszufinden. Ruhig verabschiedet sie sich von ihren Mitarbeitern, setzt sich in einen weißen Suzuki und fährt davon – als hätten die letzten Stunden keine Spur bei ihr hinterlassen. Sie fährt nach Clifton, dem Stadtteil der Reichen.

Die persische Mumie

Abends telefoniert Andrea mit Paul. Als sie ihm von der falschen Mumie erzählt, wird er plötzlich hellhörig. Bisher hatte er sich nicht besonders für die antiken Kunstschätze interessiert, von denen Andrea ständig geredet hat. Doch jetzt, da die mumifizierte Frau auch irgend eine Leiche sein konnte – ein Mordopfer oder eine Tote, die man auf dem Friedhof ausgegraben hat, wächst in ihm die Neugier.

„So musst du es Kessler verkaufen", rät er Andrea. „Die mysteriöse Leiche aus Pakistan. DAS ist eine Sensation!"

Andrea liegt in ihrem Hotelbett und denkt an die tote Frau im Kokon. 100 Millionen Dollar wurden auf dem Schwarzmarkt für sie geboten. Bei dem Gedanken zieht sie das Leintuch bis ans Kinn. Es ist drückend heiß im Raum, doch Andrea zittert am ganzen Körper. Die Eindrücke des Tages hämmern auf sie ein. Sie kann nicht aufhören zu denken und ihre Glieder tun weh. Sie dreht sich von einer Seite zur anderen, begräbt ihren Kopf unter dem Kissen, das betäubend nach Desinfektionsmittel riecht. Und plötzlich steht sie mitten auf dem Marktplatz und sieht verblichene Schleier um die Häuserecken huschen. Einige der Frauen dürfen keinen Zentimeter ihres Körpers zeigen, wie Gespenster, deren Seelen zur Körperlosigkeit verdammt sind. Sogar die Füße sind von Stoff bedeckt. Nur durch ein Gitter können sie in die Welt blicken, wie aus einem wandelnden Gefängnis heraus.

Drei Männer stecken ihre Köpfe zusammen, nennen Namen, sprechen in ihrer Sprache, mit Hass in der Stimme. Sie schauen auf, als eine Frau vorbeikommt – eine Frau wie Osmahim, die stark ist und deren dunkle Locken offen wehen, frei und unabhängig. Plötzlich kann Andrea die Sprache der Männer verstehen.

„Sie hat ihren Mann betrogen", schimpfen sie.
Die schwarzen Locken fallen auf den Boden. Grobe Männerschuhe treten drauf. Sie schreit noch, als ihr die Haare geschoren werden, doch dann wird sie ohnmächtig. Mit einem Fleischermesser schneiden ihr die Männer den Bauch auf. Sie werfen die Eingeweide auf den Boden. Straßenhunde machen sich darüber her. Der hölzerne Sarg ist schon geöffnet. „Ich, Tochter Xerxes", steht darauf. Andrea ist im Zimmer, aber keiner sieht sie. Ihr Mund ist aufgerissenem und sie versucht zu schreien, doch ihre Stimme versagt. Dann wacht sie schweißgebadet auf.

Sie ist verspätet. Um zehn Uhr hätte sie am Museumslabor sein sollen. Doch da ist jetzt niemand mehr. Auch die Mumie ist verschwunden.

„Man hat sie ins Krankenhaus gefahren, zum Röntgen," erklärt ein Assistent. Sie haben den Rettungswagen genommen, als ginge es um Leben und Tod.

Andrea ruft sich ein Taxi und fährt hinterher. Erschöpft schaut sie aus dem Fenster. Die Straßen fliegen an ihr vorüber. Überall sieht sie verschleierte Frauen. Ihr Traum hält sie immer noch gefangen. Da fallen ihr Wotschniks Worte wieder ein. „...in dem Land schlagen die Männer ihre Frauen tot, und das Gesetz gibt ihnen auch noch Recht dabei."

Als Andrea auf die Forschergruppe trifft, runzelt der Radiologe die Stirn. Er will die Untersuchungen an der Mumie so unauffällig wie möglich machen. Dem Klinikleiter missfällt es, dass eine Tote geröntgt wird. Also hat Andrea mal wieder keine Möglichkeit, im Raum Licht zu setzen. Zu Hause im Fotolabor werden sie stöhnen, wenn sie aus den matschigen Bildern noch Kontraste rausholen sollen.

Die persische Mumie

Der Radiologe ist Engländer, ein Mann mit Bart und kräftigen Unterarmen. Er bedient den Computertomografen und ist eigentlich nur daran interessiert, herauszufinden wie alt die Mumie ist.

Endlich erscheint die Auswertung auf dem Monitor, Millimeter für Millimeter genau durch den Körper geschnitten. Man sieht das Skelett einer Frau. Aber, ... – für einen Moment sind alle im Raum sprachlos. Dann überschlagen sich Osmahims Worte und die des Radiologen.

„Das ist keine junge Prinzessin!"

Auf dem Bildschirm ist ein alter Körper zu sehen. Die Knochen sind porös und die Venen verkalkt.

„Diese Frau war 50 bis 60 Jahre alt", schätzt der Radiologe. „Ihre Knochen sind zertrümmert und die Gelenke aus der Pfanne gesprungen." Er betrachtet sich den Schädel genauer.

„Hier, sehen sie den dunklen Schatten auf dem Gebissknochen? Da kann man erkennen, dass ein Heilungsprozess eingesetzt hat. Das heißt, als sie starb, hat sie schon keine Zähne mehr gehabt und – schauen sie mal da – ein brutales Loch ist durch den ganzen Schädel bis in den Rachenraum gestoßen worden."

„So haben sie ihr das Gehirn entnommen", bemerkt Osmahim nüchtern. „Da waren Stümper am Werk. Ägypter hatten viel feinere Techniken ..."

„Sie hat auch ein gebrochenes Genick," unterbricht sie der Radiologe. „Das muss ein schwerer Unfall gewesen sein."

„Diese Frau wurde vom Friedhof geraubt," vermutet Osmahim spontan.

„Aber dann hätten die Fälscher nur wenig Zeit gehabt, um den Körper zu mumifizieren. Sechs bis zwölf Stunden nach dem Tod setzt ja schon die Leichenstarre ein."

„Stimmt. Die Arme der Toten sind auf der Brust verschränkt. Das hätte man im nachhinein vermutlich nicht mehr machen können."

Alle im Raum stellen sich plötzlich dieselbe Frage: „Wurde die Frau etwa auf brutale Weise umgebracht?" Andrea scheint von ihrem Albtraum eingeholt zu werden.

Osmahim bittet den Assistenzarzt um eine elektrische Säge. Hier im Krankenhaus gibt es wenigstens Instrumente. Fachmännisch nimmt sie das Werkzeug in die Hand und beginnt, am Kopf die Bandagen aufzuschneiden. Was die Umstehenden dann zu sehen bekommen, ist schockierend. Selbst Osmahim, die bisher gelassen war, verzieht ihr Gesicht vor Entsetzen.

Erst sind dunkle, kurzgeschnittene Haare zu sehen. Dann kommt ein straffes lederartiges Gesicht zum Vorschein. Es hat keine Augen. Nur eingefallene Mulden, wo man früher in die Seele blicken konnte. Osmahim berührt die Tote vorsichtig an der Wange, als wolle sie die Arme trösten. Das Fleisch zerfällt zwischen ihren Fingern. Dann entfernt sie die restlichen Bandagen. Ein langer offener Schnitt klafft über den ganzen Bauchraum. „Wie eine Total-OP", denkt Andrea. Als man bei ihrer Großmutter die Metastasen ihres Krebsgeschwürs entfernt hat, wurde ein ähnlicher Schnitt gemacht. ‚Reißverschlussschnitt' hatten es die Ärzte genannt. Nach der OP haben sie ihre Großmutter wieder zugenäht. Doch bei dieser Frau haben sie die Wunde einfach offengelassen. Erbärmlich und verstümmelt liegt sie auf der Bahre und starrt augenlos vor sich hin.

Osmahim und der Radiologe bringen die Leiche auf der Stelle in die pathologische Abteilung. Die Ärzte untersuchen den Bauchraum und stellen fest, was Osmahim

Die persische Mumie

vermutet hatte: Der Toten sind die inneren Organe herausgeschnitten worden. Auch das Herz.

„Wie barbarisch", empört sie sich. „Ich kenne keine große Kultur, die so respektlos mit ihren Toten umgegangen ist. Die Ägypter haben geglaubt, dass einer Mumie ohne Herz der Weg ins Jenseits versperrt ist."

Als Andrea an diesem Morgen aus ihrem Albtraum aufgeschreckt war, hatte sie sich den bevorstehenden Tag anders vorgestellt. Sie dachte, das Wissenschaftlerteam würde die Mumie untersuchen und sie dann wieder in den Sarg zurücklegen, um sie ihrer ewigen Ruhe zu überlassen. Doch jetzt war alles anders gekommen. Die Frage, ob die Mumie eine Fälschung ist, hat sich erübrigt.

Andrea beobachtet, wie sich Osmahim mit den Ärzten streitet. Sie wollen, dass sie die Mumie wieder mitnimmt. Doch die Archäologin fleht die Ärzte an, ihr zu erlauben, die Leiche im Kühlraum aufzubewahren.

„Wir müssen doch verhindern, dass der Verwesungsprozess noch weiter fortschreitet. Alleine schon, um mögliche Beweise für einen Mord zu erhalten."

Doch die Ärzte wollen mit der ganzen Sache nichts mehr zu tun haben. Offenbar ist Osmahim die einzige im Raum, die herausfinden will, ob die persische Mumie eines natürlichen Todes gestorben ist oder nicht.

Andrea wäre an diesem Abend am liebsten in eine Kneipe gegangen und hätte sich sinnlos betrunken. Mit Schnaps oder Whisky, alleine schon um ihr Inneres von den seelischen Lasten des Tages zu reinigen. Doch als ausländische Frau in einem islamischen Staat lässt sie davon lieber ab und ruft Paul an. Der ist plötzlich gar nicht mehr so gelassen als er erfährt, dass Andrea tatsächlich in einen Mordfall verwickelt ist. Er scheint Angst um sie zu haben.

Andrea fühlt sich geschmeichelt. Vielleicht sogar ein bisschen geborgen. Dass Paul sich um sie Sorgen macht, hätte sie nicht gedacht. Sie legt den Hörer auf die Gabel, lässt ihren Kopf in das Kissen fallen und schläft ein.

Am nächsten Tag flirrt die Mittagshitze auf den Straßen und lässt die Gebäude so verschwommen erscheinen wie das Trugbild einer Fata Morgana. Die Polizeistation ist eine Baracke im Zentrum Karatschis. Ein Videobildschirm zeigt den Flur vor der Tür der Polizeistation, für den Fall, dass Terroristen kommen. Obwohl Andrea das Verbrechen nur mit ihrer Kamera belichten will, fühlt sie sich selbst wie eine Schuldige, als sie die Polizeistation betritt. Sie kommt sich vor den Gesetzen der fremden Kultur so hilflos und ausgeliefert vor.

Der Polizist Sikander Alim sitzt in seinem Zimmer und liest Zeitung. Auf seinem Tisch steht ein Telefon. Daneben liegen zwei Handys, so selbstverständlich wie die Sterne auf seiner Schulter. Er hat ein Frottee-Handtuch über die Rückenlehne seines schweren Ledersessels gelegt. Der Deckenventilator ist machtlos gegen die Hitze. Jede Berührung seines Körpers mit einem Gegenstand hinterlässt einen feuchten Abdruck.

Als die Fremde in sein Büro tritt, nimmt er für einen Moment Haltung an. Stolz erzählt er ihr, dass er bei einer Razzia einen Kugelhagel überlebt, und bei einem Raubüberfall alle Kriminellen niedergeschossen hat. Seine Urkunden hängen hinter ihm und blicken wie ein erhobener Zeigefinger auf ihn hinab. Alim hatte vor einigen Wochen den Mittelsmann festgenommen, der versucht hatte, die Mumie zu verkaufen. Inzwischen haben seine Kollegen aus Belutschistan die Ermittlungen in die Hand genommen. Der Polizeibeamte kann Andrea auch nicht

Die persische Mumie

weiterhelfen. Wenn sie den Mann treffen will, der die Mumie in seinem Haus aufbewahrt hatte, dann muss sie nach Ziarat fahren.

Meada Osmahim rät der Fremden, nicht alleine dorthin zu reisen. Sie erzählt, dass die Stadt in den Bergen einmal schön und sauber gewesen ist, bevor die Rebellen dort die Macht ergriffen haben. Nun ist es gefährlich, sich dort aufzuhalten, besonders für eine ausländische Frau. Sie verspricht, Andrea einen Führer zu besorgen, der sie dorthin begleiten soll.

Der Führer heißt Achmed Mounajet. Er riecht nach harter Arbeit und zuckt nervös mit seinem rechten Auge, als würde er Andrea unentwegt zublinzeln. Sie traut ihm nur, weil er von Osmahim kommt. Wie ein geschlagener Hund sieht er aus. Unterwürfig und immer auf der Hut vor etwas Bedrohlichem.

„Sie müssen ihm das Essen und die Unterkunft bezahlen", hat ihr Osmahim gesagt. „Dann steht er ihnen ganz zur Verfügung. Und seien sie vorsichtig, tragen sie eine Dupatta, wenn sie in den Bergen sind. – Also, machen sie's gut und kommen nach ihrer Rückkehr bei mir vorbei!" Zum ersten Mal kann Andrea einen mütterlichen Zug an Osmahim erkennen. Das Fürsorgliche steht ihr. Sie überlegt, warum diese warmherzige und kluge Frau nicht verheiratet ist. Mit Achmed wird sie auf der langen Fahrt über solche Dinge nicht reden können. Er spricht nur ein paar Brocken Englisch. „Misses" nennt er sie und öffnet ihr die Türe zu seinem Kastenwagen. Durch die verdunkelten Scheiben wird es Andrea wieder einmal schwer haben, zu fotografieren. Anderseits ist es sicherer so. Man kann sie von Außen nicht sofort erkennen.

Die Fahrt dauert eine Ewigkeit. Je weiter Andrea und ihr

Führer in den Westen des Landes fahren, desto mehr Flüchtlinge kommen ihnen entgegen.

„People, Afghanistan", erklärt Achmed.

Hunderte Familien, die alles, was sie besitzen, auf Eselskarren geladen haben, die in Zelten aus Lumpen hausen oder einfach nur am Straßenrand sitzen und starren. Menschen wie Staub. Selbst die Luft hat die Farbe der Erde angenommen. Die Wolken lasten schwer auf den Tälern, die im Smog versinken. Orte der Hoffnungslosigkeit.

Ziarat muss einmal ein geborgenes Städtchen gewesen sein, das sich harmonisch in die bergige Umgebung einfügt. Doch jetzt sieht es aus, als hätten hier ein Krieg oder eine Katastrophe ihre Spuren hinterlassen. Viele Häuser sind verfallen, und was kaputt ist, wird nicht wieder aufgebaut. Das Schöne hat hier keinen Wert. Es geht ums Überleben.

Im Hof der Polizeistation steht ein Lastwagen voller schwer bewaffneter Polizisten. Lokalwahlen stehen bevor. Zu solchen Anlässen gibt es auf den Straßen immer Tote. In dieser Polizeistation wurde Jussuf Liki, der Mumienhändler verhört. Danach hat man ihn wieder freigelassen.

Der Polizeibeamte könnte ein Zwillingsbruder von seinem Kollegen aus Karatschi sein. Er ist genauso unverbindlich freundlich wie Sikander Alim. Er lächelt auf Andreas Frage, ob gegen den Mumienhändler ermittelt wird.

„Nein, nein, nein, es gibt keine Ermittlungen. Jussuf Liki ist ein ehrenwerter Mann." Andrea muss wieder an Wotschnik denken. Hier hat man offenbar wirklich ganz andere Vorstellungen von Gesetz und Gerechtigkeit. Der Polizeibeamte rät der Fremden, während der Wahlen ihr Hotel nicht zu verlassen. Es sei zu gefährlich auf den Straßen, noch dazu für eine so hübsche Frau wie sie. Achmed fährt Andrea in ein Hotel in der Nähe des Presseclubs.

Die persische Mumie

Dort schrubbt sie sich als erstes den Staub von ihrem Körper und legt sich auf das harte Bett. War es vielleicht wirklich viel zu gefährlich, was sie vorhatte? Sie denkt an die Mumie. Möglicherweise wollte man die Frau auch loswerden, weil sie zu viel wusste? Andrea gehen Szenen aus alten Mafiafilmen durch den Kopf. Dann besinnt sie sich wieder der Tatsachen und beschließt, jetzt wo sie so nah dran ist, auch nicht mehr aufzugeben.

Im Presseclub lernt sie einen ehrgeizigen Journalisten kennen.

„Guten Tag, wie geht es Ihnen?", sagt er zu Andrea in gebrochenem Deutsch. Er arbeitet für eine große englischsprachige Zeitung in Pakistan und außerdem für eine französische Nachrichtenagentur. „Er ist einer, der immer an solchen Orten wie Ziarat ist", denkt sich Andrea und würde gerne wissen, was ihn von zu Hause forttreibt. Aber das fragt sie sich immer, wenn sie Kriegsberichterstatter im Fernsehen sieht. Was zieht diese Menschen nur an, ihr Leben aufs Spiel zu setzten, um vom Leid und Unrecht dieser Welt zu berichten. Wollen sich diese Menschen als Helden fühlen? Andrea muss sich an die eigene Nase fassen. – Nein, sie selbst will nur der Wahrheit auf die Spur kommen. Sie spricht den Journalisten auf Jussuf Liki an. Er hat auch schon über die Mumie berichtet und erklärt Andrea, dass es pure Zeitverschwendung wäre, gegen den Händler zu ermitteln.

„Liki ist mächtig. Er herrscht über einen Klan von vielen tausend Leuten, für die das pakistanische Gesetz nicht gilt. Er ist ihr Richter. Die Polizei würde nie für ein Verbrechen, das er begangen hat, Zeugen finden. Es gibt Gerüchte, er schmuggle Drogen und Waffen. Ich weiß nicht, ob das stimmt. Aber er hat zu viel Geld für einen

Grundbesitzer, der nur von Landwirtschaft lebt." Andrea kann das Ganze nicht richtig glauben, doch als ihr der Journalist schließlich sagt, „Liki und ich sind Freunde", ist sie sprachlos.

Andrea hat Paul schon seit zwei Tagen nicht mehr erreicht. Die Telefonleitung war immer unterbrochen. Er wird sie sowieso für verrückt erklären, wenn er erfährt, was sie vorhat. Trotzdem ist sich Andrea darüber im Klaren, dass es besser wäre, wenn irgend jemand aus Deutschland wüsste, wo sie sich gerade aufhält. Im Pressezentrum erklärt ihr eine Schreibkraft, dass sie am Abend wiederkommen soll. Da sei die Verbindung besser. Andrea schreibt Paul ein Fax und bittet die Frau, es später für sie abzuschicken, denn jetzt hat sie einen Termin.

Achmed fährt Andrea zum Anwesen des großen Jussuf Liki. Seinem Klan gehören im Grenzgebiet Pakistans, Afghanistans und des Iran 160.000 Menschen an. Likis Haus steht am Stadtrand. Abgeschirmt von hohen Mauern, die mit Eisengittern versehen sind. Der Eingang wird von starken Männern bewacht. Achmed muss draußen bleiben und auf die „Misses" warten. Doch die Frau aus dem Ausland wird zum großen Chef vorgelassen. Ein Diener begleitet Andrea hinter die Mauern, wo sich ein kleines Paradies befindet. Ein Garten mit Blumen, ein paar Dutzend ergebene Diener und drei Kamele.

„Die sind nicht zum Reiten da," erklärt ihr der Diener, „Liki hat sie, weil ihre Milch so gesund ist."

Jussuf Liki empfängt Andrea. Er hockt auf einem tiefroten Teppich im Besucherzimmer. Seine Haltung ist so gerade wie die eines Buddhas. Er hat einen gewaltigen Schnurrbart und streng zurückgekämmtes Haar. Seine charismatische Ausstrahlung erinnert Andrea an die

Die persische Mumie

mächtigen Gesichter von Faschisten. Seine Kraft ist faszinierend und sein fanatischer Blick macht ihr gleichzeitig Angst. Liki räuspert sich. „Excuse me!" Er lächelt und fragt Andrea, ob sie eine Mumie kaufen wolle. Sein runder Bauch fängt unter seinem knielangen Hemd an zu beben. Er findet seinen Scherz gelungen.

Andrea erklärt ihm, dass sie eine Fotogeschichte über die Persische Mumie macht und bittet ihn, ein paar Fragen stellen zu dürfen.

„Ich bitte darum," fordert er Andrea auf.

Sie will wissen, von wem er die Mumie bekommen hat.

„Ich habe sie für einen Geschäftsmann aus dem Iran aufbewahrt. Ich wollte ihm helfen, sie zu verkaufen."

„Ein Schmuggler", hakt Andrea nach.

„Aber nein, ein Businessman, der mit alten Kostbarkeiten handelt, wie viele hier."

„Und wo ist dieser Mann jetzt?"

„Das weiß ich nicht. Große Kunden in den USA und in Deutschland wollten 100 Millionen Dollar für die Mumie bezahlen. Der Großteil des Preises wäre für mich als Provision gewesen."

„Ein Großteil von 100 Millionen Dollar?" fragt Andrea ungläubig nach.

„Ja. Der Preis ist fair. Stellen sie sich vor, die Mumie steht in einem Museum. Millionen von Menschen kommen und jeder zahlt. Aber leider hat der Eigentümer auch noch diesen Kerl mit der Videokassette losgeschickt, der alles vermasselt hat." Doch Liki sieht das Ganze spielerisch. Erst, als ihn Andrea darauf anspricht, dass die Mumie doch eine Fälschung war, wird er für einen Moment still. Er blickt gebieterisch durch den Raum, als würde ihm die Welt zu Füßen liegen. Dann behauptet er felsenfest:

„Die Mumie ist 2.500 Jahre alt. Sie war ein Jahr lang in meinem Haus und hat kein bisschen gerochen. – Und der Herr aus dem Iran ist ein ehrenwerter Mann." Andrea stellt sich dumm.

„Aber ist denn der Verkauf einer Mumie nicht gegen das Gesetz?"

„In Pakistan ist das Gesetz nicht wirklich Gesetz." – Das sagt er der Fremden so einfach ins Gesicht.

Sie schaut sich im Raum um und bittet Liki, ihn in seiner Umgebung fotografieren zu dürfen.

„Nur zu," fordert er sie auf und wird langsam ungeduldig. Er will die Fremde loswerden. Andrea sieht Fotos in seinem Regal: Liki inmitten anderer Klanchefs, Liki als Politiker in Anzug und Krawatte, Liki mit seinen beiden Frauen. Beim Fotografieren erwähnt sie beiläufig:

„Die Archäologin Meada Osmahim sagt, dass es noch mehr falsche Mumien geben muss. Die Fälscher haben schlampig gearbeitet. Sie waren in großer Eile, und dafür gibt es möglicherweise einen Grund."

Liki muss sich jetzt von der Fremden verabschieden. Es ist Zeit für das Abendgebet.

Durch das Fenster kann Andrea noch beobachten, wie er auf seinem türkisfarbenen Teppich niederkniet und immer wieder mit seiner Stirn den Boden berührt. „Und wer betet für die Frau aus dem Sarkophag", denkt sich Andrea. Sie packt ihre Kamera zusammen und wird von einem der Diener hinausgeführt.

Erst als Andrea wieder im Auto sitzt, wird ihr klar, in welche Gefahr sie sich begeben hat. Achmed will wissen, wo er sie hinfahren soll. Sie antwortet abwesend:

„Nach Hause."

„Nach Hause Hotel oder Karatschi?"

Die persische Mumie

„Nach Hause Deutschland." Achmed lacht. Zum ersten Mal. Und dabei sieht er richtig nett aus.

Andrea will nicht mehr lange in Karatschi bleiben. Nur kurz schaut sie im Museum bei Meada Osmahim vorbei. Die Archäologin ist sauer auf die Behörden. Ihr Vorgesetzter hat verboten, dass sie ihren Untersuchungsbericht über die gefälschte Mumie veröffentlicht.

„So viel Ruhm und Ehre gönnt man mir nicht." Sie erzählt Andrea, dass die tote Frau jetzt in der Leichenhalle liegt. Die Polizei will nichts mehr von dem Fall wissen. Zum ersten Mal sieht Osmahim schwach aus.

„In ihrem Land gibt es mehr Gerechtigkeit. Oder?" Andrea zuckt mit den Schultern.

„Ein bisschen vielleicht." Die beiden Frauen nehmen sich zum Abschied in den Arm.

Als das Flugzeug über Europa ist, starrt Andrea aus dem Fenster in den grauen Nebel. Sonst ist sie immer traurig, wenn sie nach Hause kommt und der Alltag wieder auf sie wartet. Doch jetzt freut sie sich darauf. Sie denkt an Paul und ihre Kollegen in der Redaktion. Selbst Wotschnik erscheint ihr, auf seine Art, plötzlich liebenswert. „Na bitte, habe ich dich nicht vorher gewarnt?", hört sie ihn schon sagen. Dann muss Andrea wieder daran denken, wie ihr Achmed zwei Mumien auf die Papierserviette gezeichnet hat. Es wird behauptet, dass Liki noch zwei Leiber besitzt. Ausgenommen, verschnürt und in Kisten versteckt. Möglicherweise mit gebrochenem Genick. Vielleicht tauchen sie ja eines Tages auf dem Schwarzmarkt in Deutschland auf.

Britta Sauer
Weiße Weihnacht

Ich möchte mich in ein kleines, dunkles Loch verkriechen und nie wieder herauskommen, denkt Jutta, während sie die wenigen Christbaumkugeln, die sie vor ein paar Tagen aus ihrer kalten Wohnung geholt hat, an den mickrigen Weihnachtsbaum hängt. Thomas hatte immer darauf bestanden, dass sie einen großen, geraden Baum kaufen, und Kevin durfte nie dabei sein, wenn der Baum geschmückt wurde. Jutta fand das idiotisch, weil er doch noch zu klein war, um zu verstehen. Aber Thomas hatte darauf bestanden.

Jutta weiß, dass es dieses Jahr nicht einfach werden wird, für ihren kleinen Sohn Kevin Weihnachtsstimmung zu verbreiten. Ihr neues Zuhause, ein Zimmer im Frauenhaus, ist nicht gerade heimelig. Entlang den weißen Wänden links und rechts jeweils ein Bett, dazwischen ein Tisch, zwei Holzstühle, links ein Kleiderschrank und auf der gegenüberliegenden Seite ein Waschbecken mit einem tropfenden Wasserhahn. An dem vergitterten Fenster hängt ein grüner Vorhang, der den Eindruck macht, als falle er bei der nächsten Berührung herunter.

Vier Weihnachtsabende hatten sie gemeinsam verbracht. Thomas, ihr Ehemann, Kevin, ihr gemeinsamer Sohn und sie. Viermal leuchtende Augen, viermal Bescherung, viermal „Oh du fröhliche....". Nie wieder würde Jutta „Oh du fröhliche" singen können. Nie wieder mit Thomas in den Weihnachtsgottesdienst gehen. Sie hatten nebeneinander in der kalten Kirche gesessen. Thomas

Weiße Weihnacht

hatte ihre Hand genommen und fest gehalten. Thomas war zwar kein begeisterter Kirchgänger, aber auf ihr Bitten hin war er dann doch mitgegangen. Jutta spürte seine Nähe. Wir werden noch unzählige Weihnachten miteinander verbringen, hatte Thomas später zu ihr gesagt.

„Wann kommt Papa?", fragt Kevin.

Der Kleine sieht seine Mutter erwartungsvoll an.

Juttas Kehle ist wie zugeschnürt. Sie hustet verlegen und zuckt mit ihren schmalen Schultern.

„Papa," beginnt Jutta zögerlich, „ist im Krankenhaus. Er ist so krank, dass er dieses Jahr nicht mit uns Weihnachten feiern kann", fährt sie bemüht ruhig fort. Jutta setzt sich zu Kevin auf das Bett und streicht ihrem Sohn liebevoll die Haare aus dem Gesicht.

„Dann müssen wir zu Papa ins Krankenhaus gehen", sagt Kevin entschlossen und richtet sich auf. Das werden wir nie tun, denkt Jutta und sagt, „Schauen wir mal. Jetzt musst du erst einmal schlafen. Denn morgen kommt das Christkind." Jutta betrachtet ihren Sohn. Er ist seinem Vater wie aus dem Gesicht geschnitten. Mein armer Kleiner, denkt Jutta, das Schicksal hat dir ein schweres Erbe mitgegeben. Jutta gibt Kevin einen Kuss.

Dieser furchtbare Tag... Draußen war der Himmel noch dunkel und die Straßenlaternen brannten. Im Radio waren die Sechs-Uhr-Nachrichten gerade vorbei.

„Es ist Schneeregen angesagt", sagte Jutta zu Thomas, der in seinem dunkelblauen Arbeitsoverall hinter ihr in die Küche trat. Thomas setzte sich an den Küchentisch. Jutta reichte ihm eine Tasse Kaffee und griff nach einer Scheibe Graubrot.

„Möchtest du Blutwurst oder Leberwurst?", fragte Jutta. Sie wandte sich wieder zur Küchenzeile.

„Ist egal", sagte Thomas.

Dass Jutta ihm die Brote für die Arbeit schmieren sollte, hatte Thomas erst nach Kevins Geburt gewollt. Manchmal bestand er sogar darauf, dass sie ihm das Brot in kleine Stücke schnitt, so wie sie es für ihren Sohn tat. Jutta hätte auch gerne wieder gearbeitet, aber Thomas wollte das nicht. Thomas begann, von Weihnachten zu erzählen, und dass er gerne mit Jutta und Kevin in die Sonne fahren würde. Das Scheißwetter gehe ihm auf die Nerven, sagte Thomas. Er stand auf und stellte sich ganz dicht hinter Jutta. Sie konnte seinen Atem spüren. Thomas legte seine Arme um ihre Hüften und küsste liebevoll ihren Nacken. Sie bekam Gänsehaut. Jemand klingelte an der Wohnungstür. Jutta wandte sich um und sah Thomas fragend an.

„Wer kann das sein, so früh am Morgen?"

„Keine Ahnung", sagte Thomas.

Jutta ging an Thomas vorbei und machte die Tür auf.

Vor der Tür standen zwei Polizeibeamte. Ein älterer und ein jüngerer. Der Jüngere hatte volles, dunkles Haar und eine sportliche Figur.

„Guten Morgen, dürfen wir reinkommen?", fragte der Ältere. Er war kleiner und dicker als sein jüngerer Kollege und sah aus, als hätte er ein Dauerabonnement für ein Sonnenstudio.

Jutta nickte und trat einen Schritt zur Seite.

Jutta und Thomas waren erst vor ein paar Tagen in die neue Wohnung gezogen. Im Flur türmten sich noch die Umzugskartons und an der Decke hing eine nackte Glühbirne. Jutta war daran gewöhnt. Schon oft war sie mit Thomas umgezogen

„Herr Siepert", sagte der Jüngere, „kommen Sie bitte mit, Sie müssen eine DNA-Probe abgeben. Es gibt da

Weiße Weihnacht

einen ungeklärten Mordfall – eine junge Frau."

Jutta verstand nicht. Sie sah Thomas an. Thomas stand ihr gegenüber. Jutta ging zwischen den Beamten durch und auf Thomas zu. Sie schaute zu ihm hinauf.

„Was soll das heißen?", fragte Jutta mit leiser Stimme.

Thomas senkte seinen Blick und schwieg.

„Thomas, sag was", flehte Jutta.

„Papa!"

Jutta wandte sich um und sah ihren kleinen Sohn in der Tür stehen. Er trug seinen Schlafanzug und hielt sein Nuckeltuch in der Hand. Verschlafen wankte Kevin auf seinen Vater zu. Thomas nahm ihn auf den Arm.

„Kommen Sie bitte mit", sagte der Ältere.

Thomas gab Kevin einen Kuss und reichte den kleinen Jungen seiner Frau. Gefolgt von den zwei Polizisten verließ Thomas die Wohnung. Hinter ihnen fiel die Haustür ins Schloss. Jutta blieb in der Küche zurück. Mit einem Mal war es ganz still. Nur ihr Herz hörte sie schlagen. Jutta konnte sich nicht bewegen.

„Lass mich runter", nölte Kevin, „du tust mir weh."

Jutta hörte ihn nicht. Ihre Beine waren taub. Ihr Kopf war leer.

Die nächsten Tage nahm Jutta nur flüchtig wahr. Ihren Sohn hatte sie zu ihrer Mutter gebracht.

„Du wirst sehen, alles wird gut werden", hatte diese zu ihr gesagt und sie in den Arm genommen. Jutta hatte Vertrauen zu Thomas, aber auch eine dunkle Vorahnung, dass nie mehr etwas gut werden würde. Alles fühlte sich für sie schwer an, gehen, reden, aufstehen, an ihren Beinen und Armen hingen dicke Bleikugeln. Was war nur geschehen?

Ein paar Tage später klingelte es wieder an Juttas Wohnungstür.

„Frau Siepert, wir möchten Sie bitten, uns zum Polizeipräsidium zu begleiten."

Es war Samstag, ein nasskalter Novembertag. Sie hatte Thomas jeden Tag kurz besuchen dürfen. Untersuchungshaft. Das bedeutete, sie hatten ein Verdacht, einen Hinweis. Aber Thomas war doch unschuldig. Eine Art Zeuge vielleicht. Sie hatte tausend Fragen und er hatte ihr keine beantwortet, nichts erzählt, sie immer nur in den Arm genommen und gesagt ‚Wir kriegen das wieder hin'.

Obwohl es schon Mittag war, hatte Jutta noch im Bett gelegen. Sie ging ins Schlafzimmer zurück und zog ihre verbeulte Jogginghose aus und ihre dicken Wintersachen an.

Die Luft im Polizeipräsidium war stickig. Jutta und der Polizeibeamte gingen nebeneinander durch die langen Gänge, schweigend. Sie gingen sehr schnell. Jutta hörte ihre Schritte auf dem harten Steinboden. Der Beamte wurde langsamer.

„Sie müssen jetzt stark sein", sagte er. „Ihr Mann wird Ihnen gleich ein Geständnis machen. Widersprechen Sie ihm nicht, weinen Sie nicht und schreien Sie nicht."

Jutta erschrak. Ein Geständnis? „Warum muss ich dabei sein?"

„Ihr Mann will nur mit Ihnen sprechen", antwortete der Beamte.

Noch bevor sich die Angst in Jutta breit machen konnte, öffnete der Mann die Tür zum Vernehmungszimmer und ließ Jutta vor sich eintreten.

Der Raum war spärlich eingerichtet und gelbgrün gestrichen. Ein alter Resopaltisch, vier Stühle, ein Regal, ein Fenster, zwei Polizeibeamte. Es roch nach einem Gemisch aus Schweiß, kaltem Zigarettenrauch und Kaffee. Thomas saß auf der anderen Seite des Tisches und hatte den Kopf

Weiße Weihnacht

in die Hände gestützt. Als Jutta in den Raum trat, stand Thomas auf. Jutta ging auf ihn zu. Thomas sah ihr ins Gesicht. Jutta hatte Lust, Thomas anzufassen, ließ es aber. Sie fühlte sich unbehaglich. Jetzt war die Angst spürbar bis zum Hals. Ihr Herz klopfte.

„Bitte nehmen Sie Platz", sagte einer der Beamten. Stühle rückten, quietschten über den PVC-Belag. Ein Beamter setzte sich neben Jutta. Thomas saß ihr gegenüber. Der andere Beamte goss Kaffee in die Tassen. Jutta verzog den Mund zu einem unsicheren Lächeln und legte ihre Hände um die wärmende Kaffeetasse.

„Ich habe mehrere Frauen umgebracht," begann Thomas mit fester Stimme. Jutta biss sich auf die Lippen. Sie verstand nicht. Sie senkte ihren Blick und schaute in die Kaffeetasse. Eigentlich war sie doch schon vor Jahren von Kaffee auf Tee umgestiegen und, wenn überhaupt, trank sie Kaffee mit Milch und nicht schwarz. Der Beamte, der neben Jutta saß, räusperte sich. Jutta hob ihren Blick.

„Damals, es war kurz vor Weihnachten. Wir waren noch nicht verheiratet. Es regnete mal wieder, und ich fuhr mit meinem alten Kombi ziellos in der Gegend herum", erzählte Thomas. „An einer Bushaltestelle stand ein junges Mädchen. Sie war total durchgefroren. Ich hielt an und fragte sie, ob ich sie mitnehmen könnte. Sie bedankte sich und stieg ein. Wir unterhielten uns ein bisschen und als ich ihr sagte, dass ich nur ein paar Minuten von hier wohne, wollte sie, dass wir zu mir fahren. Ich wohnte damals bei Oma. In meinem Zimmer haben wir miteinander geschlafen. Danach habe ich ihr angeboten, sie nach Hause zu bringen. Es regnete nun nicht mehr. Nach wenigen Minuten musste ich anhalten, weil sie mal pinkeln wollte. Sie stieg aus dem Auto und verschwand im

Gebüsch. Ich zündete mir eine Zigarette an und als sie zurückkam stieg ich auch aus dem Auto. Ich ging auf sie zu und nahm sie in die Arme."

Thomas kniff die Augen zu kleinen Schlitzen zusammen.

„Ich drückte sie fest an mich. Plötzlich zog sie eine Waffe und richtete sie auf mich. Sie sagte, dass ich mir den Dank schenken könnte. Sie wollte für den Sex Geld und meine Fahrzeugschlüssel. Du kleines Luder, dachte ich, und tat so als wollte ich meinen Geldbeutel herausholen und zack, griff ich nach der Pistole. Ich sagte ihr, sie solle ganz schnell verschwinden. Sie fing an, zu schreien. Da ging eine Sicherung bei mir durch. Ich hob die Waffe, zielte auf ihren Kopf – hierhin."

Thomas rückte seinen Stuhl näher an den Tisch und beugte sich vor. Er legte seinen Zeigefinger auf Juttas Stirn zwischen ihre Augen. Jutta zuckte zusammen. Sie spürte Thomas kalten Finger, der sich in ihre Stirn bohrte.

„Bang – ich drückte ab."

Thomas nahm den Finger weg.

„Ich packte ihre Leiche hinten ins Auto und fuhr los. Auf einem Parkplatz hielt ich an. Ich zog den toten Körper halb heraus. Mit einer Laubsäge, die ich im Auto hatte, sägte ich ihr die Hände ab und packte sie in eine Plastiktüte."

Jutta zitterte. Langsam drangen seine Worte in ihr Bewusstsein vor. Sie betrachtete Thomas' Hände. Sie waren blass und klein, beinahe mädchenhaft. Jutta konnte nicht verstehen, dass diese Hände, die so zärtlich sein konnten, zu so etwas Scheußlichem fähig sein sollten.

Es war an einem der ersten warmen Tage Anfang Mai gewesen. Vorher hatte es wochenlang geregnet und war, wie alle immer wieder betonten, viel zu kalt für die Jahres-

Weiße Weihnacht

zeit gewesen. Doch jetzt roch die Luft nach Frühling und die grüne Wiese, an der Jutta auf ihrem Weg von der Arbeit nach Hause vorbei gehen musste, war übersät mit gelbem Löwenzahn. Jutta hatte sich Teewasser aufgesetzt und überlegte, was sie an diesem Wochenende tun sollte. Vor einigen Monaten hatte sich ihr Freund von ihr getrennt, und das Alleinsein fiel ihr immer noch schwer. Es klingelte. Jutta machte auf. Vor ihr stand ein junger Mann. Er hatte ein kindliches Gesicht, kurze, blonde Haare und auffallend abstehende Ohren.

„Entschuldigung, dass ich störe", sagte er mit sanfter Stimme. „Ich habe dich gestern in der Firma gesehen." Der Fremde senkte verlegen seinen Blick. „Mein Name ist Thomas. Ich würde dich gerne kennen lernen." Einfach so. Völlig unspektakulär und doch so unglaublich mutig und direkt von ihm.

Jutta war beeindruckt und fühlte sich freundlich überrumpelt. Sie führte Thomas in die Küche. Sie tranken Tee und während sie sich unterhielten, betrachtete Thomas Jutta liebevoll mit seinen taubenblauen Augen.

Einige Monate später heirateten sie. Es war ein sehr heißer Sommertag. Die Luft flirrte über dem Asphalt.

Am Abend vor ihrer Hochzeit hatte Thomas zu ihr gesagt, dass er ihr dringend etwas erzählen müsse. Sie setzten sich nebeneinander auf das Sofa. Thomas schaute Jutta nicht an.

„Letztes Jahr habe ich eine Anhalterin mitgenommen", begann er, „sie war drogensüchtig. Sie bedrohte mich mit einer Waffe. Sie wollte Geld. Ich versuchte, ihr die Waffe zu entreißen. Dabei löste sich ein Schuss. Sie war sofort tot. Ich habe mich nicht getraut, zur Polizei zu gehen." Jutta konnte nicht fassen, was sie da eben von Thomas gehört hatte. Sie sah Thomas mit großen Augen an. Thomas hob seinen Blick. Es war ganz still. Jutta stockte der Atem. Thomas verzog seinen kleinen Mund zu einem breiten Grinsen.

„War nur ein Test. Ich wollte wissen, wie sehr du mich liebst." ‚Kauziger Humor', dachte Jutta damals.

Nach der Hochzeit zogen beide in eine gemeinsame Wohnung. Ein Jahr später wurde ihr Sohn Kevin geboren. Anfangs fühlte sich Jutta wohl in ihrem neuen Zuhause. Doch nach Kevins Geburt kam es zwischen ihr und Thomas immer wieder zu Streiterein. Meist ging es um Kleinigkeiten, und Thomas ging immer gleich unter die Decke. Er war sehr misstrauisch und empfindlich, fühlte sich schnell angegriffen.

Jutta schaute von Thomas' Händen in sein erhitztes Gesicht.

„Dann zog ich ihr die Hose aus und besorgte es ihr. Danach zog ich sie ganz aus. Ihren nackten Körper legte ich hinter mein Auto auf den nassen Boden."

Thomas redete jetzt schneller.

„Ich begann, ihr mit der Säge den Kopf abzutrennen. Das war gar nicht so einfach. Ich trennte den ganzen Kopf mit dieser scheißkleinen, rostigen Säge ab."

Juttas Magen zog sich zusammen. Sie hätte am liebsten laut geschrien. Doch sie blieb stumm. Ihr Mund war trocken, die Lippen wie zugeklebt. Hilfesuchend schaute sie zu dem Beamten, der neben ihr saß. Er schaute sie mit seinen grauen Augen an und nickte ihr zu, als wollte er sagen, ‚Mädchen, jetzt nicht aufgeben.' Hastig trank Jutta einen Schluck Kaffee.

„Ihr kopfloser Körper lag vor mir. Ich übergoss ihn mit Benzin und zündete ihn an. Den Kopf packte ich in eine Plastiktüte und stopfte alles in eine Leinentasche."

Weiße Weihnacht

Jutta schaute Thomas fassungslos an. Mit diesem Mann war sie verheiratet, mit diesem Mann hatte sie einen gemeinsamen Sohn. Jutta und Thomas hatten ein zurückgezogenes Leben geführt. Nach der Arbeit, die Thomas oft wechselte, saß er oft abends in seinem Zimmer und bastelte Spielzeug aus Holz mit seiner Laubsäge. Vorher hatte er meist Kevin ins Bett gebracht und ihm eine Geschichte vorgelesen.

„Danach ließ ich das, was von ihr übrig war, am Fahrbahnrand liegen. Unterwegs warf ich ihre Sachen aus dem Fenster. Auf einem Parkplatz zertrümmerte ich ihre Hände und ihren Kopf mit einem Stein. Ich legte den Kopf und die Hände in mein Auto zurück. Es war schon hell, als ich nach Hause kam. Ich ging ins Haus und zog mich um. In der Küche stand Oma und nörgelte an mir herum. Aber das war mir egal. Ich bin zur Arbeit gegangen und gut war's. Nach der Arbeit verbrannte ich ihre Sachen und als es dunkel wurde, warf ich die Tasche mit ihrem Kopf und den Händen von einer Brücke. Es machte platsch, platsch und schon hatte der Fluss Kopf und Hände verschluckt. Danach war alles so wie früher."

Thomas lehnte sich zurück, legte beide Hände auf den Tisch und sah Jutta abwartend an. Jutta konnte seinen Blick nicht halten. Sie sah zu dem Beamten, der ihnen den Kaffee gereicht hatte. Er saß schräg hinter Thomas, in der Nähe des Fensters. Der Beamte schaute Jutta fragend an. Frische Luft, dachte Jutta, ich brauche frische Luft. Aber Jutta sagte nichts. Ihre Kehle war wie zugeschnürt. Der Beamte schien sie jedoch verstanden zu haben, denn er stand auf, machte das Fenster auf und setzte sich wieder. Von draußen drang Straßenlärm ins Zimmer. Ein Martinshorn war zu hören.

„Jetzt zu meiner zweiten", sagte Thomas und beugte sich wieder nach vorne. „Es war Februar. Ich war auf Montage unterwegs. Du weißt doch sicher noch, wie wir telefoniert haben. Nach unserem Telefonat verließ ich meine Unterkunft. Ich war sehr wütend."

Jutta überlegte. Thomas hatte sie angerufen, und sie hatte ihm erzählt, dass sie am Abend mit einer Freundin tanzen gehen wolle. Normalerweise ging Thomas immer mit. Er war sehr eifersüchtig. Da er Jutta diesmal nicht begleiten konnte, wollte er nicht, dass sie alleine mit ihrer Freundin ausging. Es kam zum Streit. Jutta hatte schließlich einfach aufgelegt, und als das Telefon kurze Zeit später wieder klingelte, war sie einfach nicht mehr an den Apparat gegangen.

„Ich fuhr mit dem Lieferwagen wieder ziellos durch die Gegend. Irgendwann, es war sehr spät, kam ich zu einem Straßenstrich. Ohne groß zu überlegen, suchte ich mir ein Mädchen aus. Sie sagte, ich solle auf einen Parkplatz in der Nähe fahren. Der Lieferwagen war hinten fast leer. Also legten wir uns hinein und zogen uns aus. Aber bei mir rührte sich nichts. Der kleine Mann blieb ganz still, du weißt ja, was ich meine."

Jutta saß verkrampft auf ihrem Stuhl. Sie wusste nicht, wie sie sich verhalten sollte und lächelte hilflos. Seit Kevins Geburt hatten Jutta und Thomas nur noch selten miteinander geschlafen. Jutta erinnerte sich an ihren dritten Hochzeitstag. Es war ein Sonntag und es war heiß gewesen. Den ganzen Tag hatte Jutta Lust verspürt, Thomas anzufassen, seine Haut auf ihrer zu spüren. Am Abend schloss Thomas die Tür zu ihrem Schlafzimmer. „Zieh dich aus", sagte er. Thomas blieb an der Tür stehen. Jutta streifte ihr zitronengelbes Sommerkleid aus und stand nackt vor ihm.

Weiße Weihnacht

„Leg dich ins Bett", sagte Thomas.

Jutta gehorchte. Sie kroch unter das dünne Leinentuch. Thomas trat zu ihr, zog die Decke weg und streichelte ihren nackten Körper. Thomas hatte sich nicht ausgezogen, und als Jutta anfing die Knöpfe seines Hemdes zu öffnen, war er aufgesprungen und aus dem Zimmer gelaufen.

Jutta wurde sehr traurig. Thomas redete weiter. „Sie sagte, wir sollten es von hinten probieren, das würde bei jedem Schlappschwanz klappen. Aber es tat sich nichts. Es ging nicht. Gerade wollte ich mich wieder anziehen, da hatte ich einen Hammer in der Hand. Plötzlich stand er wie eine eins. Ich sagte zu ihr, versuchen wir es noch mal von hinten. Während ich den Hammer in der Hand hielt, nahm ich sie mir vor. Auf einmal, ich weiß auch nicht warum, holte ich aus und schlug mehrfach auf ihren Hinterkopf ein, bis sie nach vorne zusammen brach.

Thomas senkte seinen Blick. Jutta ergriff die Hand des Beamten, der neben ihr saß, und drückte sie ganz fest. „Danach zog ich mich schnell wieder an. Ich breitete eine alte Decke über ihr aus und fuhr los. An einer alten Kiesgrube hielt ich an. Ich kletterte nach hinten. Ich nahm ihre Beine und band sie mit Spanngurten fest. Vor mir ragten ihre gespreizten Beine in die Höhe. Ich öffnete meinen Gürtel, ließ meine Hose herunter und drang wieder in sie ein."

Jutta wurde heiß und ihre Augen wurden groß vor Entsetzen.

„Ich bewegte mich schnell. Kam aber nicht. Ich band sie los und fuhr auf die Autobahn. Irgendwann bin ich abgefahren und auf die Landstraße bis zu einem Feldweg. Ich hielt an und holte die Leiche aus dem Auto. Ich legte sie am Straßenrand auf den Rücken. Ich nahm mein

Taschenmesser und schlitzte sie auf, von hier nach da."

Thomas fuhr sich mit dem Finger vom Schambein bis zum Brustbein.

„Können wir eine Pause machen?", fragte Jutta leise. Sie blickte flehentlich zu den Beamten. Beide schwiegen. Der Beamte, der neben Jutta saß und ihre Hand hielt, schüttelte nur leicht den Kopf. Der andere Beamte goss Kaffee nach. Thomas redete weiter.

„Ich habe sie aufgeschnitten, wie ein Metzger so was tun würde."

Nicht mehr zuhören, dachte Jutta. Sie versuchte sich vorzustellen, wie sie mit ihrem Sohn über eine große, grüne Wiese mit vielen bunten Blumen läuft. Es ist Sommer. Die Luft ist warm und riecht nach frisch geschnittenem Gras und Äpfeln. Aber es wollte Jutta nicht gelingen. Schon nach wenigen Schritten war das Bild wieder verschwunden, und Jutta sah in das verzerrte Gesicht ihres Ehemanns. Sein kleiner Mund wird beim Sprechen erstaunlich groß, dachte Jutta. Thomas erzählte weiter, immer weiter, gnadenlos.

„Ich riss ihr warmes Herz heraus. Ich hielt es eine Zeit lang in der Hand. Alles war voller Blut. Ich holte meine Gummihandschuhe aus dem Auto und verwischte das Blut auf ihrem weißen dünnen Leib. Dann kniete ich mich hin und betrachtete den kopflosen, blutverschmierten Körper, der vor mir auf dem Rücken lag."

Thomas zündet sich eine Zigarette an.

„Dann bin ich zurück in die Stadt gefahren. Mein Hemd warf ich weg, die Hose wusch ich mit der Hand aus. Am nächsten Tag stand ich bei der Kundschaft vor der Tür als wäre nichts passiert."

Jutta erinnerte sich, dass Thomas zwei Hemden fehlten,

Weiße Weihnacht

als er von der Montage nach Hause kam. Sie hatte ihn damals darauf angesprochen und Thomas hatte gesagt, dass er sie irgendwo liegen gelassen habe.

„Eine Zeit lang war Ruhe. Doch dann kam wieder der Wunsch in mir hoch, mich für alles Unrecht, das mir angetan worden war, zu rächen. Ich wollte wieder diese Macht spüren, diese Macht, einen anderen Menschen nach meinem Willen zu quälen und leiden zu sehen, so wie ich gequält wurde. Kannst du dich noch erinnern, im Sommer damals, als ich dir erzählte, ich müsste auf einer Baustelle was ausmessen? Das musste ich gar nicht."

„Bitte,", sagte Jutta mit schwacher Stimme, „Ich kann nicht mehr." In ihren Ohren fing es an zu rauschen. „Frau Siepert", sagte der Beamte, der immer noch Juttas Hand hielt, „Sie schaffen das."

Jutta zog ihre Hand weg und schaute auf den Boden. Sie sah auf die Spitze ihres Schuhs, der nervös auf und ab wippte. Thomas wollte weiter erzählen und die Beamten wollten alles hören und Jutta wollte nur noch raus. Jutta begann, sich auf ihrem Stuhl vor und zurück zu wiegen. Schließlich stand sie so abrupt auf, dass ihr Stuhl mit einem lauten Schlag auf den Boden fiel.

„Herr Siepert, wären Sie mit einer kleinen Pause einverstanden?"

Thomas lehnte sich zurück und nickte. Der Beamte führte Jutta aus dem Vernehmungszimmer.

Der Beamte sprach mit seiner tiefen Stimme eindringlich auf Jutta ein, während sie nebeneinander den Flur auf und ab liefen. Die Ermittlungsarbeiten in den Mordfällen seien sehr aufwändig gewesen, und jetzt böte sich die einmalige Chance, endlich die ganze Wahrheit zu erfahren. Er könne ja verstehen, dass dies alles sehr schlimm für sie sein müsse, aber sie sei eine starke Frau und die Polizei sei auf ihre Unterstützung angewiesen. Der Beamte legte seinen Arm um Jutta und blieb stehen. Er sah Jutta durchdringend an.

„Bitte, Frau Siepert," sagte er entschlossen, „Sie müssen uns helfen."

Thomas' letzte Schilderung nahm Jutta nur noch bruchstückhaft wahr. Prostituierte, Handfesseln, Spanngurte, gespreizte Schamlippen, Feuerzeug, mit den Fingern die Augen zerquetschen, beide Hände absägen. Thomas trank einen Schluck Kaffee und zündete sich noch eine Zigarette an. Jutta schaute zum Fenster. Draußen war es dunkel geworden. Als Thomas endlich fertig war, stand Jutta auf und rückte mechanisch ihren Stuhl an den Tisch zurück. Dann ging sie langsam um den Tisch herum und auf Thomas zu. Sie malte ihm mit dem Zeigefinger ein Kreuz auf seine Stirn.

„Gott schütze dich", sagte Jutta mit tonloser Stimme.

Sie wandte sich ab. Jutta ging ganz gerade. Sie hatte die Schultern hochgezogen. Ihr Rücken war steif. Sie hatte das Gefühl, dass Thomas sie mit seinem Blick von hinten durchbohrte. Ihr wurde schwindelig. Ihr war, als hätte sie einen Schlag mitten ins Gesicht bekommen. Jutta konnte nichts mehr hören. Kleine schwarze Punkte tänzelten vor ihren Augen. Von sehr weit weg hörte sie, wie der Beamte, der neben ihr ging, hinter ihnen die Tür zum Vernehmungsraum schloss.

„Mir wird schlecht", sagte Jutta. Sie hörte ihre Stimme, und sie hörte sich an als käme sie von jemand anderem. Ihre Beine gaben nach.

Als sie die Augen wieder öffnete, blickte Jutta in das weiche Gesicht eines Arztes.

Weiße Weihnacht

„Es ist in Ordnung", sagte er, „Sie sind ohnmächtig geworden. Ich habe Ihnen einen Spritze gegeben."

Jutta versuchte aufzustehen.

„Wollen Sie was trinken?"

Jemand gab ihr eine Tasse Kaffee.

„Sie müssen aus Ihrem Haus raus", sagte der Beamte mit der tiefen Stimme. Er machte einen Schritt auf Jutta zu. „Sie werden keine ruhige Minute mehr haben. Die Reporter stehen bald vor der Tür. Haben Sie Freunde oder Verwandte, wo Sie vorübergehend unterkommen können?"

Jutta spürte einen dumpfen Schmerz im Kopf. Sie versuchte zu überlegen.

„Vielleicht könnte ich zu meiner Schwester."

Der Polizist griff nach dem Telefon und wählte die Nummer. Am Apparat war Juttas Schwager. Der Beamte schilderte ihm die Lage. „Wir haben keinen Platz", sagte Juttas Schwager. Er legte auf. Ich bin die Frau eines Mörders, dachte Jutta.

Jutta stand allein vor dem Polizeipräsidium auf der Straße. Sie spürte den kalten Eisregen wie kleine Nadelstiche im Gesicht. Jutta schaute sich um. Nasses Herbstlaub lag auf der Straße. Die ersten Weihnachtsdekorationen leuchteten. Menschen liefen mit den Händen in den Taschen und hochgeschlagenen Mantelkragen an ihr vorbei. Ich gehöre nicht mehr dazu, dachte Jutta und ging los in die Dunkelheit.

Jutta ging die Fußgängerzone hinunter. Sie lief schneller. Sie wollte weg, weg von Thomas, weg von ihrer Scham, weg von dem ganzen Schmutz, den er über sie gegossen hatte. Jutta begann zu laufen.

Zuhause schloss Jutta die Vorhänge und schaltete das Licht nicht an. Sie setzte sich im Wohnzimmer auf das

Sofa. Vor ihr stand das Telefon auf dem Tisch. Jutta nahm den Hörer ab, hörte das Freizeichen. Sie legte den Hörer wieder auf. Es gab niemanden, mit dem sie ihren Schmerz teilen konnte. Jutta fühlte sich missbraucht und müde, unendlich müde. Sie wusste, dass draußen auf der Straße die Journalisten auf sie warteten. Jutta ließ den Kopf auf den Tisch fallen. Sie malte sich aus, wie ihre Verwandten gleich den Fernsehapparat einschalten und sich die Nachrichten anschauen würden.

„Schau, da ist ja Juttas Mann, Thomas", würden sie sagen, „Das ist ja ungeheuerlich. Die Jutta hat uns einen Mörder in die Familie gebracht."

Im Schutz der Dunkelheit schlich sich Jutta später aus dem Haus. Sie nahm ein Taxi und fuhr zu ihren Eltern. Als sie im Hausflur vor ihrer Tür stand, fürchtete sich Jutta zu klingeln. Aus der Nachbarwohnung dröhnte Kindergeschrei, zwei Stockwerke höher wurde eine Tür geöffnet. Jemand trat ins Treppenhaus und kam eilig die Treppe herunter. Jutta wollte ihm nicht begegnen.

„Sind sie nicht die Frau dieser furchtbaren Bestie Thomas S. ?", würde er sagen und sie prüfend anschauen. „Sagen Sie mir nicht, Sie hätten vier Jahre an seiner Seite gelebt, mit ihm Bett und Tisch geteilt und hätten von all dem nichts geahnt."

Jutta überlegte. Wenn sie jetzt klingeln würde, könnte ihre Mutter gar nicht so rasch die Tür öffnen. Die Schritte kamen näher. Jutta wandte sich um und ging mit schnellen Schritten die Treppe hinunter, nahm zwei Stufen auf einmal, lief die letzten Meter bis zur Haustür und riss sie auf.

Draußen drückte sich Jutta an eine Hauswand und beobachtete, wie ihr vermeintlicher Verfolger das Haus verließ und in der Dunkelheit verschwand.

Weiße Weihnacht

Juttas Mutter ließ sich auf einen Stuhl in der Küche fallen. Natürlich konnte sie ihrer Tochter keinen Vorwurf machen. Zum Abschied hatte sie Jutta in die Arme genommen und ihr mit der Hand über den Kopf gestreichelt. Mit Kevin an der Hand verließ Jutta eilig die Wohnung.

„Was willst du denn jetzt machen?", hatte ihre Mutter sie gefragt.

„Ich weiß es nicht", hatte Jutta geantwortet.

Am nächsten Morgen traute sich Jutta nicht, Kevin in den Kindergarten zu bringen. Kevin freute sich, als Jutta zu ihm sagte, dass sie stattdessen den Tag gemeinsam verbringen würden. Die Sonne schien und es war wärmer geworden. Auf dem Kinderspielplatz saß Jutta am Rand und schaute sich immer wieder um, ob sie jemand beobachtete. Der Kleine stieg gerade die Leiter zur Rutsche hinauf. Da sah Jutta im Gebüsch einen Fotoapparat, der auf sie gerichtet war. Jutta sprang auf Kevin zu und zog ihn von der Leiter.

„Mama, ich will rutschen," protestierte Kevin.

„Wir müssen gehen", zischte Jutta und Kevin plärrte, „Ich will aber nicht nach Hause.

Kevin versuchte, sich aus dem Klammergriff seiner Mutter zu befreien. Jutta fasste nach und riss ihren Sohn an sich. Kevin fing an zu weinen.

„Sei still," schrie Jutta und lief mit Kevin an der Hand davon.

Zuhause hatte Jutta das Gefühl, dass jemand in der Wohnung gewesen war. Es fehlte nichts und alles stand auch noch an seinem Platz. Aber es roch anders.

Jutta packte zwei Koffer. Einen für sich und einen für Kevin. Nicht viel, nur das nötigste. Zwei Hosen, zwei dicke Wollpullover, dicke Socken, ein paar Spielsachen.

Nachdem Jutta und Kevin einige Tage in einer Pension verbracht hatten, zog Jutta ins Frauenhaus. Sie und Kevin wurden dort freundlich aufgenommen. Frau Beer, eine kleine Frau mittleren Alters, führte Jutta in ihr Büro. Dort erklärte sie ihr die Hausordnung. Sie dürfe niemandem die Adresse mitteilen und müsse sich abmelden, wenn sie das Haus verließe. Später zeigte ihr Frau Beer das Zimmer, das im oberen Stockwerk am Ende des Korridors lag. Frau Beer entschuldigte sich bei Jutta. Die Gelder des Frauenhauses seien knapp. Jutta war nur dankbar, endlich zur Ruhe kommen zu können.

Jutta wäscht sich in dem kleinen Handwaschbecken die Hände. Sie betrachtet ihr Gesicht im Spiegel. In den letzten vier Wochen ist sie älter geworden, dünner auch. Ihre braunen Augen schauen sie traurig an. Ihre Haut ist blass. Die schulterlangen Haare hat sie im Nacken zu einem Zopf zusammengebunden. Hinter ihr schläft das Kind, schnarcht leise.

Zu Beginn war es Jutta vorgekommen, als sei das, was sie so brutal heraus geschleudert hatte aus ihrem Leben, nur ein Traum gewesen. Ein Albtraum, aus dem sie irgendwann wieder erwachen würde.

In diesem Moment wird ihr bewusst, dass es kein Traum, sondern Wirklichkeit ist. Jutta öffnet das Fenster. Auf der Straße ist es sehr still. Die Selbstvorwürfe machen ihr zu schaffen. ‚Wie habe ich mich nur so in ihm täuschen können? Tatsache ist, dass ich damit leben muss', denkt Jutta. Sie schaut den Schneeflocken zu, die im Schein der Straßenlaterne in der Luft tanzen. Jutta atmet die kühle Luft tief ein und aus. Sie kann ihren Atem sehen. Wenigstens haben wir eine weiße Weihnacht.

Maria Utelli
Ausflug in den Tod

Laura sitzt am Küchentisch, vor sich einen Becher mit kaltem Kaffee. Eigentlich müsste sie in diesem Moment vor ihren Schülern stehen und mit ihnen den Aufbau von aktuellen Zeitungsartikeln analysieren. Aber Huber, der Direktor der Schule, hat angerufen und gesagt, dass sie heute und morgen zu Hause bleiben könne. In Notfällen ist er erstaunlich human. „Schauen Sie mal in die Zeitung von heute, da steht alles drin!", sagte er, bevor er sich verabschiedete. Laura hat noch keine Träne geweint, seit sie die Nachricht von Huber bekommen hat. Sie versteht sich selber nicht, aber die Starre in ihr lässt noch immer nicht nach, obwohl schon drei Stunden seit dem Telefonat vergangen sind. Achim tot, abgestürzt in einem Privatflugzeug, in dem sich noch drei weitere Personen befanden. Vermutlich handelt es sich um Ben, diesen windigen Typen, um Juan und um einen der Kopiloten, den Achim selber kaum kannte. Denn am Freitag hat Achim noch erzählt, dass er mit Juan und Ben einen Ausflug in einem kleinen Privatflugzeug machen würde. Ben, der Angeber, besaß offensichtlich ein solches. Er hat erwähnt, dass ein Freund von Ben, ein gewisser Bernhard, als Kopilot mitfliegen sollte. Weder er noch Juan hatten mit dem Fliegen Erfahrung.

Wirklich rücksichtsvoll von Huber, dass er sie angerufen und ihr auch noch frei gegeben hat, denkt Laura.

Die Freundschaft von Achim und ihr ist im Kollegium nie ein Geheimnis gewesen. Selbst Huber ist das offensichtlich nicht entgangen. Wahrscheinlich hätten sonst die Schüler vor ihr von dem Unfall gewusst. Sie wissen immer tausend Sachen, die sie nichts angehen. Wer weiß, woher? Aber das hier geht sie sogar etwas an, immerhin ist einer ihrer Lehrer tot, zudem ein sehr beliebter. Achim tot, einfach tot, unwiederbringlich.

Am Freitag haben sie nach der Schule noch lange auf dem Parkplatz gestanden und geredet. Achim schien vor dem Flug nervös zu sein, der Unternehmung mit gemischten Gefühlen entgegenzusehen. Abends kam er noch spontan vorbei, um die Kinder zu sehen, wie er sagte. Für Sven brachte er ein Buch über Flugzeuge mit und für Anna ein Kleid für ihre Barbiepuppe. Er ging erst spät und konnte sich nur schwer von ihnen trennen. Als ob er etwas geahnt hätte, denkt Laura.

Laura steht auf und geht in ihr Schlafzimmer. Aus dem Regal neben ihrem Schreibtisch nimmt sie ein Fotoalbum und schlägt es auf. Im Mai haben Achim und sie die Klassenfahrt nach Italien gemeinsam betreut: Sie und Achim mit Sonnenbrillen vor dem Amphitheater in Verona, beim Essen in einem kleinen Restaurant. Sie lachen und prosten dem Fotografen zu. Sie und Achim auf einem Bild mit der ganzen Klasse, auf dem Bahnhof in Florenz mit lauter Koffern und ein paar Schülern. Der gutaussehende Achim, in den immer wieder mal eine Schülerin verliebt war, obwohl er seine Homosexualität nie verleugnet hat. Auf einem Bild – Laura hat es aufgenommen – sitzt Achim im Innenhof des Hauses von Romeo und Julia in Florenz, neben ihm die Bronze-Julia mit dem blank gestreichelten Busen. Achim sieht traurig aus. Nicht melancholisch, sondern verzweifelt. Das Gesicht kraftlos, der Blick leer. Sie wusste, wie schlecht es ihm ging, aber es haben ihn nur wenige Leute so wahrgenommen. Diese

Ausflug in den Tod

Seite versuchte er möglichst für sich zu behalten. Während der Italien-Fahrt hat Laura zufällig mitbekommen, dass Achim morgens und abends verschiedene Tabletten einnahm. Danach gefragt, erzählte er ihr, dass er schon seit Monaten Beruhigungsmittel nehme, um seine Arbeit überhaupt machen zu können. „Vielleicht muss ich bald auf härtere Mittel umsteigen, denn es wird und wird nicht besser. Aber die sind mir ja auch nicht unbekannt", sagte er. Damit spielte er auf die Depressionen an, unter denen er während des Referendariats litt und deretwegen er einige Monate in einer psychiatrischen Klinik verbrachte. Schon damals kannten sie sich seit über drei Jahren.

Erst als eine Träne auf das Foto tropft, merkt Laura, dass sie weint. Zuerst laufen ihr einfach die Tränen übers Gesicht, dann beginnt ein heftiges Schluchzen ihren Körper zu schütteln. Sie legt sich auf's Bett und vergräbt den Kopf im Kopfkissen. Sie wird es ihren Kindern sagen müssen, wenn sie heute Mittag aus der Schule kommen. Sie haben Achim gekannt, seit sie denken können. Besonders Sven hängt an ihm. Sein Tod wird ihn furchtbar treffen.

Laura zieht sich einen Pulli über ihr Nachthemd und geht am Kiosk eine Zeitung kaufen. Folgendes steht in der rechten unteren Ecke der Titelseite:

„Flugzeugabsturz bei Hanau

Gestern ist gegen 14.30 in der Nähe von Hanau ein Privatflugzeug mit vier Insassen abgestürzt. Der Pilot hatte dem Tower schon die bevorstehende Landung angekündigt, da geriet die Maschine ins Trudeln, stürzte vom Himmel und brach auseinander. Alle Insassen, vier Männer aus Frankfurt, waren auf der Stelle tot. Ein Zeuge will Feuer an einem der Triebwerke gesehen haben, ein anderer hat einen Fallschirmspringer in der Nähe des Flugzeugs beobachtet. Die Unfallursache ist aber laut Polizei noch vollkommen unklar, da das Flugzeug in gutem Zustand und der Pilot erfahren war. Möglicherweise könnte ein Herzinfarkt des Piloten oder ein technischer Defekt für die Katastrophe verantwortlich sein."

Laura reibt sich die Schläfen. Beim Lesen tauchen in ihrem Kopf unwillkürlich Bilder von Achim auf, der in der abstürzenden Maschine panisch um Hilfe schreit, bevor er von der Wucht des Aufpralls getötet wird.

Kommissar Morgner setzt sich an seinen Schreibtisch und sieht die Post durch, die ihm Frau Ackermann schon hingelegt hat. Es klopft und Herr Wieland kommt herein. Er arbeitet bei der „normalen" Polizei, auf die die Leute von der Kripo ganz gerne ein bisschen herabgucken.

„Tag, Herr Morgner! Ich habe hier etwas für Sie!" Er hält einen Packen Papiere in der Hand. „Sie haben doch sicher mitbekommen, dass das Flugzeug am Sonntag abgestürzt ist! Diese kleine Privatmaschine." Morgner nickt. Das hat wohl jeder mitbekommen, dafür muss man nicht bei der Polizei arbeiten.

„Ist die Ursache für den Unfall denn mittlerweile geklärt?", fragt er.

„Nein, das nicht." Wieland zwinkert dauernd mit dem linken Auge. Da wird man vom bloßen Zuschauen nervös! „Wir haben eine Schusswaffe in dem Flugzeugwrack gefunden. Deshalb komme ich ja zu Ihnen."

„Geben Sie mal her!" Das ist tatsächlich merkwürdig. Warum sollte man auf einen solchen Flug eine Waffe mitnehmen?

„Sie ist noch im Labor." Herr Wieland zwinkert gleich zweimal. „Ich habe auch schon mit der Staatsanwaltschaft gesprochen. Es wird eine Obduktion der vier Leichen

Ausflug in den Tod

angeordnet. Sie können sich mit Frau Raute-Liebstädt in Verbindung setzen."

„Wie war der Name?" Morgner findet Doppelnamen albern, diesen in besonderem Maße. Er notiert ihn und verabschiedet sich von Herrn Wieland.

„Rufen Sie an, wenn Sie Fragen haben!", sagt er zwinkernd, ehe er geht.

Morgner sieht die Papiere durch: das Protokoll des Towers, Zeugenaussagen, Fotos der vier Leichen, Informationen des Luftfahrtbundesamtes zu dem Flugzeugtyp, Informationen zu dem Piloten, die Namen der Insassen mit Angaben zu deren Alter und Beruf. Drei von ihnen waren zwischen fünfunddreißig und vierzig, einer erst Mitte zwanzig, ein Spanier.

Laura steht vor ihrem Spiegel. Ihre Augen sind rot und verquollen, die Lider glasig von den letzten zwei Tagen. Sie versucht, ihr Aussehen mit Schminke zu retten, was nur bedingt gelingt. Dann nimmt sie zwei Beruhigungstabletten, das erste Mal seit der Trennung von Christian. Wie wird sie den Schultag überstehen? Die Kollegen werden ihr bestimmt mit Rücksicht begegnen, aber die Schüler? Sicherlich haben sie das Bedürfnis, Näheres zu wissen, sich über ihre Bestürzung auszutauschen. Was, wenn sie über Achim reden wollen? Sie darf auf keinen Fall vor der Klasse in Tränen ausbrechen!

Ihre Tochter Anna ist schon dabei, Frühstück zu machen. Sie stellt sich immer mit großer Sorgfalt ihr Müsli zusammen.

„Ach ja, Mama, gestern hat jemand für dich angerufen. Dieter oder so ähnlich!", sagt sie kauend.

„Und?" fragt Laura.

„Du sollst ihn zurückrufen!"

Laura sieht auf die Uhr. Es ist noch zu früh, um anzurufen,

und außerdem muss sie in fünf Minuten aus dem Haus. Dieter ist Achims Bruder. Sie kennen sich von diversen Geburtstagen und sind sich ganz sympathisch. Er wird ihr vielleicht mehr über die Umstände und Gründe für den Absturz sagen können.

Als Laura mittags nach Hause kommt, blinkt der Anrufbeantworter. Sie stellt ihre Tasche ab und trinkt erstmal ein Glas Wasser. Der Schultag hat sie viel Kraft gekostet, ist aber gut verlaufen. Die Schüler haben keine Fragen gestellt und sind so aufmerksam wie selten gewesen. Vielleicht hat einer der Kollegen sie darum gebeten. Das vermutet Laura jedenfalls.

Als sie die neue Nachricht abhört, erkennt sie direkt die für einen Mann ungewöhnlich hohe Stimme von Dieter: „Hallo, Laura. Du weißt ja, was passiert ist. Ich würde dich gerne sehen."

Sie verabreden sich für den Abend bei Dieter zu Hause. Anna und Sven werden heute ohnehin bei ihrem Vater übernachten.

Dieters Wohnung liegt genau auf der anderen Seite des Stadtzentrums. Laura fährt mit der Bahn, denn zum Autofahren ist sie zu unkonzentriert und müde.

Dieter hat nur eine Tütensuppe aufgekocht; dafür entschuldigt er sich. Eine Weile löffeln sie schweigend ihre Champignonsuppe, dann sagt Dieter:

„Ich habe im letzten halben Jahr wenig von Achim mitbekommen. Ich hatte wahnsinnig viel zu tun und habe mir selten Zeit genommen, ihn anzurufen oder mich mit ihm zu treffen. Du kannst dir vorstellen, wie leid mir das jetzt tut." Er nimmt seine Serviette und hält sie ans Gesicht, denn er hat angefangen zu weinen. Laura löffelt eine Weile schweigend weiter.

Ausflug in den Tod

„Erzähl mir von ihm. Wie ging es ihm? Ihr habt euch doch so gut wie täglich gesehen." Laura schiebt ihren leeren Teller beiseite. „Es ging ihm nicht sehr gut. Seit der Trennung von Juan ging es ihm sogar ziemlich schlecht. Er hat es nicht verkraftet, den Jungen zu verlieren. Bis zuletzt hat er alles mögliche für ihn gemacht, hat ihn getröstet, wenn er Streit mit Ben hatte. Immer in der Hoffnung, Juan würde zurückkommen."

„Du weißt wahrscheinlich, dass ich nie richtig damit klar gekommen bin, dass mein Bruder mit einem Mann zusammenlebt?" Dieter wirkt verspannt, als er das sagt.

„Ich weiß, dass niemand in eurer Familie ihn unterstützt hat, ja." Lauras Gesichtsausdruck hat sich verhärtet, denn sie hat immer wieder mitbekommen, wie Achim bei seiner Familie um die Akzeptanz seiner Homosexualität kämpfte, ohne sie je zu erreichen. „Darunter hat er sehr gelitten." Ihr Ton ist vorwurfsvoll.

Dieter kocht Tee und steckt sich eine Zigarette an.

„Und in der Schule? Ich meine, war er gerne Lehrer?" Er wechselt einfach das Thema.

„Im Prinzip schon, aber im letzten Jahr fand er es sehr anstrengend, weil er so labil war. Er hat schon seit längerem Medikamente genommen, um überhaupt arbeiten zu können. Achim war am Rande einer Depression." Lauras Trauer wird im Moment von ihrem Zorn auf Achims Familie verdrängt. Vor allem auf die Eltern, aber auch auf Dieter. Nicht zuletzt wegen ihnen hat Achim sich oft so einsam gefühlt, vor allem nachdem Juan gegangen war.

„Ich möchte jetzt nach Hause. Bitte rufe mir ein Taxi! Danke für die Suppe." Dieter weint wieder, zieht in kurzen Abständen an seiner Zigarette und hustet.

„Ich konnte es nicht anders. Mich hat der Gedanke

angewidert, dass er mit Männern ins Bett geht!"

„Jaja, schon gut." Laura hat keine Lust, sich diese Erklärungen anzuhören.

Morgner ist auf dem Weg zum Rechtsmedizinischen Institut der Universität Frankfurt. Herr Schneider hat ihn heute morgen angerufen und gebeten, vorbeizukommen. Er will ihm die Ergebnisse seiner Untersuchungen an den vier Leichen aus der abgestürzten Privatmaschine erläutern.

„Kommen Sie, kommen Sie!" Schneider ist ein leicht untersetzter, lebhafter Mann. Er begrüßt Morgner herzlich, bietet ihm einen Kaffee an und kommt dann gleich zur Sache:

„In dem Flugzeug ist geschossen worden. Wir haben bei zwei der Leichen Einschussverletzungen gefunden. Eine kreisrunde Wunde mit Schmauchspuren, Sie wissen ja, wie so etwas aussieht." Morgner nickt. Er ist weniger überrascht, als Schneider annehmen muss, denn Wieland hat ihm schon von der gefundenen Waffe erzählt.

„Der Pilot ist in den Rücken und in den Nacken geschossen worden, der Kopilot hat einen Durchschuss in der linken Hand. Möglicherweise stammt der Schuss durch die Hand und der in den Nacken von der gleichen Kugel. Wir können noch nicht definitiv sagen, von welcher Position aus geschossen worden ist, aber auf jeden Fall von einer der beiden Personen, die hinten saßen." Er steht auf und holt aus dem Nachbarraum zwei Stühle. „Stehen Sie mal eben auf!", sagt er. Morgner steht gehorsam auf, wenngleich er etwas irritiert ist.

„Setzen Sie sich hierhin!" Schneider hat die vier Stühle so angeordnet wie die Sitzplätze in dem kleinen Flugzeug: Zwei Reihen mit jeweils zwei Stühlen. Er zeigt auf den vorderen linken Platz, also den des Piloten. Morgner setzt sich.

Ausflug in den Tod

Schneider hat von seinem Schreibtisch ein Lineal genommen, mit dem er nun wie mit einer Pistole herumhantiert. Er wechselt von einem Stuhl auf den nächsten und erklärt dem Kommissar in ungeheurer Geschwindigkeit, von welchem Platz aus die Schüsse abgegeben worden sein können und aus welchem Grund. Dazu fuchtelt er mit seinem Lineal hinter Morgners Rücken herum. Der Kommissar blickt mal über die linke, dann wieder über die rechte Schulter, um das Wesentliche mitzubekommen. Er fühlt sich unbehaglich in seiner Rolle als Mordopfer, auch wenn es nur ein Lineal ist, das sich in seinen Rücken bohrt.

„Sehen Sie?" Schneider hat sich wieder einen Stuhl an seinen Schreibtisch gezogen und sich hingesetzt. „Es war auf jeden Fall einer der beiden hinteren. Vielleicht der Liebhaber, dieser junge Spanier."

„Aus welcher Entfernung ist denn auf den Piloten geschossen worden?", fragt Morgner, um überhaupt etwas zu der Unterhaltung beizutragen.

„Das wird uns hoffentlich die Faseruntersuchung sagen. Ich denke, dass wir die Ergebnisse morgen oder übermorgen bekommen. Ich rufe Sie umgehend an."

Als Morgner wieder im Auto sitzt, ist er verstimmt. Schneider hätte ihm einfach erzählen können, was die Untersuchungen ergeben haben, ohne dieses ganze Theater mit den Stühlen und dem Lineal zu veranstalten. Er hat jedenfalls gesagt, dass es der Spanier war, soviel hat Morgner mitbekommen.

Als er zurück auf der Wache ist, geht er erstmal zu Gabi, um ihr von dem Treffen zu berichten, denn sie sind gemeinsam mit den Ermittlungen beauftragt worden. Als er erzählt, wie Schneider die Szene mit ihm und einem Lineal nachgespielt hat, lacht sie herzlich.

Als Laura mittags von der Schule kommt, klingelt das Telefon, noch während sie aufschließt. Es ist Dieter.

„Laura, es ist alles noch viel schlimmer, als wir dachten." Es entsteht eine Pause. Noch schlimmer, als wir dachten? Laura kann sich keinen Reim auf diese Worte machen, denn mehr als tot sein kann man wohl nicht.

„Was kann denn noch schlimmer sein, als das, was ich schon weiß?", fragt Laura.

Sie hört, dass Dieter weint. Er entschuldigt sich, schneuzt sich und fragt dann: „Hast du heute Zeitung gelesen?" Laura verneint.

„Sie haben in der Gerichtsmedizin bei dem Piloten Schussverletzungen festgestellt. Er ist erschossen worden, und zwar von einem der Insassen!" Dieter spricht jetzt laut und hastig.

„Weiß man, wer geschossen hat?" Lauras Verstand ist ganz klar, aber innerlich ist sie erstarrt.

„Genau weiß man es nicht, aber sie vermuten, dass es Juan war. Der Pilot war doch sein Liebhaber."

„Und weil der Pilot sein Liebhaber war, vermutet die Kripo, dass Juan geschossen hat?", fragt Laura nach.

„Ja, irgendwie so. Und weil er hinter ihm saß." Dieter weiß offenbar auch nichts genaues.

„Und dieser Bernhard? Kommt der nicht in Frage?"

„Mein Gott, was weiß ich? Mein Bruder ist tot, wegen einem dieser Psychopathen." Laura findet Dieters hohe Stimme unangenehm, wenn er so aufgeregt spricht. „Wer es war, ist mir am Ende egal", sagt er dann leise.

Laura weiß darauf nichts zu sagen. Sie ist verwirrt und muss erst einmal nachdenken.

„Bitte ruf' mich an, wenn ihr etwas Neues erfahrt!", sagt sie. Dann legt sie auf.

Ausflug in den Tod

Juan, der mit seinem Charme jeden um den Finger wickelte, mit einem Revolver in der Hand. Das ist ein lächerliches Bild, wie in einem schlechten Film. Aber so scheint es gewesen zu sein. Laura holt sich eine Aspirin. Seit sie Dieter angerufen hat, sind ihre Kopfschmerzen schlagartig wiedergekehrt.

Anfangs war sie skeptisch, als Achim ihr Juan vorstellte. Er war zu hübsch, zu charmant, gefiel zu vielen Leuten. Er wirkte nicht wie die treue Seele, die Achim suchte. Mit seinen fünfundzwanzig Jahren hatte er immer noch etwas Kindliches, war in seinen guten Stimmungen ebenso mitreißend wie in seinen schlechten unerträglich. Manchmal benahm er sich wie eine Diva, war über Kleinigkeiten tagelang beleidigt oder legte sich mit einem undefinierbaren Leiden ins Bett und ließ sich von Achim bedienen.

Ist es denkbar, dass er so etwas getan hat? Vor allem: Warum? Ihm ging es nicht schlecht mit Ben, wenn die beiden auch viel stritten; viel mehr als Juan und Achim es je getan hatten. Wie können die normalsten Leute, die man kennt, plötzlich mehrfache Mörder sein? Außerdem ist Achims Tod dadurch so entsetzlich überflüssig, so vermeidbar. Opfer eines schicksalhaften Unfalls zu sein, ist noch besser erträglich als Opfer eines hysterischen Freundes. Den Kindern wird sie vorerst nichts sagen. Außerdem sind sich anscheinend die Leute von der Kripo bislang gar nicht sicher, dass Juan der Täter ist. Am Ende war es vielleicht doch dieser Bernhard, über den Laura kaum etwas weiß. Achim hat nur erzählt, dass er ein Geschäft in der Innenstadt besaß, das kurz vor dem Bankrott stand.

Es klingelt an der Tür, und als Laura öffnet, steht eine ungefähr fünfzigjährige Frau davor. Sie hat dunkle, zum Zopf gebundene Haare und trägt einen beigen Sommermantel.

„Guten Tag, ich bin Maria Valdes", sagt sie mit einem leichten Akzent und reicht Laura die Hand. „Entschuldigen Sie, dass ich unangemeldet zu Ihnen komme. Der Bruder von Achim hat mir ihre Adresse gegeben."

Laura bittet die Frau herein, macht ihr einen Kaffee und erfährt, dass sie die Mutter von Juan und gerade aus Madrid angekommen ist. Sie sieht müde und blass aus, aber nicht so verweint wie Laura selbst.

„Ich habe vorgestern den Anruf von der Frankfurter Polizei bekommen", sagt sie. „Wissen Sie, Juan war mein einziges Kind. Ich habe ihn alleine aufgezogen. Und jetzt dieser Unfall." Ihr Blick geht ins Leere.

Laura fühlt sich unwohl mit dieser fremden Frau, deren Trauer sie nicht teilen kann, denn sie trauern nicht um die gleiche Person. Maria weiß noch nicht einmal, dass es kein Unfall war, dass wahrscheinlich ihr Sohn an dem Tod von Achim Schuld ist. Auch ärgert sie sich über Dieter, der ihr Besuch ins Haus schickt, ohne sie vorher zu fragen.

„Es war kein Unfall", sagt Laura unvermittelt. „Es ist im Flugzeug geschossen worden. Wahrscheinlich von Juan, sagt die Kripo."

„Was sagen Sie da?!" Maria steht auf und stellt sich vor sie hin. „Juan soll geschossen haben? Diese Behauptung ist lächerlich. Er hätte so etwas nie getan. Sie kannten ihn doch gar nicht." Laura fällt auf, dass sie die r's rollt, wie im Spanischen. Maria setzt sich wieder auf ihren Platz und bedeckt ihr Gesicht mit den Händen.

„Ich kann nicht mehr. Ich kann nicht mal weinen." Eine Weile schweigen sie beide. Dann fragt Maria: „Könnte ich vielleicht ein paar Tage bei Ihnen wohnen? Ich habe im Moment kein Geld und ich muss bis zur Beerdigung hier bleiben."

„Ja." Laura findet die Frau nicht unsympathisch, aber sie

Ausflug in den Tod

wäre lieber allein. Ungewöhnlich, bei wildfremden Leuten unangemeldet zu erscheinen und sich dort einzuquartieren! Aber wegschicken kann sie sie nicht. Also macht sie ihr ein Bett in Annas Zimmer.

„Am liebsten würde ich mich gleich hinlegen", sagt Maria. „Ich habe seit gestern nicht geschlafen."

Bis zum nächsten Morgen hört und sieht Laura nichts mehr von ihr.

Morgner räkelt sich und gähnt. Nach dem Mittagessen wird er immer schrecklich müde und würde am liebsten ein Schläfchen halten.

Das Telefon läutet und Schneider ist am Apparat.

„Ich melde mich nochmal wegen des Flugzeugabsturzes. Also, die Faseruntersuchungen haben ergeben, dass es sich bei dem Schuss in den Rücken des Piloten um einen aufgesetzten Schuss handelt. Auch der Durchschuss in der Hand des Kopiloten war aufgesetzt."

„Was sagt uns das?", fragt Morgner.

„Nicht viel Neues. Dass die Schüsse von einem der Insassen abgegeben wurden, wussten wir schon. Sie waren jedenfalls ganz gezielt auf den Piloten gerichtet." Schneider klingt zufrieden.

„Hat sich Ihre Vermutung bestätigt, dass der Freund des Piloten geschossen hat?"

„Nein, nein. Das war ja eine rein private Vermutung! Es ist nach übereinstimmender Erkenntnis von meinen Kollegen und mir der Mann auf dem Platz hinten rechts gewesen, also der frühere Freund des Spaniers."

Morgner bricht bei diesen Worten der Schweiß aus. Er kennt Schneider schon lange und hat ihn immer als sehr zurückhaltend in der Verbreitung solcher Thesen erlebt. Dieses Mal hat er der Staatsanwaltschaft direkt nach dem ersten Treffen mit Schneider mitgeteilt, dass wohl Juan V. der Täter sei. Die Staatsanwaltschaft hat es an die Presse gegeben, so dass es heute in der Zeitung steht.

„Woher nehmen Sie diese Gewissheit?" Morgner versucht, sich nichts anmerken zu lassen.

„Die Richtung des Schusskanals lässt keine andere Position zu als die hinten rechts. Man müsste sich schon sehr verrenken, um einen solchen Schuss von dem Platz unmittelbar hinter dem Opfer abzugeben. Auf Wiederhören! Falls Sie noch Fragen haben, rufen Sie ruhig an!" Schneider legt auf. Morgner wischt sich mit einem Taschentuch den Schweiß von der Stirn. Das wird wahrscheinlich Ärger mit dem Chef geben!

Freitags hat Laura erst zur dritten Stunde Unterricht, und so liest sie oft noch in Ruhe die Zeitung, wenn die Kinder schon aus dem Haus sind. Seit auch die Schüler erfahren haben, dass es sich bei dem Tod ihres Lehrers nicht um einen Unfall, sondern um Mord handelt, herrscht an der Schule helle Aufregung. Auch Laura hat schon mehrfach mit den aufgewühlten Schülern gesprochen, was sie jedes Mal viel Kraft kostete. Nun sieht sie Tag für Tag den Lokalteil auf neue Erkenntnisse bezüglich des Absturzes durch. Tatsächlich findet sie an diesem Morgen folgende kurze Meldung:

„Seit wenigen Tagen hat die Kriminalpolizei Frankfurt die Gewissheit, dass der Absturz des Privatflugzeugs bei Hanau am letzten Sonntag auf die Ermordung des Piloten durch einen der anderen Insassen zurückzuführen ist. Bisher ist angenommen worden, der Lebensgefährte des Piloten, der 26-jährige Fotograph Juan V., habe die Schüsse abgefeuert. Nach neuen Erkenntnissen der Kriminalpolizei spricht aber alles dafür, dass der 37-jährige

Ausflug in den Tod

Berufschullehrer Achim S. der Täter ist. Über die Motive für diese grausame Tat, die vier Menschen das Leben gekostet hat, ist bisher nichts bekannt."

Laura starrt auf die Zeitung und liest die selben Zeilen immer wieder. Da steht also, dass Achim der Mörder gewesen sein soll. Laura ist aufgestanden und geht in der Küche auf und ab. Warum? Warum bloß? Aber vielleicht ist dieses Ergebnis ja nicht endgültig, und im Laufe der weiteren Untersuchungen wird sich herausstellen, dass es doch Juan gewesen sein muss. Laura greift nach dem Telefon und wählt Dieters Nummer. Lange lässt sie es klingeln, ehe er verschlafen an den Apparat kommt.

„Entschuldigung, ich habe dich wohl geweckt. Laura hier!"

Dieter wirkt desorientiert. Wahrscheinlich hat er Schlaftabletten genommen, nach all den schlaflosen Nächten.

„Was gibt's denn?", fragt er.

„In der Zeitung steht, dass Achim die Schüsse abgegeben hat!" Laura bricht in Tränen aus, als sie das sagt.

„Bitte? Im Ernst? Lies vor!" Es klingt wie ein Befehl, und Laura liest. Kaum hat sie geendet, da wettert Dieter los:

„Warum ruft mich die Kripo nicht mal an, bevor sie verbreitet, mein Bruder sei ein Mörder?!" Er stöhnt. „Ich werde versuchen, einen Termin mit dem ermittelnden Kommissar zu bekommen. Das stimmt nicht. Nie im Leben."

„Ich komme mit", sagt Laura. Sie wird ihn nach der Schule anrufen.

Laura sitzt mit Dieter in einem langen Flur: grauer Linoleumboden und gräuliche, bilderlose Wände. Der Blick aus den Fenstern geht auf einen Parkplatz. Laura ist bei Dieters Anblick regelrecht erschrocken, denn er hat tiefe bläuliche Schatten unter den Augen und wirkt merklich gealtert.

„Bist du sauer, dass ich Maria zu dir geschickt habe?", fragt Dieter.

„Es wäre mir lieber gewesen, du hättest mich vorher gefragt. Aber sie liegt sowieso den ganzen Tag im Bett. Ich sehe sie fast nie."

„Ich konnte nicht mehr. Ich wäre durchgedreht, wenn sie gekommen wäre", entschuldigt er sich.

„Dann kannst du ja froh sein, dass ich nicht durchgedreht bin."

Ihre Unterhaltung wird unterbrochen, als die Tür geöffnet wird und ein Beamter sie in sein Büro bittet. Er ist groß und hat einen beeindruckenden Schnauzbart.

„Morgner mein Name!", sagt er. Auch Laura und Dieter stellen sich vor.

Dieter macht keine Umschweife: „Die Informationspolitik ihrer Behörde ist verantwortungslos! Was glauben Sie denn, wie wir uns fühlen? Denken Sie, es ist einerlei, ob der eigene Bruder ermordet wurde oder doch auf einmal selber der Mörder sein soll? Ihr Vorgehen ist äußerst rücksichtslos!"

Morgner entschuldigt sich dafür, dass zuerst ein falscher Verdacht an die Presse gegeben worden ist: „Wir dachten zuerst, dass es der Spanier gewesen sei. Immerhin lebte er mit dem Piloten zusammen. Da kam er als Täter am ehesten in Frage. Nun sind unsere Ergebnisse aber eindeutig: Es steht außer Zweifel, dass Ihr Bruder geschossen hat. Es tut mir leid, Ihnen das sagen zu müssen". Als Dieter das hört, verfällt er noch mehr. Trotzdem will er alles möglichst genau wissen.

„Also", Morgner hat sich eine Zigarette angesteckt. „Der Schuss, der den Piloten aller Wahrscheinlichkeit nach getötet hat, ist auf dem Rücken hinten rechts aufgesetzt worden und quer durch den Brustkorb geschlagen. Der zweite Schuss hat zuerst die Hand des Kopiloten durchschlagen – wohl eine Abwehrbewegung nach dem ersten Schuss – und dann den Nacken des Piloten getroffen. Diese Schüsse können nur von der Position hinten rechts im Flugzeug abgegeben worden sein. Dort saß Ihr Bruder." Während er das erklärt, hat der Kommissar die Positionen der vier Personen im Flugzeug und die Schussbewegungen auf ein Blatt aufgezeichnet.

Es klopft. „Herein", sagt Morgner, und eine junge Frau steckt den Kopf durch die Tür.

„Hallo Gabi, komm' ruhig rein. Darf ich vorstellen: Meine Kollegin Gabi Kerner. Die Angehörigen von Achim S." Sie begrüßen sich mit einem Nicken. Achim scheint als der vermutliche Täter allen hier ein Begriff zu sein.

Die Beamten reden leise miteinander. Die mit Gabi Angesprochene lässt eine Tüte da und verschwindet wieder.

„Die Tatwaffe", sagt Morgner. „Endlich!" Er zieht eine Pistole aus der Tüte, deren Lauf stark verbogen ist. „Eine Walther PPK, genau das, was die in der Rechtsmedizin vermutet haben." Er betrachtet sie von allen Seiten. „Die ist leergeschossen worden, sonst wäre der Lauf nicht so verbogen. Wollen Sie mal?" Er reicht Dieter die Pistole. Dieter wendet sich angewidert ab und schüttelt den Kopf.

„Ich würde sie gerne einen Moment haben!", sagt Laura und nimmt das kalte metallene Gerät in die Hand. Sie hat noch nie eine Schusswaffe in der Hand gehabt. Sie kommen nur in Filmen vor und sind dadurch fast irreal. Mit dieser Waffe ist tatsächlich jemand erschossen worden, und zwar wahrscheinlich von ihrem besten Freund. Laura stellt sich Achim mit gezogener Waffe und verzerrten Gesichtszügen vor, wie er die Pistole auf den Rücken von Ben presst, den er vom ersten Moment ihrer Bekanntschaft an verabscheute. Aber das Bild in ihrem Kopf gerät immer wieder zu einem der endlosen Filmklischees, die sie gespeichert hat. Ihre Vorstellungskraft reicht für ein solches Szenario nicht aus.

„Hatten Sie ein enges Verhältnis zu Ihrem Bruder?" Morgner spricht Dieter an, der seit mehreren Minuten abwesend aus dem Fenster sieht. Ein strahlend blauer, warmer Septembertag. Aber davon ist in diesem Raum nichts zu spüren.

„Bitte?", fragt Dieter, und Morgner wiederholt seine Frage.

„Es geht.", sagt Dieter. „Sicherlich nicht so eng wie Laura." Er deutet mit einer Kopfbewegung auf sie. Sie hält noch immer die ramponierte Pistole in der Hand.

„War Ihr Bruder privat oder beruflich in einer schwierigen Situation?" Morgner hat eine angenehme, warme Stimme.

„Ich weiß nicht." Dieter sieht unschlüssig zu Laura. „Was meinst du?" Laura zögert.

„Sie waren doch gemeinsam an der Schule und seit langem befreundet, wenn ich richtig informiert bin. Da müssen Sie doch mitbekommen haben, wie es ihm ging!", sagt Morgner.

„Ja, ja. Natürlich habe ich das mitbekommen. In der Schule hatte er keine Schwierigkeiten, im Gegenteil. Er war sehr beliebt bei den Schülern und im Kollegium akzeptiert. Auch privat wüsste ich von keinen Schwierigkeiten." Dieter scheint von ihre Antwort überrascht zu sein, aber sie sieht ihn beschwörend an, und so sagt er nichts. Sie wird nicht von Achims trauriger und unglücklicher Liebe zu Juan erzählen und auch nicht von dem Hass auf Ben, der ihm Juan weggenommen hat. Laura will nicht, dass Achims Leben in den Klatschspalten der Boulevardpresse ausgebreitet wird, und das wird mit Sicherheit passieren, wenn sie die Wahrheit sagt. Der sanfte Achim scheint Ben wirklich gehasst zu haben. Vielleicht hat er den Kontakt zu ihm und Juan nur erhalten, um sich irgendwann rächen zu können. Denn die Tat muss gut geplant worden sein; eine Pistole hat man nicht zufällig in der Tasche.

„Frau Achersbach?" Morgner steht neben Lauras Stuhl und hält ihr ihren Mantel hin. Laura sieht ihn geistesabwesend an, dankt und nimmt ihren Mantel.

„Achim scheint tatsächlich derjenige gewesen zu sein, der geschossen hat", sagt Dieter, als sie im Auto sitzen. Er wirkt fahrig, muss auf der kurzen Fahrt mehrfach scharf bremsen.

„Stell' dir das vor: Achim besorgt sich einen Revolver, eine Walther PPK, wie wir jetzt wissen, ohne Waffenschein. Woher hat er die bekommen? Er steigt gut gelaunt mit seinen Freunden ein, sie lassen sich sogar noch zu viert fotografieren, bevor sie starten. Hast du die Fotos gesehen?", fragt Dieter.

„Nein, hab ich nicht!" Lauras Tonfall ist aggressiv. Die musste der Kommissar gezeigt haben, als sie ihren Gedanken nachhing.

„Da wusste Achim schon, dass keiner von ihnen mehr lebend auf den Boden kommen wird", fährt Dieter fort. „Das ist doch unglaublich kaltblütig! Das ist unfassbar!" Er gestikuliert aufgeregt mit den Händen, und Laura bekommt Angst.

„Guck nach vorne!", fährt sie ihn an. „Frage dich doch mal, wie verzweifelt dein Bruder gewesen sein muss, dass er so etwas getan hat, anstatt ihn zu verurteilen! Du bist sicherlich niemand, der ihm das Leben leichter gemacht hat!"

Dieter sieht sie entsetzt an. Mehrere Autos hupen, denn Dieter ist über eine rote Ampel gefahren und steuert auf eine befahrene Kreuzung zu.

„Achtung!", schreit Laura, und Dieter geht gerade noch rechtzeitig auf die Bremse.

„Lass mich fahren, Dieter", sagt sie. Er sitzt fahl und erschöpft hinter dem Steuer. Müde steigt er aus und tauscht seinen Platz mit Laura. „Sie sitzen im Flugzeug, erzählen sich etwas, machen Witze, und plötzlich, kurz vor der Landung, nimmt mein Bruder die Waffe aus seiner Jackentasche, drückt sie dem Piloten auf den Rücken und drückt ab. Peng! Wahrscheinlich haben alle durcheinander geschrieen, versucht, ihm seine Walther PPK abzunehmen, da drückt er wieder ab: Peng! Diesmal ist sogar noch die Hand von diesem Bernhard dazwischen."

„Hör endlich auf!", sagt Laura matt. Dieter scheint von seinen selbstquälerischen Vorstellungen regelrecht besessen zu sein. Sie hat einen Kloß im Hals und fürchtet jeden Moment, sich übergeben zu müssen.

„Wieso, wir müssen uns doch ein Bild machen?! Du hast deinen besten Freund verloren und ich meinen Bruder. Nebenbei hat er noch drei Leute umgebracht. Darüber muss man doch ein paar Worte verlieren dürfen?" Der Verkehr ist dicht und Laura muss sich konzentrieren.

„Vielleicht hat er noch öfter geschossen. Wer weiß das?", fährt er fort. „Wahrscheinlich haben alle immer noch geschrieen, der Pilot muss viel Blut verloren haben und starb vermutlich, ehe das Flugzeug abstürzte. Die Blutlache wird immer größer, Achim hält immer noch seine Pistole in der Hand. Was macht er? Weint er? Lacht er?" Dieter spricht immer schneller. „Was meinst du, Laura, was hat er getan, wie hat er sich gefühlt?"

„Ach, was weiß ich. Gut wird er sich nicht gefühlt haben. Ich habe keine Vorstellung davon, wie man sich unmittelbar vor dem Tod fühlt." Laura versucht gerade, den Wagen an einem mit Warnblinker auf der Straße stehenden Lastwagen vorbeizumanövrieren. Auf ihrer Stirn haben sich Schweißperlen gebildet.

„Vielleicht war er traurig, dass alles zu Ende ist?" Dieter wirkt fast versonnen. „Vielleicht war er aber auch froh darüber. Was wissen wir schon über ihn? Ich dachte, ich würde meinen Bruder kennen, wenigstens ein bisschen. Aber das war wohl ein Irrtum. Ein schwerer Irrtum."

„Und du? Kanntest du ihn gut?", fragt er Laura. Sie sind von der großen Straße abgebogen und fahren nun durch eine ruhigere Gegend.

„Nicht so gut, dass ich so etwas für möglich gehalten hätte. Er muss sehr verzweifelt gewesen sein, noch viel mehr, als ich ahnte." Laura biegt in die Straße ein, in der sie wohnt, und hält nach einem Parkplatz Ausschau. „Aber ich kannte ihn sicherlich etwas besser als du", fügt sie hinzu.

Sie haben Glück und können direkt vor ihrem Haus parken. Dieter kommt mit hoch – er will nicht alleine sein – und bleibt zum Essen.

Als die Kinder in ihren Zimmern verschwunden sind, holt Laura eine Flasche Wein und setzt sich zu Dieter. Seit sie bei der Kripo gewesen sind, kreisen ihre Gedanken nur um die eine Frage: Warum hat er das nur getan? Wegen der Geschichte mit Juan, oder wegen allem, was in seinem Leben schief gelaufen ist?

Warum hat Achim nichts mehr an seinem Leben gelegen und – wenn dem so war – warum hat er drei andere Menschen mit in den Tod genommen?

Als er sich am Freitagabend von ihr und den Kindern verabschiedet hat, wusste er, dass sie sich nicht wiedersehen würden.

„Ihr wart doch schon befreundet, als er sein coming-out hatte, oder? Ich war damals in Amerika und habe von den Auseinandersetzungen mit unseren Eltern nichts mitbekommen. Meine Eltern haben über dieses Thema nie gesprochen."

„Sein coming-out hat ja mehr oder weniger unsere Beziehung beendet", erzählt Laura. „Wir waren gerade ein paar Monate zusammen, da hat er sich wahnsinnig in unseren Altenglisch-Dozenten verliebt." Laura erinnert sich, dass er einige Nächte mit diesem Steven verbrachte und am Anfang glücklich war. Sie litt ein bisschen, aber nicht zu sehr, da zwischen Achim und ihr mehr Freundschaft als Leidenschaft war.

Als Achim realisierte, was die Entdeckung seiner Homosexualität für sein Leben und aller Voraussicht nach für das Verhältnis zu seinen Eltern bedeutete, bekam er Angst. Die Reaktion der Eltern war schlimmer als erwartet. Sie wandten sich voll Scham und Ekel von ihrem Sohn ab. Achim war zerrissen zwischen seiner Neigung zu Männern, und der Verachtung, die er deshalb für sich selbst empfand. Nach einem Selbstmordversuch kam er in die Psychiatrie. „Es hat viele Jahre gedauert, bis er sich selber akzeptieren konnte. Er hatte zum Teil sehr destruktive Beziehungen, voll von Selbsthass. Die Liebe zu Juan hat er selber als rein und unschuldig empfunden. So hat er es mir jedenfalls erzählt."

„Und dieser Ben?", fragt Dieter. Ihm ist es sichtlich unangenehm, sich mit den Männergeschichten seines Bruders zu beschäftigen, aber es ist die einzige Möglichkeit, etwas von ihm zu verstehen.

„Ben war ein Widerling. Er hat Achim sehr demütigend behandelt, die Male, die ich sie zusammen erlebt habe. Wie er ihm Juan ausgespannt hat, war absolut kaltblütig und berechnend. Er war nicht mal in ihn verliebt; er wollte ihn einfach für's Bett."

Ausflug in den Tod

„Dann scheint dieser Juan aber auch ein Idiot gewesen zu sein."

Laura zuckt ratlos die Schultern. „Er war sehr eitel, und Ben hat ihm einige Türen als Fotograf geöffnet. Er war Galerist und hatte gute Kontakte in der Kunstszene. Außerdem war Ben attraktiv." Sie bemerken beide, dass die Tür aufgegangen ist. Maria steht im Nachthemd in der Küche. Sie geht überhaupt nicht aus dem Haus und trinkt schon ab mittags Wein. Laura macht sich Sorgen um sie. Nach der Beerdigung wird sie zurück nach Madrid fliegen. Hoffentlich gibt es dort jemanden, der sich um sie kümmert.

„Die Toten soll man in Ruhe lassen", sagt sie. Beschämt sehen Dieter und Laura sich an. „Achim hat meinen Jungen getötet; trotzdem sage ich nichts Schlechtes über ihn. Wahrscheinlich war sein Gemüt krank, dass er so etwas tun konnte." Maria benutzt immer wieder so altmodische Ausdrücke wie „Gemüt". Sie holt sich ein Glas und setzt sich zu ihnen an den Tisch.

„Wir waren heute bei der Kripo", sagt Laura.

„Ich möchte nichts mehr hören." Maria schenkt sich Wein ein. „Es macht niemanden mehr lebendig, wenn man in dem Leben der Männer herumstochert." Eine Weile trinken sie schweigend und Dieter raucht.

„Soll Juan in Deutschland beerdigt werden?", fragt Dieter schließlich, da das Schweigen belastend wird.

„Ja. Mein Vater war Deutscher. Frankfurt war seine Heimatstadt und hier ist er auch beerdigt worden. So ist Juanito nicht ganz allein." Maria hat angefangen zu weinen und wischt sich mit dem Ärmel ihres Nachthemdes über Augen und Nase.

„Was hat denn dein Gespräch mit dem Bruder von diesem

schwulen Psychopathen ergeben, der das Flugzeug vom Himmel geholt hat?", fragt Gabi, als sie auf dem Weg zur Kantine sind.

Morgner sieht sie missbilligend an, denn er kann ihre respektlose Ausdrucksweise nicht leiden. „Nichts", sagt er.

„Sie waren doch ziemlich lange da! Über irgendetwas müsst ihr doch geredet haben?" Gabi grüßt dauernd irgendwelche Leute, die ihnen entgegenkommen. Sie kennt die halbe Wache.

„Ich habe fast die ganze Zeit geredet. Außerdem ist das jetzt sowieso egal; diese Frau Raute-Liebstädt hat mich eben angerufen. Das Verfahren wird eingestellt."

„Und wieso?" Gabi merkt, dass Morgner verärgert ist und bemüht sich nun um einen gemäßigteren Ton.

„Alle Personen, die als Täter in Frage kommen, sind tot. Da bringt es nichts, weiter zu ermitteln, denn es wird in keinem Fall zu einem Gerichtsverfahren führen; und das ist ja der Sinn von Ermittlungen."

„Aha."

Sie haben sich beide für das Kotelett mit Bratkartoffeln entschieden und sich alleine an einen Tisch gesetzt.

„Und was ist deine Hypothese, Klaus?", fragt Gabi.

„Ich vermute, es handelt sich um eine Eifersuchtsgeschichte. Der Lehrer, der geschossen hat, war bis vor ein paar Monaten mit dem jungen Spanier liiert. Sie haben sogar zusammen gewohnt. Dann kam der Pilot, ein Typ mit Geld und ein bisschen Prominenz, und hat dem armen Lehrer seinen hübschen, jungen Freund ausgespannt. Na ja, dafür hat er sich eben gerächt. Der Kopilot war wohl mehr oder weniger zufällig dabei. Das habe ich mir aus dem zusammengereimt, was ich weiß."

„Ja, so könnte es gewesen sein", sagt Gabi.

Maria Utelli
Ein grausiger Fund

Ina stellt die Salatschüssel und das warme Brot auf den Teewagen und ruft Christian zum Essen. Seit sie in ihrem neuen Haus wohnen, haben sie ein eigenes Esszimmer. Jetzt muss sie alle Speisen und Getränke immer hin- und herfahren. In ihrer alten Wohnung haben sie immer in der Küche gegessen. Eigentlich war sie groß genug, obwohl sie oft Besuch hatten. Jetzt haben sie ein großes Esszimmer und fast nie Besuch, nur am Wochenende kommen manchmal ihre oder Christians Eltern.
„Und, was hast du heute gemacht?" Inas Mann sitzt wie immer ihr gegenüber und bestreicht ein Stück Baguette mit Butter. Er hatte eine Konferenz, die sich bis in den späten Nachmittag zog. Jetzt genießen sie den ersten gemeinsamen Moment der Ruhe an diesem Tag, denn das Frühstück wird bei ihnen meistens schnell und wortlos eingenommen.
„Ich war in der Stadt", sagt Ina. Sie hat einen Strampelanzug gekauft, winzig klein, mit hellblauen Streifen. Es wäre schön, ihn Christian zu zeigen, aber nach ihrem letzten Einkauf im Babyland haben sie sich heftig gestritten. Es war ein gelbes Taufkleidchen, das Ina im Sommerschlussverkauf gefunden hatte. „Du solltest zu einem Psychologen gehen und dir helfen lassen, Ina!" hatte Christian gepoltert. „Dein Kinderwunsch wird zu einer regelrechten Obsession!" Ina hatte eine Weile in das gelbe Taufkleidchen geweint und seitdem nicht mehr über dieses Thema gesprochen.

„Nur so, oder hattest du etwas Bestimmtes zu besorgen?"
Christian kaut geräuschvoll auf seinem Salat.

„Ich habe nach Büchern geschaut. Ich brauche noch eine passende Deutschlektüre für meine achte Klasse." Sie würde nichts von dem Strampelanzug sagen und auch nichts von den Katalogen, die sie sich in mehreren Babybedarf-Geschäften zusammengesucht hat. All diese Dinge versteckt sie in ihrem Bettkasten.

„Und bei dir?", fragt Ina ihren Mann.

„Nichts Besonderes, die Konferenz war heute eher langweilig."

„Und Carolina?" Das ist die Schülerin, die nach der Klassenfahrt nach Avignon zweimal bei ihnen angerufen hat und Christian sprechen wollte. Es ist eigentlich nichts Ungewöhnliches, dass Schüler anrufen, aber Christian ist rot geworden und mit dem Telefon in die Küche gegangen. Daraufhin hat Ina gefragt, ob Christian ein Verhältnis mit ihr habe. Aber er antwortete nur, dass Carolina in schwierigen familiären Verhältnissen lebe und ihn als Vertrauenslehrer gewählt habe.

Ina weiß nicht, ob sie das glauben soll.

„Was soll mit Carolina sein?" Christian hat sein Besteck auf den Teller gelegt und sieht sie kampfeslustig an.

„Keine Ahnung. Hat sich ihre Situation zu Hause verbessert?" Tina versucht, harmlos zu klingen.

„Nein."

Schweigend setzen beide ihr Essen fort.

Nach dem Abendbrot werden sie im Fernsehen die Nachrichten ansehen, noch ein, zwei Stunden auf die Vorbereitung des Unterrichts verwenden und dann gegen halb elf ins Bett gehen. Früher war ein solcher Abend eine entsetzliche Vorstellung für Ina, aber inzwischen hat

Ein grausiger Fund

sie sich daran gewöhnt. Eigentlich ist sie ganz zufrieden. Nur die Kinder, die fehlen. Sie wären bestimmt nicht in so ein großes Haus gezogen, wenn sie gewusst hätten, dass die Kinder einfach nicht kommen. Ausgerechnet bei ihnen.

Das Läuten des Telefons sucht sich langsam und quälend Eingang in Inas Bewusstsein. Erst scheint das Klingeln in ihren Traum zu gehören, aber irgendwann schlägt sie die Augen auf und stellt fest, dass es tatsächlich klingelt. Die grünen Zahlen des Radioweckers zeigen 01:50 an. Christian hat einen unerschütterlichen Schlaf, und so steigt Ina aus ihrem Bett, wankend und schlaftrunken, und tastet sich im Dunkeln die Treppe hinunter. Das Telefon klingelt noch immer, bestimmt schon zum zehnten Mal. Sie macht Licht und hebt ab.

„Hallo?" Ihre Stimme klingt so, als wäre sie lange nicht benutzt worden. Eine Frau, deren Stimme Ina nicht kennt, ist am Apparat.

„Du hast deinen Mann schon längst nicht mehr für dich allein! Vor der Tür kannst du dir ansehen, was er in seiner Arbeitszeit so alles zustande bringt." Ina hört ein leises Lachen, dann klickt es und die Stimme ist weg.

Benommen öffnet Ina die Haustür. Die Lampe draußen lassen sie nachts immer brennen. Auf dem Treppenabsatz steht ein weißer Porzellanteller mit einem rosa-roten Etwas darauf. Langsam geht sie in die Hocke. Und dann wird ihr schlagartig übel. Bestimmt tausend Mal hat sie ihn in ihren Biologiebüchern gesehen und den Schülern erklärt – und trotzdem trifft sie der Anblick wie ein Schlag: Vor ihr liegt ein Embryo.

Ina schreit, sie schreit ohne Unterlass – bis Christian angestürzt kommt und sie ins Haus zieht. Er drückt sie in den Sessel, den sie neben der Garderobe stehen haben und der nie benutzt wird und geht zurück zur Tür. Ina würgt, und bevor sie Zeit hat aufzustehen, übergibt sie sich. Ausgerechnet auf den Perser, den einzigen echten, den sie haben. Durch den säuerlichen Geruch wird Christian ebenfalls übel. Er hält sich die Nase zu und betrachtet das Wesen auf dem Teller, das mit seinen großen, bläulich unter der Haut schimmernden Augen, einem aus dem Nest gefallenen Vogeljungen ähnlich sieht. Ina hat sich im Bad den Mund gewaschen und ist dabei, das Erbrochene zu beseitigen. Sie weint, während sie putzt und schrubbt.

„Wieso bist du an die Tür gegangen?" fragt Christian schließlich. Ina berichtet von dem Anruf. Wort für Wort gibt sie wieder, was die Frau gesagt hat. Christian ist blass geworden, er stützt sich gegen den Türrahmen.

„Das ist nicht wahr, das stimmt einfach nicht. Ich habe keine Ahnung, wer das gewesen sein kann."

Ina sieht, dass sich kleine Schweißperlen auf seiner Stirn gebildet haben. Er tut ihr leid. Ob er ihr wenigstens dieses Mal die Wahrheit sagt? Seit der Klassenfahrt und den Anrufen des Mädchens hat sich bei ihr eine Angst eingeschlichen, die nie ganz verschwindet. Christian könnte sich eine andere Frau suchen und endlich die Familie gründen, die aus ihnen beiden seit fünf Jahren nicht werden will. Den Gedanken, dass das nackte kleine rosa Ding Christians Kind sein könnte, schiebt sie weg. Die Vorstellung hält sie nicht aus.

„Wir müssen die Polizei rufen", sagt Ina. Christian hat sich zitternd in den Sessel fallen lassen und bedeutet Ina, dass sie das tun soll.

Eine Viertel Stunde später fährt ein Polizeiwagen vor.

Ein grausiger Fund

Im Haus nebenan ist schon vor geraumer Zeit das Licht angegangen. Morgen wird man sie fragen, was bei ihnen losgewesen sei, denn Inas Schreien hat sicherlich die meisten Nachbarn aufgeweckt. Und dann kommt noch mitten in der Nacht die Polizei – genug Gesprächsstoff für die nächsten Tage.

Der Beamte stellt sich als Kommissar Moderson und seine Kollegin als Fräulein Buntinger vor. Ina fragt sich, wo man sich heute noch als „Fräulein" vorstellen lassen muss, aber sie ist nicht in der Stimmung, darüber mit dem Kommissar zu diskutieren. Er sieht sich den Embryo auf dem Teller an und packt ihn schließlich mit seinen Latexhandschuhen in eine Plastiktüte. Ina wendet sich ab, denn die Vorstellung, dieses kleine starre Wesen anfassen zu müssen, löst bei ihr erneut Brechreiz aus.

„Wer von Ihnen hat den Embryo gefunden?" fragt Moderson.

„Ich", sagt Ina. Auf seine Nachfrage berichtet sie von dem Anruf. Langsam wandern die Augen des Kommissars zu Christian, der wiederholt, dass er weder jemals fremdgegangen sei, noch die leiseste Idee habe, wer dieses grausige kleine Wesen vor seine Haustür gelegt haben könnte.

Moderson und Buntinger fahren wieder. Im Nachbarhaus wird ein Vorhang losgelassen, als der Polizeiwagen um die Ecke biegt. Für ein paar Sekunden schwingt die Gardine noch hin und her.

Ina holt ihr Bettzeug und zieht unter Christians verletzten Blicken auf die Couch im Wohnzimmer. Irgendwann wird sie bei laufendem Fernseher einschlafen. Zum Glück ist morgen Sonntag, denn in die Schule hätte Ina nach einer solchen Nacht nicht gehen können.

Immer wieder schaut Kommissar Moderson auf die

schwarze Plastiktüte, die auf dem Rücksitz liegt. Als er den Anruf der Frau erhielt, war er skeptisch, ob es sich tatsächlich um einen menschlichen Embryo handle. Er hat schon einige üble Scherze mit Nachbildungen erlebt. Aber dieser hier scheint echt zu sein.

„Geht's Ihnen nicht gut, Fräulein Buntinger?" Die junge Kollegin ist blass. Sie ist erst vor einigen Wochen von der Polizeischule zu ihnen gekommen und hat noch nicht viel gesehen.

Sie schüttelt den Kopf.

„Macht Ihnen das nichts aus, so etwas in die Hand zu nehmen?" Inge Buntinger deutet mit einem Ausdruck des Ekels auf den Rücksitz.

„Mittlerweile nicht mehr viel. Und man muss sich noch an ganz andere Dinge gewöhnen, wenn dieser Job einen nicht kaputt machen soll..." Moderson fühlt sich ungeheuer souverän und erfahren dieser jungen Kollegin gegenüber, die sich von einem toten Embryo aus der Fassung bringen lässt.

Er wird den grausigen Fund morgen an die Gerichtsmedizin übergeben, um ihn eingehend untersuchen zu lassen. Vielleicht werden sie dadurch Hinweise bekommen, in welche Richtung die Ermittlungen gehen könnten. Der Ehemann wirkte eigentlich glaubwürdig – aber wer hatte heutzutage nicht alles Liebschaften. Moderson hat schon viele Eheleute erlebt, die nach außen eine perfekte Ehe und Familie repräsentierten und sich in Wirklichkeit gegenseitig die Pest wünschten. Eine kleine Affäre ist im Vergleich dazu noch völlig harmlos.

Der Rest der Nacht verläuft relativ ruhig, obwohl Wochenende ist. Zwei harmlose Unfälle in der Innenstadt, eine Schlägerei bei einer privaten Party. Nichts, was

Ein grausiger Fund

wirklich Nerven kostet. Gegen sieben ruft Moderson bei Fred Kulmbach von der Gerichtsmedizin an. Wenn er vor Montag ein Ergebnis haben will, muss er einen der Herren dazu bewegen, am Sonntag zu arbeiten.

Kulmbach krächzt ein unwirsches „Ja?" ins Telefon, und Moderson erläutert ihm mit seiner verbindlichsten Stimme sein Anliegen.

Kulmbach ist über den Anruf ziemlich ungehalten. Ob es wirklich so dringend sei, es sei ja noch nachtschlafende Zeit. Modersons Embryo könne doch garantiert noch ein paar Stunden warten, wenigstens bis er ausgeschlafen habe.

„Vielen Dank, Herr Kulmbach. Ich glaube, ich kann auf Ihre Hilfe verzichten." Moderson ärgert sich. „Ich kenne einen Gynäkologen, der mir sicher gerne helfen wird." Wütend legt er auf.

Als Ina aufwacht, steht die Sonne schon hoch. Sie scheint bis zum frühen Nachmittag direkt ins Wohnzimmer. Schön sehen die hellen Flecken auf dem Parkett aus und schön auch die Sonnenblumen, die Ina dieses Jahr vor der Terrasse gepflanzt hat und die wunderbar groß geworden sind. Vorsichtig bewegt sie ihre Arme und Beine, die sie auf engstem Raum zusammenfalten musste, um auf die Couch zu passen. Ein Bein ist taub und ihr Nacken tut weh, sobald sie den Kopf bewegt. Langsam fällt ihr wieder ein, was sich in der letzten Nacht abgespielt hat und weshalb sie überhaupt auf dem Sofa liegt. Der Blick in den Garten, der sie eben noch mit Stolz und Freude erfüllt hat, ist ihr nun gleichgültig. Kann sie Christian glauben? Das ist die Frage, die sie sich immer wieder stellt. Zwar hat sie keine Beweise, dass er sich regelmäßig mit irgendeiner anderen Frau trifft, aber er würde es durchaus so einrichten können, dass sie nichts merkt. Wahrscheinlich denken alle Frauen, dass so etwas bei ihrem Mann unmöglich ist. Trotzdem ist es in Wahrheit bei sehr vielen möglich, warum also nicht auch bei Christian? Als er aus Avignon zurückgekommen war, erschien er verändert. Nichts passte ihm. An allem, was ihnen beiden angenehme Gewohnheit geworden war, fing er an herumzukritisieren. Plötzlich wollte er wieder ausgehen, wollte, dass sie sich frecher kleiden und solche Albernheiten.

Christian öffnet die Tür einen Spalt breit und späht ins Wohnzimmer. Einen Moment lang überlegt Ina, ob sie sich schlafend stellen soll, denn sie hat keine besondere Lust, mit ihm zu reden. Doch sie entscheidet sich dagegen.

„Guten Morgen!" In der Hand hält er eine Tüte vom Bäcker. „Ich mache Frühstück, okay?" Ina nickt.

„Ich möchte endlich wissen, was in Avignon war", sagt Ina, als sie sich bei Kaffee und Croissants auf der Terrasse gegenüber sitzen.

„Bitte hör' damit auf! Ich habe dir hundertmal gesagt, dass da nichts war. Ehrlich." Verbissen kaut Christian auf seinem Croissant.

„Und gestern Nacht, war das auch nichts?"

„Herrgott! Das war irgendeine Verrückte, die ich wahrscheinlich noch nie in meinem Leben gesehen habe! Ich habe keine Ahnung, wer das war!"

Eine Weile trinken sie schweigend ihren Kaffee. Jetzt, Ende August, beginnt die Wespenplage. Summend kreisen sie über den Marmeladentöpfen und dem gekochten Schinken. Ina schneidet zwei von ihnen mit ihrem Messer in der Mitte durch.

„Das ist widerlich." Christian schüttelt den Kopf.

„Seit der Fahrt nach Avignon habe ich einfach nicht

mehr das Vertrauen zu dir, das ich früher hatte. Ich habe das Gefühl, du verheimlichst mir etwas." Ina versucht, sachlich zu klingen, alle giftigen Untertöne aus ihrer Stimme zu nehmen. Christian lässt die Schultern hängen, er sieht heute älter aus als achtunddreißig, aber das liegt sicher auch an dem wenigen Schlaf der letzten Nacht.

„Also gut", sagt er schließlich. „Es gab eine Schülerin, die in mich verliebt war. Das soll es geben." Er sieht Ina herausfordernd an. „Das hat zu einigen Komplikationen geführt, wie du dir denken kannst. Aber für all das konnte ich nichts!"

„Und du? Warst du in sie verliebt?" fragt Ina.

„Nein, war ich nicht." Für Christian scheint das Thema damit beendet zu sein.

„Warum hast du mir das nicht früher gesagt? Ich habe dich doch immer wieder gefragt..." Ina weint.

„Genau deshalb! Weil ich wusste, dass du ein Drama daraus machen wirst. Du kannst ja anscheinend gar nicht genug Dramen in deinem Leben haben!" Christian ist abrupt aufgestanden und dabei gegen den Tisch gestoßen. Kaffee läuft über die Tischplatte.

„Ich gehe jetzt spazieren. Bis später."

Ina blickt auf die Reste ihres gemeinsamen Frühstücks. Sie schneidet zwei weitere Wespen durch, die sich auf dem Speck auf ihrem Tellerrand niedergelassen hatten, wischt sich die Nase an ihrem Nachthemd ab und fängt schließlich an, den Tisch abzuräumen.

Christian nimmt den Weg zum Fluss hinunter. Hier kommt man am schnellsten aus der Siedlung heraus und begegnet selbst am Sonntag nur wenigen Spaziergängern. Immer wieder hat er mit der Idee geliebäugelt, sich einen Hund anzuschaffen, aber dafür sind sie beide wohl zu viel unterwegs.

Vielleicht, wenn sie ein Kind haben. Falls sie je ein Kind haben werden. Ein adoptiertes vielleicht, denkt Christian.

 Natürlich hat er Ina nicht die Wahrheit über Avignon gesagt, weder heute noch bei einem der zahlreichen Gespräche in den letzten drei Monaten. Er war in Carolina verliebt, schrecklich verliebt, und wahrscheinlich ist er es noch jetzt. Jede unbeobachtete Minute haben sie während der Klassenfahrt zusammen verbracht. Keiner sollte etwas merken. Wahrscheinlich haben es trotzdem alle gesehen. Christian ist eher zurückhaltend, er wäre nie auf die Idee gekommen, einer Schülerin den Hof zu machen. Aber Carolina ließ nicht locker, tauschte schon während der Busfahrt ihren Platz, nur um neben ihm sitzen zu können. Sie flirtete so offen mit ihm, dass es ihn in Verlegenheit brachte, vor allem vor den anderen Lehrern. Er hatte sie nie unterrichtet, kannte sie nur vom Sehen. Sie ist auffallend hübsch, hat kurze schwarze Haare und musste sich schon bei zwei Schulkonferenzen wegen ihrer unzähligen Fehlstunden erklären.

 Am zweiten Abend in Avignon küssten sie sich zum ersten Mal, auf einer Parkbank hinter dem Papstpalast. Sein schlechtes Gewissen meldete sich sofort. Wenn Ina davon erführe, würde es zu einer regelrechten Katastrophe kommen; wenn es ein anderer Schüler oder Lehrer mitbekäme und der Schulleitung mitteilte, würde er ernsthafte Schwierigkeiten bekommen. Aber seine Freude, seine Begierde waren stärker.

 Wenn sie mit der Gruppe zu Besichtigungen und Ausflügen unterwegs waren, hielten sie Distanz zueinander, siezten sich, wenn sie überhaupt miteinander sprachen. Aber sobald sie allein waren, benahmen sie sich wie ein frisch verliebtes Paar, was sie ja auch waren.

Ein grausiger Fund

Christian rief Ina regelmäßig an und erzählte Belangloses: Einige Schüler waren beim Kiffen erwischt worden, das Hotel war schlecht und zwei Mädchen lieferten sich einen Eifersuchtskrieg um einen Jungen. Sie erzählte ihm ihrerseits Alltägliches aus der Schule, berichtete von schneckenzerfressenden Pflanzen in ihrem Garten oder von dem Ärger mit ihrer Mutter. Natürlich fühlte sich Christian schäbig nach diesen Telefonaten, aber es gab keine Alternative. Er litt einfach nicht genug unter diesen Kurzgesprächen, um auch nur zu versuchen, etwas an der Lage zu ändern. Einmal nicht das schlechte Gewissen siegen lassen, sagte er sich.

Das Ende der Klassenfahrt rückte unaufhörlich näher. Christian wurde nervös.

"Caro, wenn wir wieder zu Hause sind, muss sich etwas ändern", sagte er zwei Tage vor der Rückfahrt.

"Wieso? Du könntest dich doch von deiner Frau trennen, ausziehen oder so." Sie sagte das eher beiläufig, während sie eine Zigarette drehte.

"Bist du verrückt? Das kommt überhaupt nicht in Frage!" Ihm wurde bei dieser Vorstellung körperlich übel. "Das ist das Letzte, was ich will...", fügte er hinzu.

"Warum? Liebst du sie etwa?" Das Mädchen zog an ihrer Zigarette, legte den Kopf in den Nacken und blies Ringe in die Luft.

Christian wurde wütend. Unverschämtheit! Diese Achtzehnjährige meinte, in sein Leben hineinpfuschen zu können! Natürlich hatten solche Gedanken in seinem Kopf herumgespukt. Einfach mit Caro zusammenbleiben, noch mal neu starten. Aber er war vernünftig genug, um zu sehen, dass einem solchen Schritt nichts als Chaos folgen würde. Ina würde wahrscheinlich vollkommen aus der Bahn geworfen, sie liebte ihn fraglos, und seine Beziehung zu Caro würde auffliegen, ihm eine Zwangsversetzung einhandeln und wahrscheinlich in einigen Monaten durch das Auftauchen eines anderen Mannes beendet. Denn, dass Caro in Liebesangelegenheiten sprunghaft ist, war an der Schule allgemein bekannt.

„Was verstehst du schon von Liebe?" fragte er zurück.
„Ich liebe sie auf eine Art, ja." Er war sich nicht sicher, ob das stimmte.

Erwachsene lieben sich immer auf eine Art, wenn sie sich in Wirklichkeit miteinander langweilen oder sich aneinander gewöhnt haben. War bei meinen Eltern auch so, bevor sie sich trennten, dachte er. „Ich stelle mir etwas anderes unter Liebe vor, hoffentlich auch noch, wenn ich Ende dreißig bin." Sie sagte das ganz ruhig, obwohl Christian versucht hatte, sie zu kränken. Jetzt schwieg er verbittert.

„Was auch immer du mit Ende dreißig unter Liebe verstehen wirst: Wenn wir am Mittwoch wieder in Arlberg sind, bist du die Schülerin und ich der Lehrer. Das ist dir hoffentlich klar."

„Ist das dein Ernst?" Sie setzte sich aufrecht hin.

„Ja", sagte Christian, verwundert über seine klaren Worte.

„Du bist ein richtiges Arschloch!" Carolina packte ihren Tabak ein, steckte ihn in ihre Hosentasche und ging. Von diesem Moment an schnitt sie ihn, bis sie wieder zu Hause waren.

Er brauchte einige Wochen, um sich wieder an sein altes Leben mit Ina zu gewöhnen. Dinge, die ihm bislang völlig normal oder sogar angenehm erschienen waren, kamen ihm nun schal vor, hohl. Aber mit jeder Woche, die er wieder zu Hause war, konnte er mehr schöne Seiten am Leben

Ein grausiger Fund

mit Ina entdecken. Carolina ging er so gut es ging aus dem Weg. Sie hatte zweimal angerufen, was Ina leider mitbekommen hatte, und in den Sommerferien einen traurigen und bitteren Brief geschickt. Christian beantwortete ihn nicht.

Wäre es ihr zuzutrauen, aus Rache einen Embryo vor seine Tür zu legen? Woher sollte sie ihn überhaupt haben? Sie wollte in Avignon unbedingt mit ihm schlafen, aber wenigstens in dieser Beziehung hatte er sich standhaft gezeigt. Dass der Embryo etwas mit ihm zu tun hatte war also vollkommen ausgeschlossen.

Christian geht über eine kleine Hängebrücke. Es ist inzwischen Mittag und sehr heiß, fast drückend. Über dem Schilf tanzen Mückenschwärme.

Einen Moment lang überlegt Christian, ob er Ina über sein Verhältnis zu Carolina reinen Wein einschenken soll. Dann wäre er nicht mehr so erpressbar. Aber das geht nicht, es würde ihr zu weh tun. Außerdem würde es endlose und zermürbende Aussprachen nach sich ziehen. Er verwirft diesen Gedanken.

Moderson parkt seinen weißen Golf vor dem Neubau, in dem Dr. Hofmann seine Praxis hat. Es ist Sonntag, sonntags findet man in der Innenstadt wenigstens einen Parkplatz.

Er klingelt und Dr. Hofmann öffnet ihm. Merkwürdig, so eine leere Praxis, niemand ist im Wartezimmer, niemand sitzt an der Rezeption.

„Zeigen Sie mal her!" Dr. Hofmann hat Handschuhe übergestreift, genau wie Moderson vorhin. Er reicht ihm die schwarze, verschnürte Plastiktüte. Dann liegt das rosafarbene Etwas auf dem sterilen Tisch des Gynäkologen. Es sieht irgendwie einsam aus, denkt der Kommissar. Hofmann dreht es vorsichtig von einer Seite auf die andere, betrachtet es durch eine Lupe und sagt schließlich: „Es handelt sich tatsächlich um einen menschlichen Embryo. Die Schwangerschaft muss so Ende der elften, Anfang der zwölften Woche abgebrochen worden sein. Haben Sie irgendeinen Hinweis auf die Mutter?"

„Nein, noch gar nichts", sagt Moderson. Der Arzt packt den Embryo wieder in die Tüte und gibt sie dem Kommissar zurück.

„Vielen Dank. Sie haben mir wirklich geholfen." Moderson sieht sich suchend um.

„Könnte ich noch schnell jemanden anrufen? Wissen Sie, ich bin eigentlich gar nicht mehr im Dienst und fahre nicht zurück zur Wache... „

„Bitte. Nehmen Sie den Apparat an der Rezeption." Hofmann streift die Handschuhe ab, wäscht sich die Hände und folgt ihm. Moderson hat einen Zettel aus seiner Hemdtasche genommen – im Hochsommer trägt er auch im Dienst keine Jacke – und wählt. Ina Klein hebt ab.

„Hier Kommissar Moderson. Wie geht es Ihnen? Ich habe den Embryo von einem Gynäkologen untersuchen lassen. Er ist echt." Am anderen Ende hört man ein Schluchzen.

„Tut mir sehr leid für Sie", sagt er. Da sie nichts sagt, spricht er weiter. „Die Schwangerschaft muss um die zwölfte Woche abgebrochen worden sein. Mehr können wir noch nicht sagen."

„Danke", Inas Stimme ist gepresst.

„Also, wir melden uns wieder. Auf Wiederhören." Moderson liebt Telefonate mit weinenden Frauen nicht, aber sie bleiben in seinem Job nicht aus.

Er verabschiedet sich von Hofmann, steigt in seinen Golf und fährt endlich nach Hause.

Ein grausiger Fund

„Wir könnten eine Pizza essen gehen", schlägt Christian vor. Es ist mittlerweile Nachmittag, schon fast Abend, und sie haben seit dem verspäteten Frühstück nichts mehr gegessen. Ina nickt. Man kann von ihrem Haus aus in den Ort laufen. Dort gibt es eine Pizzeria, keine sehr gute, aber eine Pizzeria.

„Meinst du, unsere Ehe ist gut?" fragt Ina auf dem Weg. „Ich meine, meinst du Ehen sind nach ein paar Jahren so?"

„Was meinst du mit so?" fragt Christian. Er will Zeit gewinnen.

„So, dass man es für möglich hält, dass der andere einen betrügt!"

„Ja, wahrscheinlich sind Ehen so." Christian sieht Ina von der Seite an. Sie hat die Haare mit einem blauen Tuch hochgebunden. Steht ihr gut.

„Würdest du es für möglich halten, dass ich dich betrüge?"

Christian überlegt eine Weile. Würde er das für möglich halten? Eher nicht, Ina ist einfach nicht der Typ für so etwas. Obwohl sie sich eine Zeit lang so für einen neuen Kollegen begeistert hat, dass Christian Eifersucht aufkeimen spürte. Zum ersten Mal. Doch, nachdem er den Kollegen kennen gelernt hatte, war seine Eifersucht wie weggewischt. Erstens war er nicht sehr attraktiv und zweitens genauso wenig ein Typ zum Fremdgehen wie Ina.

„Ich würde es für sehr unwahrscheinlich halten."

„Warum?" Sie sind bei der Pizzeria angekommen und Ina bleibt vor dem Eingang stehen.

„Du bist nicht der Typ dafür." Er weiß nicht, ob Ina das als neuerlichen Angriff oder als Kompliment werten wird. Sie scheint selber einen Moment zu zögern, dann sagt sie:

„Oder weil ich dich zu sehr liebe, um so etwas zu tun."

Das ist genau die Naivität, die ihn an Ina anfangs so

gerührt hat. Später ist sie ihm manchmal damit auf die Nerven gegangen.

„Ich glaube nicht, dass es damit etwas zu tun haben muss."

Sie gehen hinein und Ina sucht einen kleinen Tisch auf der Terrasse aus.

„Ich könnte mir schon vorstellen, dass du mich betrügst", sagt sie, nachdem sie bestellt haben.

„Ich könnte es mir auch vorstellen, tue es aber nicht." Ina sieht enttäuscht aus. Sicher hat sie erwartet, dass er beteuert, im Traum nicht auf so einen Gedanken zu kommen. Sie hat so beklemmend genaue Vorstellungen von allem, zum Beispiel von der Ehe. Oder vom Glücklichsein.

„Und, warum tust du es nicht?" Ihre Unterlippe bebt, ein sicheres Anzeichen dafür, dass sie gleich weinen wird.

„Das hat verschiedene Gründe." Der Kellner kommt und stellt Getränke und Brot auf den Tisch. „Vielleicht würdest du es nicht aushalten und dich von mir trennen oder so was. Und das will ich nicht."

Christian merkt, dass Ina sauer ist. Aber er wird nicht nachfragen weshalb, denn er würde nur zu hören bekommen, was er schon oft gehört hat. Er hat viel zu lange ihretwegen den Romantiker gespielt, der er nicht ist. Eine Frau wie Carolina ist in gewisser Hinsicht einfacher: sie nimmt sich, was sie braucht. Und, wenn man es ihr nicht gibt, geht sie irgendwann. Ina dagegen versteht es meisterhaft, Schuldgefühle zu erzeugen, das eigene Unglück anderen anzulasten.

Der Kellner bringt Salat und Pizza und sie beginnen schweigend zu essen.

„Ich frage mich, ob unsere Ehe noch einen Sinn hat", sagt Ina plötzlich. „Ich meine, mehr Sinn als ein gemein-

Ein grausiger Fund

sames Haus, Auto, ein paar Freunde."

Christian sieht sie verunsichert an. Zwar hat er auch schon darüber nachgedacht, aber er hat es nie so deutlich ausgesprochen. Inas Worte verletzen ihn.

„Ich weiß nicht, ob du eine Geliebte hast; ich weiß auch nicht, ob dieser Embryo etwas mit dir zu tun hat, Christian. Aber man könnte diese Geschichte auch symbolisch verstehen: schaut her, das ist es, was eurer Ehe fehlt, um glücklich zu sein." Ina sagt das, während sie ihre Pizza in Dreiecke schneidet. Sie isst sie lieber mit der Hand.

Christian widersteht dem Reflex, mit den üblichen Vorwürfen zu reagieren: Ihr Kinderwunsch sei neurotisch und sie weigere sich, Hilfe anzunehmen. Vielleicht ist ihre Ehe wirklich eine von der Art, die ihren Sinn aus eigenen Kindern ziehen würde.

In der Dämmerung gehen sie zurück nach Hause. Sie haben lange gesessen und eine Menge Wein getrunken. Auf dem Rückweg ergreift Christian Inas Hand.

Zwei Stunden später: Ina ist in der Küche, öffnet den Kühlschrank. Dann bleibt ihr Herz für einen Moment stehen. Unter der Käseglocke liegt ein Embryo. Schreiend läuft sie ins Wohnzimmer, um ihren Mann zu suchen. Auf dem Fernsehtisch steht die Silberschale, aus der sie oft Nüsse oder Knabberzeug essen. Aber jetzt liegt auch dort ein Embryo. Er ist genauso klein, rosa und zusammengerollt wie der erste. Ina wird von Panik ergriffen und schreit noch lauter. Doch sie ist allein. Niemand kann ihr helfen. Schließlich wacht sie auf, weil Christian sie schüttelt und auf sie einredet. Sie hat so geschwitzt, dass das Nachthemd an ihrer Haut klebt. Ina weint. Stockend erzählt sie Christian den Traum und bittet ihn schließlich, vor der Tür nachzusehen. Christian ist müde, sehr müde. Aber er geht hinunter und schaut nach. Lange liegt sie noch wach. Zwei Stunden? Drei? Zu groß ist die Angst, der Traum könnte wiederkehren. Am Morgen fühlt sie sich so zerschlagen, dass sie sich in der Schule krank meldet.

Kulmbach ist auch an diesem Montag der erste im Dienst. Nur sonntags gönnt er es sich, auszuschlafen. Darum hat er gestern auch so unwirsch reagiert, als Moderson ihn um sieben aus dem Bett geklingelt hat. Sehr hilfsbereit war er wirklich nicht gewesen, deswegen plagt ihn sein Gewissen ein bisschen. Dafür wird er sich heute als erstes mit diesem Embryo beschäftigen.

Er findet die schwarze Tüte in einem der Kühlschränke, nimmt vorsichtig das kleine Ding heraus und betrachtet es von allen Seiten. Moderson hat ihm einen Zettel mit den Aussagen des Gynäkologen hingelegt: der Zeitpunkt, den der Gynäkologe für den Abbruch der Schwangerschaft angegeben hat, stimmt mit seinem eigenen Ergebnis überein. Merkwürdig ist nur, dass der Kopf eine so längliche Form hat. Das ist für dieses Entwicklungsstadium nicht typisch; vielleicht ist es ein erster Hinweis auf einen Wasserkopf oder eine seltene Missbildung, die er nicht kennt. Kulmbach ist Gerichtsmediziner und auf Spuren von Verbrechen und nicht auf Embryonen spezialisiert. Er wird nachher diesen Dr. Hofmann anrufen, der weiß sicherlich mehr darüber. Kulmbach nimmt die große Lupe zur Hand und betrachtet eingehend das Gesicht des Embryos. Traurig, wie kalt und nackt er da liegt. Die Gesichtszüge sind wenig ausgebildet, nur die Augen sind groß und gut zu erkennen. Aber Mund und Nase sind kaum vorhanden. Seltsam. Kulmbach ging bisher davon aus, dass sie schon früh gut erkennbar sind. Vorsichtig zieht er an dem einen winzigen Beinchen.

Ein grausiger Fund

Es gibt nach, obwohl es doch längst starr sein müsste, erst recht, nachdem es vierundzwanzig Stunden im Kühlschrank gelegen hat. Nun drückt er das Gewebe zusammen. Wieder gibt es nach, fast gummiartig fühlt es sich an. Erneut nimmt Kulmbach die Lupe zur Hand und betrachtet das ihm mittlerweile verdächtige kleine Etwas. Dann entdeckt er auf den Seiten feine Schweißnähte, die zwar gut, aber nicht perfekt verarbeitet sind. Nun traut er sich, das Ding etwas energischer zu drücken und zu biegen. Es ist tatsächlich aus Gummi. Jemand wird es in einem dieser Gruselläden gekauft und den Leuten vor die Tür gelegt haben, warum auch immer. Moderson wird seine Ermittlungen in diesem Fall so schnell wie möglich einstellen müssen, um sich nicht noch mehr zu blamieren, denkt Kulmbach. Er lacht vor sich hin, immer wieder bricht es aus ihm heraus. So etwas hat er in all seinen Dienstjahren noch nicht erlebt. Unglaublich, dass der Gynäkologe darauf hereingefallen ist! Kulmbach gluckst noch immer vor sich hin, als seine Kollegin Anne Schäfer kommt. Er zeigt ihr die Gummipuppe und auch sie ist im ersten Moment erschrocken. Dann nimmt sie sie in die Hand und sagt: „Gute Nachbildung!"

Kulmbach verzieht anerkennend den Mund. „Guter Blick."

Moderson ist schon früh auf die Wache gegangen, denn im Fall des Embryos möchte er so schnell wie möglich zu Ergebnissen kommen. In einer kleinen Stadt wie dieser gibt es selten spektakuläre Fälle; außerdem hat er den letzten, den man ihm anvertraut hat, versiebt. Es würde seinem Ruf und seinen Beförderungsaussichten nicht schaden, wenn er diesmal schnelle und gute Arbeit abliefert.

Er hat gerade mit der Staatsanwaltschaft gesprochen, als

sein Telefon klingelt. Es ist der Gerichtsmediziner, der ihm gestern nicht helfen wollte. Moderson ist immer noch ein bisschen sauer.

„Ich habe überraschende Neuigkeiten für Sie", eröffnet Kulmbach das Gespräch. Vielleicht hat er schon Hinweise darauf, wie die Schwangerschaft beendet worden ist? Das wäre entscheidend für das weitere Vorgehen.

„Was für einen Gynäkologen haben Sie denn auf diese Gummipuppe angesetzt?"

„Ich verstehe nicht!" Moderson ist verwirrt. Macht dieser Kulmbach Scherze? Und wenn ja: Über wen?

„Im Ernst." Der Tonfall des Gerichtsmediziners ist jetzt sachlich. „Es handelt sich bei Ihrem Embryo um ein Gummiexemplar aus einem Gruselshop."

Moderson wird erst heiß, dann kalt. Was für eine Blamage! Nicht nur für Dr. Hofmann, sondern auch für ihn selbst. Eine weitere Niederlage anstatt der erhofften Erfolgsgeschichte.

„Ich verstehe... auf Wiederhören. Danke." Moderson hängt ein. Matt reibt er sich die Stirn. Als erstes wird er Hofmann anrufen und ihn mit dem Debakel konfrontieren. Dann muss er mit den Kleins sprechen und dann mit der Staatsanwaltschaft, um die Ermittlungen wieder stoppen zu lassen. Er wird ziemlich dumm dastehen. Eine Gummipuppe!

Hofmann scheint von der Nachricht nicht wirklich überrascht.

„Irgend so etwas dachte ich mir schon. Mir kam das Ding gleich irgendwie merkwürdig vor!" Nun verliert Moderson die Fassung.

„Warum haben Sie dann nichts gesagt? Was meinen Sie, wie ich jetzt dastehe? Dass Sie sich ebenfalls lächerlich

Ein grausiger Fund

gemacht haben, scheint Sie ja nicht sonderlich...", Hofmann hat aufgelegt. Die Woche fängt wirklich schlecht an.

Christian hat Pausenaufsicht. Es ist erst kurz vor zehn, aber schon richtig heiß. Er sieht Carolina zusammen mit Katrin und Vanessa auf sich zukommen. Sie trägt kurze, abgeschnittene Jeans und ein orangefarbenes Top. Jetzt im Sommer sieht man das Tattoo, das sie auf der rechten Schulter hat. Ein indisches Sonnenzeichen, hat sie ihm in Avignon erklärt.

„Tag, Herr Klein!" Es ist das erste Mal, dass sie ihn in der Schule anspricht, seit sie von der Klassenfahrt zurück sind. Christian grüßt zurück.

„Hatten Sie ein schönes Wochenende?" fragt Carolina. Katrin knatscht auf ihrem Kaugummi und scheint jemanden zu suchen.

Also war sie es, sie musste es gewesen sein, obwohl er es nicht für möglich gehalten hatte. Und jetzt besaß sie die Kaltschnäuzigkeit, nach seinem Wochenende zu fragen. Er wird sie auflaufen lassen.

„Ja, danke, es war schön. Wir haben unseren Garten sehr genossen!" Er wird ihr das Bild des glücklichen Ehemannes gerne liefern.

„Und Ihre Frau? Geht es ihr auch gut?" Vanessa zieht Carolina am Ärmel. Sie findet die Unterhaltung offensichtlich nicht interessant. Christian bejaht mit freundlicher Unverbindlichkeit. Carolina will ihn unbedingt dazu bringen, aus der Haut zu fahren, sich auf irgendeine Weise zu verraten, denn jetzt fragt sie, ob seine Frau gut geschlafen habe. Unglaublich.

„Sie stellen ungewöhnliche Fragen, Carolina, aber wenn es Sie interessiert: sie hat gut geschlafen." Er ist ganz der besonnene Lehrer.

Carolina bleibt noch einen Moment vor ihm stehen, zögert, ihren ungeduldigen Freundinnen zu folgen. Sie sieht ihn an, als suche sie nach Monaten der Kälte nach irgend etwas Vertrautem. Aber Christian ist unnahbar, sein Blick undurchdringlich. Was sie getan hat, die Nacht, die sie ihm und vor allem Ina bereitet hat, kann er nicht verzeihen. Er will nur noch, dass sie ihm aus den Augen geht. Zum ersten Mal seit Monaten, in denen er sich so oft und innig ihre Nähe gewünscht hat.

„Ich wünsche Ihnen einen schönen Tag, Carolina!" Endlich geht sie. Katrin zieht sie an der Hand hinter sich her wie ein kleines Kind.

Ina sitzt auf der Terrasse und korrigiert den Biotest, den sie letzte Woche in der Zehnten geschrieben hat. Eben hat der Kommissar angerufen und gesagt, der Embryo sei aus Gummi. Absurd, dass die auf so einen schlechten Scherz hereinfallen. Selbst der Gynäkologe!

Sie fragt sich, was sich dadurch für sie geändert hat. Das Bild in ihrem Kopf und der Schock bleiben. Immerhin hat das rosa Geschöpf nichts mit Christian zu tun; das ist ein Trost. Vielleicht betrügt er sie tatsächlich nicht. Aber würde es so einen großen Unterschied machen, wenn er es täte? Wirklich nah sind sie sich seit Jahren nicht mehr. Ob sie mit einem anderen Mann glücklicher wäre? Es ist Ina unvorstellbar, nicht mit Christian verheiratet zu sein. Sie möchte keinen anderen, wenn sie ehrlich ist.

Wahrscheinlich wird alles beim Alten bleiben und sie werden irgendwann nicht mehr über diesen Gummi-Embryo reden. Irgendwie wird sie es schaffen, das Bild des winzigen Embryos auf dem kalten Porzellanteller aus ihrem Kopf zu bekommen.

Ein grausiger Fund

Ina überlegt, ob sie Christian in der Schule anrufen soll, um ihm die Neuigkeit mitzuteilen, aber das wäre ihm sicherlich unangenehm, mitten im Lehrerzimmer, umringt von seinen Kollegen.

Christian kommt früh nach Hause, so dass sie gemeinsam zu Mittag essen können. Als sie ihm von dem Anruf des Kommissars erzählt, fällt ihm ein Stein von Herzen. Das macht die Geschichte zumindest erträglich. Seit langem hat er sich heute zum ersten Mal wieder auf Ina gefreut. Und das nach dem gestrigen Gespräch und der schrecklichen Nacht. Erstaunlich.

„Da wollten wir eine Schaukel und einen Sandkasten hinbauen. Weißt du noch?" Ina zeigt auf den hinteren Teil des Gartens, der nur aus Rasen besteht. Heute sagt sie das nicht anklagend, sie stellt es fest.

„Ina." Christian hat sein Besteck sinken lassen. „Mich hat diese ganze Embryo-Geschichte sehr nachdenklich gemacht. Wir sollten da wirklich eine Schaukel und einen Sandkasten hinbauen. Und ein Kind adoptieren." Er sieht sie so gelassen an, als hätte er darüber gesprochen, sich eine Katze anzuschaffen.

„Oder zwei!", sagt Ina.

Sie wird ihn doch behalten, beschließt Ina in diesem Moment. Und wer weiß, vielleicht ändern sich manche Dinge ja doch.

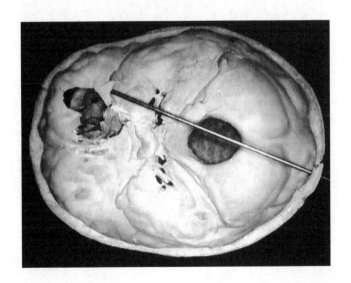

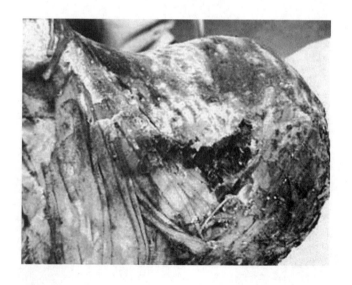

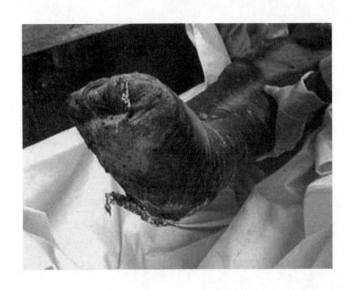

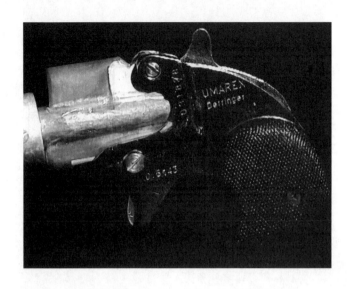

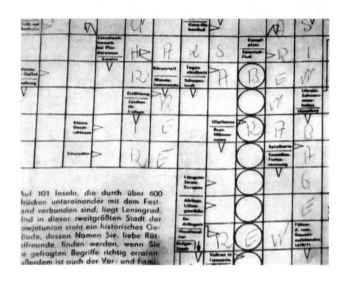

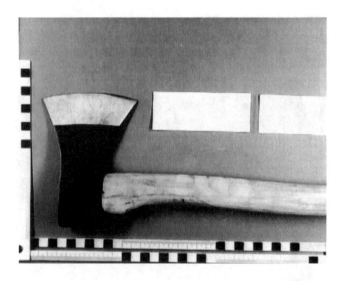

Pia E. Steffens
Schneewittchen

Wutentbrannt hupt sie, doch sie erntet nur höhnisches Grinsen. Die zwei Typen, die ihr den Parkplatz weggeschnappt haben, steigen breitbeinig aus. Einer streicht sich mit einem Kamm die gegelten schwarzen Haare nach hinten, während der Mann mit dem Zopf ihr einen schmierigen Kuss zuwirft. „Widerliche W.. W.. iderlinge", zischt sie durch die Zähne. Sie flucht selten, nur wenn ihr wirklich der Kragen platzt.

Es bleibt ihr nichts anderes übrig, sie dreht eine zweite Runde. Zuhälter- und Angeberautos. Tiefergelegt, aufgemotzt und mit abgedunkelten Scheiben. Es lebe das Klischee, denkt sie. Sie steigt aus und kramt wie immer sofort nach ihren Zigaretten. Sie wechselt eigentlich dauernd die Marke. Seit neuestem raucht sie nur noch ganz starke. Wie ihr Vater. Zumindest stellt sie sich das vor. Sie weiß eigentlich nicht, was er raucht oder ob er überhaupt raucht, denn sie hat ihn nie kennen gelernt. Nicht einmal ihre Mutter weiß, wer er ist.

Laute Musik dröhnt aus einem vorbeipreschenden Sportwagen. Orientalischer Pop. Hier ist es wirklich schwer, keine Vorurteile aufzufrischen, denkt sie, während sie auf einen der grauen Wohnblocks zusteuert. Links und rechts stehen genauso hässliche Betonklötze, sicher siebziger Jahre Sozialbau, in Köln so hässlich wie überall auf der Welt.

Sie klingelt im fünften Stock. Jemand drückt auf den Türsummer. Nur einen kurzen Blick wirft sie in den alten,

Schneewittchen

schmuddeligen Aufzug, um sich sofort für die Treppe zu entscheiden. Mit jedem Stockwerk kommen ihr Haus und Gegend trostloser vor. Dunkle PVC-Flure, flackerndes Neonlicht, meist keine Türschilder. Auf dem vierten Absatz macht sie eine kurze Verschnaufpause. Sie will nicht völlig außer Atem bei ihren Kollegen ankommen.

Die Spurensicherung ist schon da. Die ganze Wohnung wird vermessen, markiert und fotografiert. Jede Kleinigkeit wird notiert, in der Hoffnung, keinen Hinweis zu übersehen. Überall stehen und gehen Leute. Sie quetscht sich durch ins Schlafzimmer. Der Rollladen ist heruntergelassen und auch sonst ist alles noch genauso wie man es vorgefunden hat.

Mitten auf dem großen Bett liegt eine Frau. Wie Schneewittchen, denkt sie unwillkürlich. Sie trägt ein cremefarbenes Kleid mit viel Tüll und Spitze. Ihr tiefer Ausschnitt gibt den Blick auf eine Perlenkette frei. Ihr Mund ist kirschrot geschminkt, ihre Augen mit schwarzem Lidschatten. Ihr langes, lockiges Haar liegt wie ein schwarzer Wasserfall über Schultern und Kissen. Einziger Makel: ein breiter dunkler Streifen am Hals. Würgemale.

Schnell dreht sie sich um. Jedes Mal wird ihr nach dem ersten Anblick schlagartig übel. Keine Leiche lässt sie unberührt. Doch am schlimmsten sind ermordete Prostituierte, die kann sie kaum ertragen. Anfangs musste sie sich immer übergeben. Mittlerweile hat sie eine Strategie entwickelt: Ein Blick auf die Leiche, wegdrehen und ganz tief durchatmen – wegen der Gerüche natürlich nur durch den Mund –, und erst wieder umdrehen wenn sich das erste Schreckensbild gesetzt hat. Dem zweiten Blick hält sie dann immer stand. Dann ist sie wieder ganz die Kommissarin. Zumindest fast. Schon öfter hat sie daran gezweifelt, ob sie wirklich den richtigen Beruf gewählt hat, ob sie auf Dauer ihrem inneren Druck gewachsen ist. Und unzählige Male hat sie sich schon gefragt, ob ihre Kollegen wirklich alle so abgebrüht sind oder ob sie alle nur so tun.

„Der hat saubere Arbeit geleistet, nicht ein einziger Fingerabdruck." Sie zuckt unwillkürlich zusammen, obwohl sie die tiefe Stimme ihres neuen Chefs sehr gerne mag. Zur Begrüßung nickt er ihr nur zu. So ernst wie heute hat sie ihn noch nie gesehen. Aber es ist auch ihr erster großer gemeinsamer Fall. „Ich kann nur hoffen, wir stoßen noch auf was, das uns weiterbringt. Bisher sieht's nämlich noch wirklich mager aus."

„Wer hat sie gefunden?", fragt sie. „Eine Nachbarin. Sie teilen sich die Zeitung. Und sie sind wohl so was wie beste Freundinnen oder so. Jedenfalls hat die eine von der anderen die Schlüssel. Heute war sie für Kino verabredet, und weil Sandy auf kein Telefon und Klopfzeichen reagierte, hat die von nebenan einfach ihren Schlüssel geholt und aufgesperrt. Hat sie schon ganz schön bereut. Sie sitzt jetzt nebenan in ihrer Wohnung und heult unentwegt. Na, Frau Kommissarin, Lust auf eine kleine Vernehmung zur Einstimmung auf den Fall?"

Bevor sie antworten kann, kommt ein junger Kollege ins Zimmer. „Frau Marla, wir kommen da nicht weiter. Die Nachbarin, die die Leiche gefunden hat, kriegt sich überhaupt nicht mehr ein. Vielleicht wäre es besser, wenn Sie dazukämen. So von Frau zu Frau...". Sie nickt und folgt nach nebenan.

Eine Frau sitzt am Tisch, ebenso jung und hübsch wie das Opfer. „Sie war doch so ein lieber Mensch", schluchzt sie, „so lieb, immer nur lieb. Immer. Und zu allen."

„Kannten Sie Sandy gut?"

Schneewittchen

„Hatten Sie schon mal 'ne richtig gute Freundin? Ich meine, so eine, auf die man sich echt verlassen kann? So richtig? Genau so eine ist Sandy. Nein: war Sandy." Ihre letzten Worte kann man kaum verstehen, wieder schüttelt sie ein Weinkrampf.

Marla würde die Unglückliche am liebsten fest in den Arm nehmen. Statt dessen fragt sie unerbittlich weiter. „Können Sie sich vorstellen, was passiert ist? Oder wer ihr das angetan haben könnte? Hatte sie Feinde?"

„Sandy hat keine Feinde. Bestimmt nicht." Sie zieht ein neues Päckchen Taschentücher aus der Schublade unter dem Küchentisch und schnäuzt sich laut. Mit einem Mal wirkt sie gefasster. Sie sieht sehr nachdenklich aus. „Wenn es einer gewesen sein könnte, dann ihr Ex. So ein durch und durch ekliger Typ. Ich konnte ihn von der ersten Sekunde an nicht ausstehen, aber Sandy fuhr völlig auf ihn ab. Wir hatten richtig Krach wegen dem. Das erste und einzige Mal. Ging aber zum Glück nicht lange gut. Doch er hat noch ziemlich lange genervt. Immer angerufen und vor der Tür auf sie gewartet und so. Und einmal, wo sie schon gar nicht mehr zusammen waren, hat er sie grün und blau geschlagen. Weil er rausgekriegt hatte...". Sie stockt plötzlich und beißt sich auf die Lippen.

„Was hatte er rausgekriegt?", hakt Marla nach. „Ach, nichts, weiß auch nicht."

So schnell lässt sie nicht locker. „Was rausgekriegt?", wiederholt sie unerbittlich.

„Na, halt dass, ..., dass, ..., dass sie sich halt manchmal was dazuverdient." Wieder ein lautes Schnäuzen. Betreten schaut sie auf den Boden, als habe sie Hochverrat begangen.

„Sie meinen, sie hatte manchmal Männerbesuch?"

„Ja, genau das. Sie hat das nicht oft gemacht. Nur

manchmal, wenn sie sich etwas Besonderes leisten wollte. Einmal sind wir davon sogar schon zusammen in Urlaub gefahren. Aber sie hatte ja auch anständige Jobs, sogar zwei auf einmal. Halbtags in 'nem Klamottenladen, und ein paar Stunden in einem Sonnenstudio. Davon kann man ganz gut leben, aber für was richtig Großes reicht das ja nicht. Hey, aber kein Wort, dass ich was verraten habe", fleht sie. „Ich bin doch abergläubisch, und über Tote darf man doch nichts Schlechtes sagen."

„Schon gut, schon gut. Sie haben uns sehr geholfen. Beruhigen Sie sich." Marla will alles über den Exfreund wissen. Doch viel mehr als den Vornamen und die Automarke kennt die Nachbarin nicht. „Ich glaube, der wohnt im Süden von Köln." Marla will im Polizeicomputer suchen und notfalls ein Phantombild anfertigen lassen.

Sie geht wieder nach nebenan. „Na, mehr Erfolg als die männlichen Kollegen?" fragt ihr Chef. In seiner Stimme fehlt jede Ironie, was ihm enorme Sympathiepunkte bei ihr bringt. Wie sie dieses immer noch übliche männliche Von-oben-herab-Gehabe verabscheut mit Sprüchen wie ‚Alle Achtung, Frau Kollegin'. Ihr Chef ist Gott sei Dank anders, gleichberechtigt sozusagen.

„Ja, hatte ich. Das Opfer war tatsächlich Gelegenheitsprostituierte. Ich lasse ihre Daten gerade schon überprüfen. Vielleicht ist sie ja registriert. Und die Nachbarin hat von einem Exfreund gesprochen, der ziemlich ausgerastet sein soll und sie angeblich verprügelt hat, als er das erfahren hat. Werde ich gleich in Angriff nehmen."

Wie leicht sie das Wort aussprechen kann: Gelegenheitsprostituierte. Vor einigen Jahren noch undenkbar. Das hat sie erst mühsam in einer Therapie lernen müssen. An deren Ende hat sie bei der Polizei angefangen, ihre ganz

Schneewittchen

persönliche Reaktion auf ihr schweres Erbe, nämlich Tochter einer Gelegenheitsprostituierten zu sein. Jahrelang hatte sie sich die wildesten und romantischsten Geschichten über ihre Eltern ausgedacht, da ihre Mutter sich strikt geweigert hatte, auch nur ein Wort über ihren Vater zu verlieren. In ihren Augen gab es ihn nicht. Sie konnte seinen Namen nicht nennen, weil sie ihn nicht wusste.

Eines Tages, sie war gerade fünfzehn geworden, hatte sie wieder einmal so lange nach Antworten gebohrt, dass ihre Mutter beschloss, sie sei jetzt alt genug, die Wahrheit zu erfahren. Sie hatte ein Glas und eine Flasche Williams Christ aus dem Schrank geholt, einen tiefen Schluck genommen und in dürren Worten von ihren jungen Jahren erzählt, die sie am liebsten ungeschehen machen würde. Wie gern wäre Marla damals wieder Kind geworden, doch von jenem Tag an fühlte sie sich nicht nur erwachsen, sondern entwickelte gleichzeitig einen Hass auf sich selbst und auf ihre Mutter. Ihre letzte Illusion war ihr geraubt. Sie war also nicht die Tochter eines unbekannten Prinzen, sondern ein 'Geldkind': gegen Geld und gegen jeden Willen gezeugt.

Erst nach langen, schwierigen Jahren war sie bereit gewesen, sich selbst anzunehmen. Sie hatte Glück und eine geniale Therapeutin erwischt, die ihr wieder Selbstvertrauen und Lebensfreude schenkte und sie irgendwann als geheilt entließ.

Das einzige, was sie immer noch nicht wirklich verkraften kann, sind Leichen von Prostituierten. Jedes Mal sieht sie zuerst das Gesicht ihrer Mutter.

Der junge Kollege kommt wieder zu ihnen ins Zimmer. „Wir wären dann gleich soweit." Sie schaut sich das Schlafzimmer genauer an. Es sieht ein wenig nach Milieu aus, doch eine Rotlichtlampe, Plüschherzen und Kerzen haben viele, das heißt noch nichts. Marla kann ihren Blick nicht vom Bett losreißen. Die Tote sieht eigentlich wie eine Schlafende aus. Als würde sie gleich die Augen aufschlagen und aufstehen, wie im Märchen. Woran hatte Schneewittchen sich noch mal verschluckt, an einem Apfel?

Abrupt dreht sich Marla um. „Und Sie? Auch Glück gehabt und was Verwertbares gefunden?" fragt sie ihren Chef zurück.

„Noch nicht. Höchstens Unverständliches wie zum Beispiel den Deckel einer Filmdose, der unterm Bett lag. Vielleicht ist er völlig belanglos, vielleicht hat er aber mit dem Mörder zu tun. Das Opfer hatte nämlich keinen Fotoapparat oder zumindest keinen in der Wohnung. Auf dem Deckel gab's keinen Abdruck, als wäre er mit Handschuhen geöffnet worden. Außerdem lag überhaupt nichts anderes unterm Bett, so als wäre der Deckel vielleicht wirklich erst vor kurzem dort hingefallen."

„Vielleicht ist der Ex eine bessere Spur", hofft Marla.

Tage später sitzt sie ihm das erste Mal gegenüber. Auch sie findet ihn vom ersten Augenblick an unsympathisch. Ein richtiger Zuhältertyp. Anzug, Goldkettchen und Sonnenbrille. Ist das der Mann, der Sandy solange gewürgt hat, bis alles Leben aus ihr gewichen war, um sich dann an ihr zu vergehen? Ist das der Perverse, der es mit einer Toten treibt und sie anschließend als schlafende Märchenprinzessin im weißen Kleid fotografiert? Sie muss erst ihren Ekel schlucken, bevor sie mit fester Stimme fragen kann: „Wo waren Sie vergangenen Mittwoch gegen 20:00 Uhr?"

„Woher soll ich das denn jetzt noch wissen? Als hätte ich nichts besseres zu tun, als mir die Uhrzeit zu merken, wo ich wann gewesen bin. Kann ich rauchen?"

Schneewittchen

Ein „Ja" rutscht ihr heraus, bevor sie nachdenken kann. Er greift nach ihrem Päckchen Zigaretten. Am liebsten würde sie es sofort in den Mülleimer werfen. „Überlegen Sie noch mal!"

„Mittwoch war ich in meiner Stammkneipe um die Ecke, glaube ich. Oder Dienstag. Donnerstag ganz sicher. Dann wäre ich Mittwoch um die Zeit joggen gewesen. Weiß ich jetzt echt nicht mehr."

„Gibt es Zeugen?"

„Also, wenn ich in der Kneipe war, dann ja. Wenn nicht, dann nicht. Ich jogge immer alleine. Hey, jetzt fällt's mir ein. Dienstag war doch das Länderspiel, das hab' ich in der Kneipe geguckt. Dann war ich Mittwoch also wohl joggen und anschließend zu Hause. Allein. Ohne Zeugen."

Dein Grinsen wird dir noch vergehen, denkt sie angewidert. Doch ein fehlendes Alibi ist noch lange kein Schuldbeweis. Und mein Ekel vor diesem Typ leider auch nicht, fügt sie bitter in Gedanken hinzu.

Sobald sie wieder alleine ist, greift sie nach der Schachtel und wirft sie in den Mülleimer. Sie wischt sich ihre Hand an der Hose ab. Es gibt Menschen, die sind ihr körperlich so zuwider, dass sie nicht die kleinste Berührung ertragen kann, auch keine indirekte.

Nichts ist dem Ex nachzuweisen, auch die angeordnete Wohnungsdurchsuchung bringt keine neuen Erkenntnisse oder konkretes Beweismaterial. Schließlich muss die Kripo diese Spur aufgeben – und mit ihr den Hauptverdächtigen.

Die Enttäuschung ist groß. Aber es gibt ja noch weitere Spuren in der Wohnung der Toten. Sie hatten einen ganzen Stapel E-Mails und ausgedruckte Internetseiten gefunden. Sandy war offenbar schon seit längerem regelmäßiger

Gast in einem Internetcafé in der Kölner Innenstadt. Unter dem Namen Farah klinkte sie sich meist in öffentliche Chatrooms ein, um dann mit einer Zufallsbekanntschaft privat weiterzumailen. Ab und an schien sie sich auch zu Blinddates verabredet zu haben. Doch hier verwischte dann immer die Spur. Es war vielleicht doch nur ein harmloses Hobby gewesen, ohne tödliches Nachspiel.

„Soll ich Sie mal aufheitern?", fragt ihr Chef Marla eines Tages unvermittelt. „Wie wär's mit einem verspäteten Einstandsessen bei uns zu Hause? Meine Frau und ich würden uns sehr freuen, wenn Sie und ihr Mann Freitag Zeit hätten, so ganz im kleinen Kreis." „Sehr gerne", antwortet sie aufrichtig. Sie ist schon lange gespannt auf die Frau, die diesen Mann geheiratet hat.

Sie selbst ist nicht verheiratet, aber schon seit rund zehn Jahren mit demselben Mann liiert. Lebensabschnittspartner heißt das ja heute. Warum auch nicht. Wer weiß schon, was ewig hält. Obwohl es bei ihnen ganz gut aussieht. Jeder hat seinen Beruf, der ihn meist mehr als weniger erfüllt. Er ist Bibliothekar und ein wahrer Büchernarr. Sie reisen sehr gerne, am liebsten nach Südamerika und Afrika. Sie lachen über dieselben Witze, lieben dieselben Kinofilme und essen Pasta für ihr Leben gern. Was will man mehr? Kinder haben sie keine. „Das ist nichts für mich", hatte sie ihm gleich am ersten Abend erklärt. Heute nichts Außergewöhnliches oder gar etwas, wofür man sich schämen müsste. Den Grund hatte sie ihm allerdings erst nach fast einem Jahr während ihrer ersten großen Reise erzählt. Es war einer dieser ganz seltenen, besonderen Abende, wo weder Zeit noch Raum zählen, nur noch diese Stimmung, in der man sich ganz öffnen und alles, wirklich alles erzählen kann. Sie enthüllte ihm ihr Trauma, Kind einer Hure zu sein. Er verstand. Seitdem waren Kinder kein Thema.

Der Abend beim Chef verläuft noch harmonischer als erhofft. Seine Frau begrüßt sie mit einem gewinnenden Lächeln und den Worten: „Ich habe nicht groß gekocht, nur Pasta. Ich sitze lieber gemütlich zusammen, als den halben Tag mit Vorbereitungen in der Küche zu verbringen." Marla fühlt sich sehr wohl. Je länger der Abend, desto mehr Wein fließt. Die Gespräche werden immer vertrauter. „Warum sind Sie eigentlich Kommissar geworden?"

Der Gastgeber zieht die Augenbrauen hoch, nickt bedächtig und schenkt sich erst noch ein Glas ein, bevor er antwortet. „Normalerweise habe ich eine Standardantwort parat für diese Frage: Zufall, wusste nicht genau, was ich machen sollte, hab' mich beworben und bin prompt genommen worden, dann hat's mir richtig Spaß gemacht und so weiter. Aber das stimmt nicht. Ich wollte Kommissar werden, seit ich fünf bin und mit ansehen musste, wie mein Vater meine Mutter verprügelt hat. Ich war zu klein, um ihr zu helfen, daher wollte ich mich an allen Bösen rächen, wenn ich erst einmal groß bin. Daran hat sich bis heute nichts geändert, auch wenn ich zwei Dinge gelernt habe. Erstens gibt es noch viel Grausameres als das, was mein Vater meiner Mutter antat, und zweitens kann man die Welt nicht verändern, höchstens ein klitzekleines Bisschen. Aber für das lohnt es sich, jeden einzelnen Tag zu kämpfen."

Ich bin nicht die einzige bescheuerte Idealistin, denkt Marla. Sie prosten sich zu.

Am nächsten Tag flattert ein neuer Hinweis auf den Schreibtisch. Die Düsseldorfer Kollegen hatten einen vergleichbaren Fall vor rund sechs Jahren. Er blieb ungelöst, da auch hier alle Spuren säuberlich verwischt worden waren. Das Opfer war eine junge Prostituierte, die erst seit kurzem in einem kleinen Etablissement in Bahnhofsnähe arbeitete. Sie hatte noch keinen großen Bekanntenkreis und dementsprechend wenig kollegialen Schutz. Es war Hochsommer und man fand sie erst fünf Tage später.

Vielleicht fiel deshalb damals niemandem auf, wie liebevoll sie hergerichtet worden war. Auch sie lag in einem weißen Kleid auf Kissen gebettet, mit gefalteten Händen auf der Brust, schwarzem langem Haar, schwarz geschminkten Augen und tiefrotem Lippenstift. Und einem breiten Würgemal am Hals. Marla hat ihr zweites Schneewittchen.

Die Kommissarin ist hellwach. Das sieht nach demselben Täter aus. Sie ist sich fast sicher. Sie schließt sich mit den Düsseldorfer Kollegen kurz und vergleicht alle noch so winzigen Details. Die Wahrscheinlichkeit, dass in Köln derselbe Killer zugeschlagen hat wie vor sechs Jahren in der Nachbarstadt, wächst und wächst. Sie suchen nach Gemeinsamkeiten der beiden Opfer. Beide waren Prostituierte, hatten lange schwarze Haare und wurden auf die gleiche Art und Weise getötet. Und erst nach ihrem Tod missbraucht.

Eine großangelegte Fahndung beginnt. Im Prostituiertenmilieu der gesamten Region suchen sie fieberhaft nach Hinweisen auf einen Mann, der offenbar das Rollenspiel und Verkleidungen liebt, ein sehr auffälliges sexuelles Verhalten an den Tag legt, vielleicht auf Fesseln fixiert ist. Es kommen tatsächlich immer wieder neue Hinweise aus der Bevölkerung – nicht zuletzt durch die rege Beteiligung der Presse an der Fahndung nach dem ‚Schneewittchen-Killer'. Doch auch sie verpuffen im Nichts, da Gelegenheitsfreier selten ihre Visitenkarte hinterlassen.

Marla ist der Verzweiflung nahe. Vor allem, als eine Münchener Prostituierte, die ihre besten Jahre schon lange

Schneewittchen

hinter sich hat, ihr von einem Erlebnis von vor zehn Jahren erzählt. Damals schaffte sie am Münchener Stadtrand an. Eines Tages hatte sie einen Kunden, der sie bat eine Art Hochzeitskleid zu tragen. Ihr schwarzes Haar sollte sie offen tragen und sich stark schminken. „Der Typ hatte echt Probleme. Ich konnte machen, was ich wollte, bei ihm klappte es nicht. Schien aber nix Neues für ihn zu sein. Heikel wurde es dann erst, als er sich auf mich setzte und auf einmal so einen seltsamen Blick bekam und anfangen wollte, seine Hände um meinen Hals zu legen. Da hab' ich laut geschrien und mich solange gewehrt bis meine Nachbarin wild an der Tür polterte. Wir passten immer gegenseitig ein bisschen auf. Da hat er dann wohl Angst gekriegt und ist ab. Hab' ihn nie wieder gesehen. Und es auch nicht darauf angelegt! Hat mich aber schwer an das erinnert, was da jetzt in Köln abgegangen ist."

Wieder scheint es nicht unwahrscheinlich, dass es sich um den selben Täter handelt, doch wieder finden alle weiteren Ermittlungen ein schnelles Ende. Was haben München, Köln und Düsseldorf gemeinsam? Einen Umlaut als zweiten Buchstaben, denkt Marla zynisch. Wie ist es nur möglich, so viele so wenig hilfreiche Spuren zu haben?

Marla hat das Gefühl, sich nur noch im Kreis zu drehen und vor lauter Bäumen den Wald nicht mehr zu sehen. Sie braucht eine Pause, muss raus und von allem Abstand gewinnen. Kurzentschlossen beantragt sie Urlaub. Auch bei ihrem Chef hat sich, was diesen Fall betrifft, die erste leise Resignation eingestellt. Er bewilligt ihr eine Woche. „Fahren Sie in den Süden, lassen Sie ein bisschen Sonne an sich ran, das hilft. Und bringen Sie ein wenig davon mit, auf dass wir endlich Licht in dieses Dunkel bringen."

„Ich werde mein Bestes tun."

Sie bucht eine Woche Kreta, packt ihre Wanderschuhe ein und sucht sich die einsamsten Flecken auf der Insel. Stundenlang wandert sie durch Berge und Täler, allein mit sich und der Welt – und ihren Gedanken. Nur ihren daheimgebliebenen Liebsten ruft sie jeden Abend an, um ihm eine ‚Gute Nacht' zu wünschen. Sie versucht, ein wenig Abstand zu gewinnen. Sie braucht einfach wieder einen klaren, freien Kopf. Es gibt keinen dieser berühmten Geistesblitze, der den Mörder überführt, doch sie fühlt sich frisch und erholt, als sie in ihr Büro zurückkehrt.

Sie wühlt sich noch immer durch alle Hinweise der vergangenen Woche, um nur ja nichts zu überlesen, als das Telefon schrillt. „Da ist eine Frau für Sie, sie wollte nur mit Ihnen sprechen, scheint wohl wirklich dringend zu sein." Sie nimmt einen langen Zug von ihrer fast verglimmten Zigarette. „Stellen Sie sie schon durch."

„Hallo? Spreche ich jetzt mit der Kommissarin, die diesen Mord an der jungen Frau betreut? ‚Schneewittchen-Mord' wurde er in der Presse genannt", hört sie eine nervöse Stimme. „Ja, Sie sprechen mit Kommissarin Marla."

„Ich möchte gerne mit Ihnen reden. Können wir uns nicht irgendwo treffen? In einem Café oder so? Am besten noch heute", fragt die Stimme. „Können Sie mir nicht sagen, worum es geht?" Die Frau spricht immer schneller und höher: „Das weiß ich selbst nicht so genau. Das ist alles so seltsam. Ich glaube, ich habe etwas Schlimmes gesehen." Marla wird nicht schlau aus den Antworten, daher schlägt sie vor: „Wie wäre es um halb sechs? In diesem neuen Bistro direkt am Dom. Ich trage ein großes buntgeblümtes Tuch, das werden Sie leicht erkennen." Die Frau flüstert ein erleichtertes „Danke" und hängt schnell ein.

Marla weiß nicht, was sie davon halten soll. Sie will sich

Schneewittchen

auch nicht mehr zu früh über eine neue Spur freuen.

Sie ist schon kurz nach fünf im Bistro. Sie sieht sich um. Ist die anonyme Anruferin schon da? Sie erwartet eine überdrehte oder eine sehr schüchterne Frau und ist fast enttäuscht, als sich eine attraktive Brünette an ihren Tisch stellt. „Hatten wir telefoniert?"

Die Frau ist sportlich-elegant gekleidet, eher klassisch als modern. Ungefähr mein Alter, schätzt Marla. „Es tut mir leid, dass ich Sie heute so überfallen habe. Aber ich hatte urplötzlich so ein unglaublich schlechtes Gewissen, dass ich kaum mehr sprechen konnte. Ich komme mir auch jetzt noch wie eine Verräterin vor. Oder wie eine Spinnerin."

„Bisher verstehe ich nur Bahnhof. Wie wäre es, wenn Sie einfach noch mal von vorne anfangen? Und vielleicht möchten Sie etwas zu trinken?"

„Einen Milchkaffee bitte!" winkt sie dem Kellner zu. „Wenn Sie gestatten, nenne ich Ihnen nicht meinen Namen. So fällt mir das Reden leichter." Marla nickt nur, langsam ist sie wirklich gespannt, was da auf sie zukommt.

„Also, letzte Woche war ich bei einem Kollegen eingeladen. Ich bin Gynäkologin und wir haben einen kleinen Kollegenkreis. So alle drei Monate treffen wir uns. Wir machen das jetzt sicher schon fast zehn Jahre, einige kennen sich noch aus dem Studium. Wir haben kein richtiges Stammlokal, wir wechseln lieber immer mal wieder. Vor einem halben Jahr kam die Idee auf, wir könnten uns ja auch einmal bei jedem zu Hause treffen, ohne große Kocherei, eher Schnittchen, damit es für den Gastgeber nicht zu viel wird. Kurz und gut: Letzten Samstag waren wir bei einem Kollegen aus einem Vorort. Danke!" Der Kellner hat den dampfenden Kaffee gebracht. „Könnte ich vielleicht einen kleinen Salat haben?", bestellt Marla.

„Ich hatte heute noch kein Mittagessen und wenn Sie jetzt die ganze Zeit von Einladungen erzählen...", fügt sie in Richtung der Ärztin hinzu. Diese versucht ein kleines Lächeln. Doch es misslingt, sie will nicht mehr gestört werden in ihrem Redefluss.

„Wir waren also da in altbekannter Runde. Und irgendwie war der Abend lustiger als sonst, wir haben vor allem viel mehr getrunken als üblich. Ich war ganz schön beschwipst, aber ich glaube, das waren alle, denn mit einem Male wurde Musik aufgelegt und getanzt. Es war eine super Stimmung. Ich musste dann wohin und bin in Richtung Bad. Das war aber besetzt. Da stand ich also beschickert vor der Klotür und hab' gewartet. Mir war aber nicht nach Stehen, also hab' ich mich an den Türrahmen gleich daneben gelehnt, und mit einem Mal gab die Tür nach, sie war nur angelehnt gewesen. Ich sah ein großes, bequemes Bett gleich hinter der Tür und hab' mich ohne jede Hemmung einfach draufgesetzt. Ich war wirklich ganz schön angeschlagen. Ich hatte neue Schuhe an, die drückten, und da hab' ich mich dann gebückt, um die Schnallen ein wenig zu lockern. Zu spät erinnerte mich mein Kopf daran, dass man sich in dem Zustand nicht unnötig bücken sollte. Schwindelig wie mir jetzt war, klappte das mit den Schuhen natürlich überhaupt nicht. Einer kippte um und rutschte ein wenig unter die Bettkante...".

Die redet ohne Punkt und Komma, denkt Marla, um sofort irritiert nachzufragen: „Bitte, was haben Sie gerade gesagt, könnten Sie das bitte wiederholen?"

Die Frau blickt sich um und wiederholt mit leiser Stimme: „Da war ein Foto, nein ganz viele Fotos, aber an eins, an das Oberste, kann ich mich noch erinnern. Ich wollte ja nur meinen Schuh rausziehen, da sah ich eine Plastikschale wie man sie beim Entwickeln von Fotos benutzt. Und weil ich ja wusste, wie gut der Georg fotografieren kann, seine ganze Wohnung hängt voll davon, und weil mich irgendein Teufel geritten hat, hab' ich ein bisschen an der Schale gezogen, um zu sehen, was für Fotos drin lagen. Ich hab' das Oberste nur so halb umgedreht, da hörte ich die Toilettenspülung nebenan. Ich bin so erschrocken, dass ich sofort wieder hoch bin und sofort raus mit meinem Schuh in der Hand. Den hab' ich dann mit zitternden Händen im Bad angezogen."

„Ihr Salat, bitte. Möchten Sie noch etwas trinken?" Marla spürt ihre trockene Kehle. „Gerne, einen frischgepressten Orangensaft."

Ihr Gegenüber kann kaum abwarten, bis der Kellner verschwunden ist. „Mir war kotzschlecht im Bad. Ich wusste nicht, ob ich das gerade wirklich gesehen oder nur geträumt hatte. War ja halbdunkel in dem Zimmer, bis auf das Licht aus dem Flur. Ich musste mir nicht mal mehr den Finger in den Hals stecken, um eine gute Ausrede zu haben, sofort gehen zu können. Die anderen waren noch so am Feiern, dass mich keiner groß aufgehalten hat. Ich hab' mir auf der Straße ein Taxi genommen und bin nach Hause. Ich habe die halbe Nacht wachgelegen und versucht mich zu erinnern, was ich da gesehen habe. Ich wollte wissen, ob ich mich nur getäuscht hatte, ob meine Phantasie einfach mit mir durchgegangen ist, weil das auf dem Bild irgendwie so ähnlich aussah wie das, was ich mir vor Wochen vorgestellt hatte, als die Zeitungen voll waren von den Berichten über das Schneewittchen-Opfer."

Marla stochert in ihrem Salat. Sie traut ihren Ohren kaum. Spricht die Frau da vielleicht wirklich von dem perversen Phantom, das sie seit Wochen verfolgt?

„Irgendwann muss ich dann eingeschlafen sein. Ich bin ganz benommen aufgewacht, ich war völlig durcheinander wie nach einem Albtraum. Seitdem weiß ich nicht mehr, was ich glauben soll. Mir fiel dann sofort ein, dass die Zeitungen immer von einer Kommissarin geschrieben hatten. Mit einem Mann wollte ich nicht reden. Sie erschienen mir die einzig richtige Person zu sein, der ich von meinen Zweifeln erzählen könnte. Ich habe immer noch das Gefühl, einen völlig Unschuldigen zu verdächtigen und ihm etwas Entsetzliches zu unterstellen...".

„Versuchen Sie, das Foto zu beschreiben, das Sie gesehen haben", fordert Marla sie fast barsch auf. „Da lag..., da lag...", zum ersten Mal verliert die Frau ihre Fassung. „Da lag also, glaube ich, eine Frau auf einem großen Bett. Sie trug ein ganz helles Kleid, die Augen waren zu als würde sie schlafen, sie sah stark geschminkt aus. Die Haare waren sehr lang und schwarz und lagen so über das Kissen ausgebreitet. Und am Hals habe ich einen Streifen gesehen – oder auch nicht. Ich weiß nicht, ob ich den Streifen wirklich gesehen habe oder ihn mir nur eingebildet habe, weil ich sofort diese erwürgte Leiche aus der Zeitung vor Augen hatte."

Marla schiebt den Teller beiseite. Ihr ist der Appetit vergangen, und zwar gründlich. Ihr Kopf dröhnt. Sollte das wirklich wahr sein? Kennt sie jetzt den Schneewittchen-Mörder? Oder ist diese Frau eine Verrückte? Nein, eigentlich wirkt sie völlig normal, nur unglaublich aufgeregt. Sie zündet sich eine Zigarette an. Die Frau, die sich als Gynäkologin ausgibt, hat fieberhaft schnell und wie in Trance geredet, jetzt scheint sie zum ersten Mal Luft zu holen.

„Ihr Kollege, was ist das für ein Mensch?" will Marla wissen. Ein kurzes Schulterzucken. „Was soll ich da sagen?

Schneewittchen

Wir kennen uns seit einer halben Ewigkeit als Kollegen, aber eigentlich kennen wir uns auch nicht. Er ist ein unauffälliger Mensch, so einer von der Sorte, die man übersieht, wenn sie ins Zimmer kommen. Er ist nicht unangenehm, aber es fällt auch nicht auf, wenn er mal bei einem Treffen fehlt. Ich hatte immer das Gefühl, dass er kein richtiges Privatleben hat. Einer aus unserem Kreis kennt ihn noch aus Studientagen in München. Der erzählte, Georg habe in jungen Jahren mal mit einer Frau zusammengelebt. Selbst hat er darüber nie geredet. Überhaupt redet er nicht so sehr viel, und wenn er etwas sagt, dann ist es eher bangloses Geschwätz. Das einzige, was ihn richtig interessiert, ist Fotografieren. Da kann er wahre Vorträge drüber halten."

„Was wissen Sie über sein Verhältnis zu Frauen?", fragt Marla nach. „Schwierig, würde ich sagen. Irgendwie scheint er keinen richtigen Bezug zu Frauen zu haben. Manchmal, wenn er etwas getrunken hat, wird er sehr direkt und da hat er schon mal so etwas wie eine Anmache versucht. Ich persönlich habe das zwei Mal miterlebt. Einmal bei einer Kollegin, was unerträglich peinlich war, und einmal bei einer Frau am Nachbartisch in einer vollbesetzten Kneipe."

Marla drückt energisch ihre Zigarette aus. „Es war richtig, dass Sie mich angerufen haben. Wir werden noch heute ihren Kollegen überprüfen. Ich muss Sie bitten, mich in mein Büro zu begleiten." Die Frau nickt.

Der Mann wirkt völlig überrumpelt, als Marla ihn mit den Fotos konfrontiert, die sie mühelos unter dem Bett fand. Sie hat nur die allerobersten rasch durchgeblättert, um ihre schlimmsten Befürchtungen bestätigt zu sehen. Es ist tatsächlich Sandy. Und er hat sein Opfer nicht nur auf dem Bett drapiert, sondern hat selbst mit ihm in den abscheulichsten Stellungen posiert. Er stottert: „Das..., das..., das sind gestellte Fotos, mit einer Freundin, die wollte diese Fotos, nur so zum Spaß."

„Ist diese Person auf dem Foto tot oder lebendig?" fragt Marla in scharfen Ton. „Was ist das denn für eine Frage?" entrüstet er sich. „Antworten Sie: tot oder lebendig?" verlangt Marla. Einige Sekunden lang herrscht absolutes Schweigen. Dann wird sein Gesicht aschfahl. „Aber sie wollte es doch so. Sie wollte doch, dass ich das tue. Sie hat es immer fester und fester gewollt." Er macht eine kleine Pause, ringt verzweifelt nach Worten. „Und dann hat sie auf einmal gehustet und gewürgt, und dann ist sie an ihrem Erbrochenem erstickt."

„Aber Sie sind doch Arzt! Sie wollen mir doch nicht erzählen, dass Sie als Arzt untätig daneben standen!" Er schaut Marla mit fast irrem Blick an. „Aber ich dachte doch, sie macht nur Spaß. Und bis ich verstand, dass es nicht so war, war es auch schon zu spät." Er wimmert.

Marla fühlt einen tief sitzenden Hass in sich hochschäumen, schnell muss sie sich umdrehen, um die Fassung zu wahren und diesem erbärmlichen Lügner nicht an den Hals zu gehen. Wieder einer von der Sorte, das weiß sie schon jetzt, der sich im Prozess als bemitleidenswertes Opfer darstellen wird. Sie hofft inständig auf einen harten Richter. „Dieser Mann sollte erstmal einfach nur eingesperrt werden, ohne jede Therapie", beschließt Marla. Ihr Chef kommt, sie nickt kaum merklich zu. Niemand sagt ein Wort. Dann reicht sie ihm die grausamen Fotos. „Wie wär's, Chef, mit einem Verhör?"

Karin Köster
Das brennende Herz

Feuerrot war schon als Kind seine Lieblingsfarbe, was angeblich auf einen dominanten Charakter schließen lässt. Das hat Georg einmal in einer Zeitschrift gelesen, die bei seiner Mutter auf dem Nachttisch lag. Er hatte damals lange darüber nachgedacht und konnte nicht verstehen, warum er von seinen Klassenkameraden immer gehänselt wurde. Waschlappen und Mamasöhnchen haben sie ihn genannt, weil er sich, wenn es brenzlig wurde, lieber auf sein Fahrrad gesetzt hat und davon gefahren ist, als sich mit den Burschen aus dem Nachbardorf zu prügeln. Warum auch sollte er sich die Schrammen und Platzwunden am Kopf einhandeln, wenn er von vornherein wusste, dass er der Schwächere war? Seine Mutter hatte ihn dann immer in den Arm genommen und ihm gesagt, dass er eben anders sei als dieses Bauernpack.

Georg ist wirklich anders als sie. Er wurde in einem Schwimmbad gezeugt und hat seinen Vater niemals kennen gelernt. Erst als er in die Mittelstufe kam, hat ihm seine Mutter erzählt, wie sie der Fremde hinter dem Nichtschwimmerbecken, im Gebüsch, verführt hat. Georg glaubt, dass er einen kräftigen Schädel gehabt haben muss und große Hände, so wie er selbst. Doch weitere Anhaltspunkte, wie der Mann im Gebüsch ausgesehen haben könnte, fehlen ihm, denn den zierlichen Körperbau hat Georg angeblich von seiner Mutter geerbt.

Erst haben die Leute im Dorf seine Mutter bedauert. „Das arme Mädel", haben sie gesagt, „hat sich schon mit sechzehn einen Balg anhängen lassen." Und später haben sie Georg bedauert, der ohne einen Mann im Haus aufgewachsen ist. Doch Georg hat seinen Erzeuger nur selten vermisst.

Er hat es sogar genossen, wenn er als Junge zu seiner Mutter ins Bett schlüpfen durfte und sie ihn in den Schlaf gekrault hat. Auch noch, als er schon in der Mittelstufe war und alle anderen in seinem Alter erwachsen sein wollten. Sie haben sich geschämt, wenn sie einmal weinen mussten. Aber Georgs Mutter hat gesagt:

„Wer das Herz am rechten Fleck hat, darf auch weinen, wenn ihm danach ist."

Und manchmal, wenn seine Mutter selbst traurig und erschöpft war, hat sie sich wie ein Kätzchen an seine schmalen Schultern geschmiegt und ist mit einem Seufzen auf den Lippen eingeschlafen. Dann hat Georg sich wie ein Beschützer gefühlt, stark und erwachsen.

Nur wenn die Männer im Laden seiner Mutter ihr mal wieder so unverschämt in den Ausschnitt gegafft, oder mit ihren dicken Bauernfingern ihren Hintern getätschelt haben, hätte sich Georg manchmal einen Mann im Haus gewünscht. Doch das ist ihm vergangen, seit Toni eingezogen ist.

Mit seinem Opel hat er auf dem Hof gehalten, um nach dem Weg zu fragen, und ist dann gleich das ganze Wochenende über geblieben.

Toni hat alles, was Georg gerne hätte. Breite Schultern, dunkle Locken, eine kräftige Stimme und seit dem Tag, an dem er plötzlich aufgetaucht ist, auch seinen Platz im Bett seiner Mutter. Als sich Georg mit Tränen in den Augen gegen ihn gewehrt hat, wurde seine Mutter ungeduldig. Schließlich war es endlich an der Zeit, dass er erwachsen würde. Sie hat ihn nicht mehr in den Arm

Das brennende Herz

genommen und getröstet, wie damals, als sie ihm erzählt hat, dass es richtig ist, zu weinen, wenn einem danach ist.

Nachdem Toni auf dem Hof seiner Mutter eingezogen war, hat Georg beschlossen, den Neuling zu behandeln, als wäre er nicht da.

Inzwischen sind drei Jahre vergangen. Georgs Stimme ist fast genauso tief geworden wie die von Toni und der Flaum auf seinen Lippen sieht aus wie ein Bart. An die Zeit, die er mit seiner Mutter alleine auf dem Hof verbracht hat, erinnert Georg sich nur noch selten. Neulich, als er sein Fahrrad in der Scheune geflickt hat, sind ihm die baumelnden Stricke seiner alten Schaukel aufgefallen. Seine Mutter hat sie an dem ausgedienten Heugreifer befestigt. Wenn er früher beim Schaukeln seinen Kopf in den Nacken geworfen hat, haben ihn die Krallen des Geräte-Ungetüms erschreckt. Georg schaut sich in der Scheune um. Das Heu riecht wie die Abenteuer seiner Kindheit. Für einen Moment fühlt er sich ganz warm und geborgen. Damals hat er sich gerne in den Heuschobern rumgetrieben. Jetzt, wo er erwachsen ist, hat sein Leben nichts Spannendes mehr.

Auf dem Weg zu seiner Lehrstelle denkt Georg an ein Gespräch zwischen Toni und seiner Mutter. Er hat es zufällig mitgehört, als er nachts noch mal in die Küche gegangen ist, um sich eine Cola zu holen.

„Der Georg ist doch nicht ganz normal", hat Toni gesagt. „Jetzt ist der schon bald siebzehn und hat immer noch keine Freundin." Seine Mutter hat ihn verteidigt.

„Wenn ich noch mal so jung wäre wie Georg, dann würde ich mir nicht mehr gleich ein Kind andrehen lassen. Da würde ich mir erst mal die Welt anschauen und müsste nicht damit warten, bis mein halbes Leben vorbei ist."

Georg ist daraufhin in sein Zimmer gegangen und hat sich im Bett wütend selbst befriedigt. Weder Toni noch seine Mutter verstehen ihn. Er will eben nicht irgendeine Freundin. Er will eine, die er ganz für sich alleine hat. Georg weiß, dass er Mädchen beeindrucken kann, wenn er ihnen von seinen Einsätzen bei der Feuerwehr erzählt. Besonders die Geschichte von dem Schwelbrand, bei dem die fünfköpfige Familie erst erstickt und dann in einer Stichflamme zu Asche verkohlt ist, hat bisher jede seiner Zuhörerinnen gefesselt. Nur, das mit dem Küssen hat danach noch nie geklappt. Einer seiner Kumpels bei der Feuerwehr hat ihm gesagt, dass man bei den Frauen schnell zur Sache kommen muss.

„Da darfst du nicht lang warten. Wenn sie anfangen will zu reden, musst Du ihr gleich die Zunge reinstecken." Doch das findet Georg ekelhaft.

Die Männer bei der Feuerwehr mögen „den Jungen aus der Konditorei", obwohl er schüchtern und zurückhaltend ist. Bei den Löscheinsätzen ist er immer ganz vorne dabei. Wenn es um Leben und Tod geht, ist auf Georg eben Verlass. In den ganzen Jahren hat er noch keine einzige Übung verpasst und darauf ist er stolz.

Auf der Halloweenparty steht er wie immer am Rand der Tanzfläche. Er hat schon vier Bier getrunken und inzwischen aufgehört mitzuzählen. Die Mädchen tanzen miteinander. So, als würden sie sich gar nicht für das andere Geschlecht interessieren. Trotzdem geizen sie nicht mit ihren Reizen und zeigen, was sie den jungen Männern angeblich vorenthalten wollen. Georg hasst dieses Spiel. Er stellt sich vor, wie es wäre, wenn er eine von ihnen bei der Hand nehmen, ins Stroh ziehen, ihr den lästigen Fummel ausziehen und sie am ganzen Körper berühren würde.

Das brennende Herz

Ein Schauer läuft ihm über den ganzen Körper als ihm Robert auf den Rücken schlägt. Er prostet Georg zu und redet über ein Mädchen, dessen Rock so kurz ist, dass man die Naht ihrer Strumpfhose sehen kann.

„Die Sabine ist ein Luder, sag' ich dir. Die besorgt's dir wie eine Professionelle."

„Ich will aber keine, die mit jedem rummacht. Ich will eine für mich haben. Für mich ganz alleine, verstehst du?!"

„Die kleine Blonde aus der Musikkapelle, die ist bestimmt noch Jungfrau. Wollen wir wetten?

„Und wie willst du das beweisen?"

Robert schaut Georg nur vielsagend an, trinkt den letzten Schluck aus seiner Flasche und schreitet dann zur Tat. Wie ein wildgewordener Hengst galoppiert er über die Tanzfläche. Die Mädchen lachen über ihn. Schon ist er im Mittelpunkt.

Irene ist das einzige Mädchen, das Georg wirklich gefällt. Sie spielt auch in der Musikkapelle. Hackbrett. „Ein ziemlich bescheuertes Instrument", findet Georg, aber davon würde er sie schon noch abbringen. Sie hat lange rote Haare und lässt sich von solchen Roberts nicht beeindrucken. Irene ist erst vor ein paar Jahren nach Niederbayern gezogen. Manche nennen sie die „Städterin", weil sie anders redet. Aber gerade das gefällt Georg. Sie hat eben Klasse.

Irene ist eine, die man mit etwas Besonderem erobern muss. Ganz beiläufig setzt sich Georg neben sie, so als würde er sich nur irgendwo hinsetzen wollen. Und dann fängt er völlig unvermittelt an, von seinem letzten Feuerwehreinsatz zu erzählen.

„Ich wusste gar nicht, dass du bei der Feuerwehr bist", sagt sie erstaunt und hört Georg für eine Weile interessiert zu.

Dann stellt sie ihm freundlich ein paar Fragen. Wie lange die Feuerwehrmänner brauchen, vom Alarm bis zum Einsatz, und wie die Wasserpumpen funktionieren. Georg fühlt sich in seiner Vorstellung über sie bestätigt. Er wusste, dass sie mehr im Kopf hat als diese dummen Hühner auf der Tanzfläche. Er fängt an, ihr die Technik der Feuerpumpen zu erklären. Mit den Fachworten verhaspelt er sich ein bisschen, denn aufgeregt ist er schon, aber er gibt sich große Mühe, kein Detail auszulassen. Plötzlich springt Irene auf:

„Sei mir nicht böse Georg, aber das Lied ist einfach total cool." Sie läuft auf die Tanzfläche, und wirbelt lachend ihre langen feuerroten Haare durch die Luft.

Robert hat Georg beobachtet und grinst ihm zu. Dabei hat er seine Hand auf dem Po der Blonden und tänzelt mit ihr durch die Menge. Er legt es darauf an, im Vorübergehen die anderen Mädchen anzustoßen. Und, obwohl er die eine im Arm hat, flirtet er gleichzeitig mit den Anderen. Bei dem nächsten Lied macht er sich an Irene ran. Die strahlt ihm mit ihren weißen Zähnen ins Gesicht und hüpft herum wie ein Kobold. Als Robert sie in den Arm nehmen will, befreit sie sich charmant und flirtet mit einem Anderen weiter.

Georg sieht wie Sabine zur Bar geht. Ihre Strumpfhosennaht lacht ihm frech entgegen und bewegt sich im Takt ihrer Hüfte. Sie holt sich ein Bier und wiegt ihren Körper zur Tanzfläche zurück. Georg beobachtet, wie ihre Beine näher kommen, an ihm vorbeigehen. Er macht einen Schritt nach vorne, so dass ihm Sabine unweigerlich in die Arme läuft. Beim Zusammenprall schüttet sie ihm das Bier über den Pulli.

Georg entschuldigt sich, Sabine auch. Beiden ist die

Das brennende Herz

Situation peinlich. Georg zieht seinen nassen Pulli aus, und steht jetzt im T-Shirt da mit seinem schmalen Oberkörper. Ohne etwas zu sagen, geht er zur Bar und holt zwei neue Bier. Als er zurück kommt, schminkt sich Sabine gerade ihre Lippen. Georg reicht ihr eines der Gläser. Sie nimmt einen Schluck daraus und stellt es neben sich. Georg sieht den Lippenstift an ihrem Glasrand. Zu Sabines Erstaunen nimmt er ihr Glas und trinkt von ihrem Mundabdruck.

„Jetzt habe ich Dich geküsst", sagt er. Sabine lacht.

„Willst du nicht mal ein bisschen mehr probieren?", fragt sie ihn provozierend.

„Klar. Kommst du mit in die Scheune? Dort kann ich auch den Rest probieren."

„Meinst du nicht, dass du ein bisschen frech bist?"

„Du stehst wohl auf Langweiler?"

„Was kannst Du mir denn schon bieten?"

„Meinst du nicht, dass du ein bisschen zu neugierig bist?"

Jetzt müssen Beide grinsen.

Georg fühlt sich plötzlich stark. Er spürt, dass er Sabine im Griff hat und schaut ihr genauso dreist in den Ausschnitt, wie es die Männer bei seiner Mutter immer getan haben. Damals hatte er diese Männer gehasst. Und jetzt ist er genauso wie sie. Bei Irene wäre er niemals so schamlos, aber bei Sabine ist das etwas anderes. Die will, dass man sie wie ein Flittchen behandelt. Warum also nicht? Georg weiß, dass er jetzt etwas tun muss. Das hat er von Robert gelernt. „Nicht zu lange warten. Gleich überrumpeln ...", und genau das tut Georg. Er legt seine Hand auf Sabines Po und schiebt sie neben sich her, so wie sein Fahrrad, das er am Sattel über den Hof rollt. Vor der Türe zum Heustadel wirft Georg noch mal einen Blick auf Irene. Er sieht ihren feuerroten Haarschopf und spürt, wie es in seiner Hose eng wird. Sabine will so schnell wie möglich im Stadel verschwinden und zieht Georg hinter sich her. Mit ihrem Fuß kickt sie die Türe hinter sich zu. „Hoffentlich merkt sie nicht, dass es mein erstes Mal ist", denkt sich Georg.

Da steht er nun mit Sabine – alleine in der Scheune. Die Partygeräusche klingen gedämpft, als kämen sie aus einer anderen Welt. Das Stroh duftet und es ist kalt. Georg zieht Sabine an sich und reibt sich an ihrem Körper. Dabei denkt er an Irene. Ihm fällt ein, dass er langsam sein muss. „Nur nicht wieder diese peinlichen Flecken auf der Hose, lieber vorher Ausziehen", denkt er sich und fängt an, Sabines Bluse aufzuknöpfen. Zum Glück trägt sie keinen BH darunter. Als er bei der Mitte der Knopfleiste ist, springen ihm ihre Brüste entgegen. Wie warmes Gummi fühlen sie sich an. Er walkt sie mit seinen Handflächen und spürt, wie er kurz davor ist, zu kommen. Hektisch fängt er an, Sabines Strumpfhose herunterzuziehen. „Nicht so schnell", flüstert sie. Und als Georg ihren warmen Atem in seinem Ohr spürt, merkt er wie es in seiner Hose feucht wird. „Scheiße", denkt sich Georg.

Er würde sich jetzt am liebsten zwischen Sabines Brüste kuscheln und dabei an Irene denken. Aber, damit würde er sich zum Gespött des ganzen Dorfes machen. Er hört sie, wie damals, wieder rufen: „Schaut nur, da kommt das Mamasöhnchen!"

Also knetet Georg weiter an Sabines Brüsten und hofft, dass alles wieder von vorne beginnt. Aber, je mehr er sich bemüht, desto lustloser wird er dabei.

„Was ist denn plötzlich los?", will Sabine wissen. Sie fasst ihm zwischen seine Beine und spürt die feuchte Antwort.

„Oh Gott, war der Kleine so aufgeregt, dass er schon gekommen ist bevor' s überhaupt losgegangen ist?"

Das brennende Herz

Georg merkt, wie die Wut an seinem Rücken hochklettert und sich im Nacken festsetzt. Dieses Flittchen macht sich also lustig über ihn. Er schaut ihr mit Verachtung zu, wie sie sich ihre Bluse zuknöpft und ihre dicken Dinger einpackt.

„Jetzt weiß ich, warum sie dich die Nymphomanin nennen."

Sabine zögert keine Sekunde. Sie gibt Georg eine Ohrfeige. Dann lässt sie ihn wie einen ausgedienten Esel stehen und geht zurück zur Party. Georg bleibt hilflos zurück.

Er lässt sich ins Stroh fallen und starrt an die Decke. Der liebe kleine Georgi. Alle mögen ihn, weil er so gutmütig ist. Weil er immer da ist, wenn's irgendwo brennt. Er stellt sich vor, wie es dieser Stier von Toni mit seiner Mutter treibt. SEINER Mutter! „Komm' Georgilein, geh doch noch ein bisschen raus zum Spielen." Als hätte er nicht genau gewusst, was abging, wenn Toni ihn zum Spielen in den Garten schickte.

Und jetzt, wo Georg erwachsen ist, will dieser Wichtigtuer auch noch den Hof verkaufen und mit seiner Mutter nach Amerika abhauen. „MEINEN Hof", denkt sich Georg. „Ich bin dort aufgewachsen und nicht dieser Blender aus Tirol."

Georg versteht nicht, warum Frauen immer auf die falschen Männer reinfallen. Dabei denkt er wieder an Irene. Ob sie immer noch auf der Tanzfläche ihren Körper zur Schau stellt oder etwa schon mit einem dieser Idioten in der Ecke liegt?

Georg geht zurück zur Party. Als er die Türe aufmacht, schaut er Irene direkt in die Augen. Sie hat schon ihren Mantel an und ist gerade dabei zu gehen. Alleine.

„Was machst du denn im Stadel?", fragt sie Georg neugierig. Er stottert nur noch wirres Zeug.

„Gar nichts. Mir war so schlecht, wahrscheinlich habe ich zu viel getrunken."

„Na, so was", lacht Irene und verabschiedet sich. Georg weiß nicht so genau, ob sie ihm geglaubt oder sich über ihn lustig gemacht hat.

Wahrscheinlich hat ihn Irene beobachtet, wie er mit Sabine im Stadel verschwunden ist. „Das war' s dann wohl", flucht Georg. Er zieht sich seinen Anorak über den vom Bier durchtränkten Pulli und geht nach draußen.

Dort setzt er sich auf einen Holzstapel und raucht. Er genießt die Kälte, die seinen Körper ganz starr werden lässt. Genauso starr, wie es sich in seinem Inneren anfühlt. Er ascht auf das Holz. Bei dem Wetter kann sich die Asche nicht entzünden. Aber, was wäre, wenn er die brennende Zigarette in die Mitte des Stapels rollen lassen würde? Dahin, wo das Holz noch trocken ist? Georg spielt mit seiner Neugierde. So, als stünde er an der Brüstung eines Hochhauses und spüre den Sog in die Tiefe. Er rollt die Zigarette zwischen seinen Fingern. Wie oft hatte er mit seinen Kollegen bei der Feuerwehr über diese Idioten geschimpft, die unachtsam einen Zigarettenstummel weggeworfen und damit einen riesigen Brand verursacht hatten. Doch, die waren eben Idioten, weil sie nicht wussten, was sie taten.

Georg würde bewusst handeln. Er würde beobachten, was dabei passierte. Diese Partyhengste würden schreiend herauslaufen und versuchen, das Feuer zu löschen. Georg kennt die Hektik, die ihn immer peitscht, wenn Feueralarm ist. Wenn er alles stehen und liegen lässt und mit seinem Fahrrad zur Wache rast, um so schnell wie möglich den Brand in den Griff zu kriegen. Genau von dieser Hektik würde diese balzende Party-Meute in Sekundenschnelle gefangen werden. Sie würden um ihr Leben rennen.

Das brennende Herz

Und dann würde er dazukommen und ihnen zeigen, wie man ein Feuer löscht. Dabei würde sich herausstellen, wer wirklich mutig ist. Er, oder diese Blender.

Wieder ascht Georg auf den Holzstapel. Dann lässt er die Zigarette aus seinen Fingern rollen. Er beobachtet, wie die Glut zwischen den Stämmen verschwindet. Nichts passiert. Georg schaut in den Himmel.

Irene hatte ihn mit offenem Mund angeschaut, als er ihr vom Schwelbrand erzählte. Das hätte er nicht tun sollen. Er will nicht, dass sie sich vor etwas fürchten muss. Sie ist so kostbar, dass er sie vor allem Bösen beschützen möchte. Georg sieht ihren feuerroten Schopf vor sich und stellt sich vor, wie er behutsam darüber streicht. Wie sich ihre störrischen Haare unter seiner Hand aufbäumen, hochzüngeln wie ein loderndes Feuer. Doch er würde sie zähmen und streicheln, bis er sich an sie schmiegen und darin sein Gesicht verstecken könnte, so wie in einem Vogelnest.

Dann riecht Georg plötzlich den Qualm. Er steigt zwischen den Stämmen auf. Also doch. Das Feuer hatte gesiegt. Georg steht auf und geht zu einer Bank hinter den Obstbäumen. Von da aus kann er alles überblicken. Er würde warten, bis es richtig losgeht. Unterdessen steckt er sich noch eine Zigarette an. Es ist kalt geworden. Das Bier auf seinem Pulli ist durch das T-Shirt gedrungen und klebt klamm an seinem Körper. Trotzdem fühlt sich Georg stark. Er weiß nicht genau warum. Dann sieht er den Huber Sepp herauskommen, mit der Sabine im Arm. Georg spuckt verächtlich auf den Boden.

„Mit dem will sie jetzt in den Mercedes seines Alten steigen und sich von ihm vögeln lassen. Erst mal müssen die beiden an dem Holzstapel vorbei," denkt sich Georg. Er ist nervös. „Wird sie schreien oder rennen oder gelassen daneben stehen, während die anderen das Feuer löschen?" Georg fühlt sich genauso wie damals, als ihn seine Mutter zu seinem Geburtstag mit verbundenen Augen durch den Garten geführt hat und er sein Geschenk ertasten durfte. Auf der Schaukel saß er, der kuschelige Waschbär. Muggli hatte er ihn genannt. Toni hat Georg einmal ausgelacht, weil Muggli immer noch in seinem Regal sitzt und das Babyjäckchen anhat, das ihm seine Mutter einmal gehäkelt hatte.

Dann hört Georg die Hektik, die er so gut kennt.

„Das Holz hat Feuer gefangen", schreit Sepp und rennt zum Haus. Sabine tippelt mit ihren hohen Schuhen hinterher. Und kurz darauf kommt auch schon die ganze Partymeute herausgerannt und starrt entsetzt in die Flammen. Sie haben inzwischen den ganzen Stapel erfasst und eine stattliche Höhe erreicht.

Die Blonde, die schon ziemlich betrunken ist, rennt los, um die Feuerwehr zu verständigen. Robert hält sie zurück.

„Das gibt nur Ärger. Wir schaffen das schon alleine!"

Der dicke Erwin stochert mit einem Spaten im Feuer.

„Völlig überflüssig", denkt sich Georg, „die müssen eine Kette bilden." Aber, noch ist es zu früh zum Einschreiten.

Sabine kommt mit einer Decke angerannt. Sepp reißt sie ihr aus der Hand und schlägt damit auf das Feuer ein. Das Polyester schmilzt in seinen Händen.

Das Feuer ist inzwischen so hoch, dass es die Äste der umstehenden Bäume erreicht. Es droht, sich auszubreiten. Jetzt könnte es wirklich gefährlich werden. Nur noch einen Moment lang will Georg warten und genießen wie sie alle rennen und in Panik geraten.

Dann kommt er aus seinem Versteck hervor und schreit der Meute zu:

Das brennende Herz

„Wir löschen mit Sand, da drüben! Holt Eimer und bildet eine Kette! Los, schneller, jetzt steht nicht so dumm rum, packt zu!"

Plötzlich strahlt Georg eine ungewohnte Autorität aus. Die Partygäste hören auf ihn und rennen los.

Georg steht jetzt ganz dicht an den Flammen, angezogen von ihrer zerstörerischen Kraft und fühlt sich eins mit der Macht des Feuers, das sich über den Boden frisst und eine schwarze Verwüstung hinter sich lässt.

Für einen Moment ist Georg ganz ruhig, beinahe glücklich. Es ist so, als würde er seinen Kopf in Irenes feuerrotem Schopf verbergen und für immer darin versinken.

Dann kommen schon die ersten mit ihren Eimern angerannt. Georg tritt in Aktion.

„Hier als erstes löschen", schreit er.

Georg steht an vorderster Front und erteilt die Befehle:

„Den Sand nicht in die Mitte kippen. Von außen nach innen löschen! ... Plastikanoraks ausziehen! ... Wo bleibt der Nachschub?"

Viele Dutzend Sandeimer werden von Hand zu Hand gereicht und auf das Feuer gekippt, so dass um die Flammen herum ein Wall von Sand entsteht, wie eine Burgfestung, die das Lodern einsperrt.

Als Georg und die Partygäste eine halbe Stunde später das Feuer in den Griff bekommen haben, lässt sich Georg erschöpft auf den Boden sinken. Er stiert zufrieden in die Glut und sieht, wie die letzten Flammen hungrig aufbegehren. Nur noch ein heißer roter Haufen ist übrig geblieben. Ein verkohlter Koloss, auf dem Georg noch vor einer halben Stunde gesessen und in den Himmel geschaut hat. Plötzlich kommt Sabine auf Georg zu und reicht ihm eine Flasche Bier. Sie sagt kein Wort, aber in ihrem Blick liegt Bewunderung.

Als sich Georg am frühen Morgen in sein Bett legt, spürt er ganz deutlich, dass sich etwas in ihm verändert hat. Vielleicht ist er über Nacht erwachsen geworden. Die Bilder ziehen in seinem Kopf noch einmal vorüber: Die tanzende Irene, Sabines nackte Brüste, die Zigarette unterm Sternenhimmel und er selbst, mutig und bestimmt, an vorderster Feuerfront. Die Welt um ihn herum scheint in den letzten Stunden viel kleiner und er selbst viel größer geworden zu sein. Irgendwie hat er es immer schon gewusst:

„Ich bin nicht wie die anderen. Ich bin etwas ganz Besonderes."

Georg wacht vom Rumpeln des Kohlelieferanten auf. Die Briketts knallen auf die Sackkarre. Um diese Zeit lässt seine Mutter immer den Keller auffüllen.

Früher hat ihr Toni immer dabei geholfen und ganz früher Georg. Inzwischen hilft keiner mehr. Doch damit hat sich seine Mutter abgefunden.

„Lange mach' ich den Hof sowieso nicht mehr", hat sie erst neulich wieder vor sich hin gestöhnt. Und Toni hat sie darin bestärkt.

„Warte, bis wir in den Staaten sind. Da machen wir einen Drive-In auf. Da brauchen wir keinen Kohleofen mehr. Da haben wie eine Klimaanlage. Und unsere Kunden kommen zu Dir an die Kasse gefahren."

Georg war klar, dass Toni das alles nur erzählte, um an das Geld seiner Mutter ranzukommen. Noch hatte sie das Sagen am Hof. Aber in den Staaten würde sich Toni mit ihrem Geld einen Drive-In kaufen und seine Mutter wie eine billige Kellnerin für sich arbeiten lassen. Sie war in letzter Zeit so blind geworden. Besonders, wenn es um Toni ging.

„Beim Wintersteller hat es letzte Nacht gebrannt. Hast

Das brennende Herz

Du das mitbekommen", fragt Georgs Mutter ihn beim Frühstück.

„War nur ein kleines Feuer, bin beim Löschen dabei gewesen. Irgend so ein besoffener Idiot hat seine Kippe ins Holz geworfen."

Seine Mutter schenkt Kaffee ein und setzt sich zu Georg an den Tisch.

„Hast du dich gut amüsiert auf der Party?"

„War schon o.k."

„Und, hast du endlich ein Mädel kennen gelernt?", fragt Toni, der gerade in die Küche kommt.

„Im Stadel habe ich eine von hinten genommen. Die hat geschrien wie ein Tier."

„Georg – Toni, bitte", zischt Georgs Mutter. „Können wir nicht einmal in Ruhe miteinander frühstücken?"

„Was hast du denn? Dein Liebhaber wollte doch nur wissen, wie' s mit den Frauen so läuft."

„Und der Liebhaber sagt dir jetzt, dass es Zeit wird, dass du endlich mal auf deinen eigenen Beinen stehst."

„Aber, sicher nicht so wie du, der einfach nur dahergelaufen kommt und sich ins gemachte Nest setzt."

Toni entschuldigt sich mit gespielter Freundlichkeit bei Georgs Mutter:

„Dein Sohn will sich heute unbedingt mit mir anlegen!"

„Jetzt hört endlich auf! Beide!"

Georg muss grinsen. Er fühlt sich als Sieger der morgendlichen Streitrunde. Dann steht er auf, klemmt sich seine Jacke unter den Arm und fährt auf seinem Fahrrad zur Arbeit.

Es ist Mitte November. Eine schmutzige Schneedecke liegt auf den Straßen. Wenn Georg aus der Arbeit kommt, ist es schon dunkel. Die Tage vergehen schnell und trotzdem spürt er diese quälende Langeweile. Er fühlt sich wieder klein und schwach, so wie früher, als er noch ein Junge war und er denkt unentwegt an Irene. Vor dem Einschlafen stellt er sich immer vor, wie sie ihm nackt auf ihrem Hackbrett ein Lied vorspielt: „Love me tender, love me sweet, ..." singt sie mit ihrer rauchigen Stimme und klopft dabei mit ihren Schlägern im Takt.

Es ist Sonntagabend und die Scheune vom Breitner Hubert steht in Flammen. Sie liegt oben auf den Hügeln, über den anderen Häusern des Dorfes. „Aus der Ferne sieht das Lodern wie ein Feuerzeichen aus", denkt sich Georg.

Etwa zehn Minuten später kämpft er schon an vorderster Front gegen die Flammen an. Diesmal mit seinen Kollegen von der Feuerwehr. Er wagt sich dicht heran. Ein älterer Feuerwehrmann will ihn zurückhalten.

„Lasst mich, ich weiß was ich tue", wehrt Georg ab und rennt durch den Qualm in die Scheune hinein, als würde er sich im Inneren auskennen. Dort, wo das Feuer schon alles niedergebrannt hat, hält er für einen Moment inne und spürt durch seinen Schutzanzug hindurch die beinahe unerträgliche Hitze auf seinem Körper. Er genießt den Schmerz so, wie das sehnsüchtige Verlangen nach Irene. Und während er sich in das Gefühl hineinfallen lässt, sieht er sie wie eine Erscheinung in den Flammen tanzen. Lachend und wollüstig, als würde sie ihn verführen wollen.

„Georg, bist du da drin?", schreit ein Kollege durch den Qualm hindurch.

Es dauert ein letztes Sehnen nach Irene, bis Georg endlich antwortet.

„Ich bin hier!"

„Pass auf – das Dach!"

Georg blickt über sich und sieht die Balken herunterbre-

Das brennende Herz

chen. In letzter Sekunde kann er sich retten. Dann stürzt das Dach wie ein Kartenhaus in sich zusammen.

Nach dem Einsatz gehen die Feuerwehrmänner in die Kneipe „Zum Grünen Baum". Dort sind sonntags nach der Probe auch die Musiker aus dem Orchester. Georg hält nach Irene Ausschau, doch er kann sie nirgendwo sehen.

Seine Kollegen reden von Brandstiftung.

„Dem dreh' ich die Gurgel um, wenn ich den erwische", schimpft der eine.

„Ich sage dir, das war der Breitner Hubert selbst. Der kassiert die Versicherung und stellt sich einen neuen Stall hin", vermutet der andere. Das Klickern des Flippers macht Georg nervös. Genauso, wie das Gerede seiner Kollegen.

Plötzlich kommt Irene von der Toilette und setzt sich zu den anderen Musikern. Sie sieht Georg und lächelt ihm zu. „Das ist meine Chance", denkt er sich und schlendert unbeholfen auf sie zu.

„Hallo Irene, wie geht's denn so?"

„Gut und Dir? – Wir haben von dem schrecklichen Brand gehört."

„War ziemlich hart, aber wir haben's ja geschafft."

„Zum Glück gibt's auch solche wie dich. Magst du dich nicht zu uns setzen und erzählen?"

„Klar." Georg fängt an, alles über den Brand zu berichten. Wie es angefangen hat, wie er mitten im Feuer stand, dass die Scheune zum Glück eine Feuerschutzwand zum Haus hin hatte und wie das brennende Dach beinahe auf ihn eingestürzt wäre. Die Mädchen hören ihm gespannt zu.

„Einer deiner Kollegen behauptet, dass es Brandstiftung war", sagt die Posaunistin.

„Schon möglich", antwortet Georg knapp.

„Und wo warst Du, als es losging?" will sie wissen.

„Ich hab' ein Alibi", rechtfertigt sich Georg. „Ich war bei meiner Mutter auf dem Hof."

„Es behauptet ja keiner, dass Du es warst", beruhigt ihn die Posaunistin. „Aber ich habe gehört, dass du jetzt öfter mit der Sabine zusammen bist."

„Blödsinn." Georg schaut empört Irene an, die sich im selben Moment verlegen wegdreht.

Auf dem Heimweg begleitet er sie noch ein Stück. Schweigend schieben die beiden ihre Fahrräder durch den Schnee, bis sich Georg endlich traut, das auszusprechen, was ihm schon den ganzen Abend am Herzen liegt.

„Du, Irene, das mit der Sabine, das war alles nichts. Ich hab' dabei die ganze Zeit nur an dich gedacht."

Irene bleibt stehen und schaut ihn verwirrt an. Das wäre Georgs Chance, sie zu küssen. Aber, er weiß nicht, was er mit dem Fahrrad machen soll, das jetzt wie ein Zaun zwischen ihnen steht. Irenes Gesicht wird ernst.

„Weißt du, Georg, ich dachte eigentlich, dass du anders bist. Aber, in Wirklichkeit bist du genauso wie die alle!" Dann setzt sie sich auf ihr Fahrrad und fährt davon.

„Nein", ruft ihr Georg hinterher. „Ich bin nicht so wie die! Ich werde es Dir beweisen. Ich bin anders!"

Georg hilft seiner Mutter, die Konditorei für die Nikolausfeier zu dekorieren. Inzwischen kommt er sich dabei ein bisschen albern vor, aber früher musste er darum betteln, die Zuckerengel an die Tannenzweige binden zu dürfen. Seine Mutter hatte immer Angst, dass er zu viel davon naschen würde. Damals waren die Zuckerengel noch kleine Kunstwerke, die in nächtelanger Arbeit gebacken wurden. In den letzten Jahren ist dafür keine Zeit mehr gewesen. Die Engel werden im Hunderterpack gekauft und Georg darf sich nach Herzenslust bedienen.

Das brennende Herz

Am Abend vor der Nikolausfeier sitzt er alleine in dem dekorierten Café und schaut in die Kerzenflamme des Adventskranzes. Das wird vielleicht sein letztes Weihnachten auf dem Hof sein. Nächstes Jahr hat Toni wahrscheinlich schon die Konditorei verkauft und sitzt mit seiner Mutter in den Staaten – vor einem aufklappbaren Plastikweihnachtsbaum und trinkt Büchsenbier. Georg hält nicht viel von diesen ganzen Festen, aber die Vorstellung, dass es in seinem Leben vielleicht niemals wieder ein Weihnachten mit Zuckerengeln geben wird, macht ihn sentimental. Außer Toni und ihm ist heute niemand auf dem Hof. Seine Mutter ist bei einer Nachbarin, die mit einer Lungenentzündung im Bett liegt. Sie hat drei Kinder zu Hause und freut sich, wenn jemand vorbeischaut. Seine Mutter hat ihr ein Weihnachtskörbchen mitgebracht. Georg sieht die anderen Körbchen auf dem Kassentisch stehen. Aus einem lugen zwei Zuckerengel zwischen den getrockneten Früchten und Nüssen hervor. Georg schaut in die Kerzenflamme und sieht wieder das glühendheiße Feuer in der Scheune vor sich. Dann tropft er das flüssige Wachs auf den Tisch. Der Docht ist lang genug, sodass die Kerze weiterbrennt, als er sie längs zwischen die Tannenzweige legt. Erst knacken die Nadeln und verbreiten einen angenehmen weihnachtlichen Duft. Dann flackern die ersten Flammen auf dem Adventskranz. Georg steht auf, nimmt sich das Weihnachtskörbchen mit den beiden Engeln und geht. Bevor er den Raum verlässt, reißt er das Fenster auf, sodass der kühle Luftzug ins Café weht.

Von draußen sieht Georg, wie das Feuer größer wird. Am liebsten würde er jetzt stehen bleiben und warten, bis die Flammen den Hof in ihre Gewalt bekommen haben. Doch er spürt noch ein anderes Feuer, das stärker ist.

Irene freut sich wie ein Kind, als Georg mit dem Weihnachtskörbchen vor ihr steht.

„Möchtest du nicht reinkommen und mit uns einen Glühwein trinken?"

„Gerne, aber ich wollte nicht stören."

Unterdessen steht der Hof schon in Flammen. Der Nachbar von gegenüber hat den Brand bemerkt. Ein goldenes Licht hatte plötzlich durch sein Fenster geschienen.

Als die Feuerwehr eingetroffen ist, war das Haupthaus schon völlig zerstört. Auch Georg hat bei dem Einsatz geholfen. Ein Kollege musste ihm die traurige Nachricht übermitteln, dass sein Stiefvater bei dem Brand ums Leben gekommen ist. Georg hat mit Fassung reagiert. Auch seine Mutter konnte den Schock überwinden. Glücklicherweise war der Hof gegen Brandschaden versichert. Schon im nächsten Frühjahr wurde mit dem Neubau begonnen.

Die Polizei hat nach einem halben Jahr die Ermittlungen wegen Brandstiftung eingestellt. Alle im Dorf hatten ein Alibi. Auch Georg. Das konnte Irene bestätigen. Denn gerade, als sie sich zum ersten mal küssten, hatte der Feueralarm sie wieder auseinandergerissen. Irene war mit Georg gegangen und hatte stolz dabei zugesehen, wie er den schrecklichen Brand gelöscht hat.

In den Wochen darauf hatte sie ihm geholfen, über seinen Schmerz hinwegzukommen. Ihr wurde dabei klar, dass Georg eben doch ein besonderer Mensch für sie ist.

Seither hat es im Dorf nicht mehr gebrannt. Man erzählt sich, dass sich damals ein Fremder herumgetrieben habe. Vermutlich ist er in den Flammen selbst verbrannt. Nun ist wieder der Friede im Dorf eingekehrt.

Georg denkt noch manchmal an die schwere Zeit zurück, als er erwachsen geworden ist.

Wolf-B. Heinz
Briefe aus dem Jenseits

10. Februar 1995, 19.00 Uhr

Noch eine halbe Stunde bis zur Zwischenlandung in München. Der Sonnenflieger Airbus A320 mit dem Ziel Flughafen Hannover-Langenhagen war um 14.20 Uhr in Agadir gestartet.

Die regelmäßigen leisen Schnarchtöne von der rechten Seite signalisierten ihr, dass Karli kurz nach seinem Besuch der Toilette ins Reich der Träume geglitten war. Kein Wunder, denn es war recht spät geworden gestern Abend. Nach dem vorzüglichen Fischmenü in dem romantischen Restaurant ließen sie sich noch mit dem einen oder anderen Abschiedscocktail in der Lounge-Bar ihres Hotels verwöhnen.

Katharina Kokoschka ist putzmunter. Der Urlaub hat auf sie wie eine Frischzellenkur gewirkt. Im Mai würde sie 62. Sie fühlt sich aber um Jahre jünger. So sehe ich doch auch aus, nach diesen Wochen in Marokko allemal. Sie fischt nach ihrer Handtasche und nestelt den silbernen Make-up-Spiegel heraus, eine aufwändige Juweliersarbeit. Das Gesellenstück ihres Mannes. Vierzehn Tage pure Sonne, das tägliche Schwimmen im beheizten Swimmingpool und das Bummeln auf den palmengesäumten Boulevards der ‚Weißen Stadt am Meer' hatten ihr gut getan. Und Dalila, die geniale Hotel-Kosmetikerin, hatte heute Vormittag noch einmal alles gegeben. „Bingo!", denkt sie, „ich nehm's mit jeder 40-jährigen auf!" Sie betrachtet herausfordernd die vor sich hin dösende Mitreisende zu ihrer

Linken. Pia Stein, eine quirlige Berlinerin, sie ist noch keine vierzig, aber was für ein Leben! Vor sieben Jahren war sie mit einem alten Citroën 2CV zum ersten Mal in Marokko gewesen, mit wenigen Ersparnissen und so gut wie gar keinen Sprachkenntnissen. Innerhalb weniger Jahre hat sie eine der erfolgreichsten Boutiquen von Agadir aufgebaut. „Inzwischen leben viele Europäer in Südmarokko", erzählt Pia. Sie scheint Kathis heimlichen Wunsch erraten zu haben. „Leute wie ich, die hier spontan auf der Suche nach dem richtigen Platz in ihrem Leben hängen geblieben sind, aber auch solche wir ihr, Ehepaare reiferen Alters, die ihr Geschäft übergeben haben oder mit einer ordentlichen Abfindung hier ein neues Domizil kaufen können." Das war's! Ein paar Mal hatte sie während des Urlaubs dezent versucht, Karl auf ähnliche Gedanken einzustimmen. Vor allem bei der Rundreise, als sie bei Essaouira dieses Schild „à vendre", zu verkaufen, sah: Ein Haus mit großzügigen Terrassen in einem großen Garten mit Granatapfelbäumen. Karlis einziger Kommentar zu diesem Thema: „Wenn's nach dir geht, soll ich wohl auf meine alten Tage noch Gärtner werden?" Warum eigentlich nicht? Geruhsamer wär's allemal, als bei seinen vermaledeiten Brillanten und Schickimickiuhren. In Agadir hatten sie seinen 66. Geburtstag gefeiert, ein Alter, in dem die meisten Männer schon längst ihren Lebensabend genießen. Pia plaudert munter weiter: „Wusstest du eigentlich, dass Gewaltdelikte in Marokko so gut wie überhaupt nicht vorkommen?" Kathi wusste es nicht, aber es gefällt ihr, und es gefällt ihr auch, dass Pia sie so einfach duzt. „Eins aber müssen die meisten erst lernen: Dass hier Urlaub zu machen und hier zu leben zwei sehr verschiedene Paar Schuhe sind." Kathi will Pia weiter interessiert zuhören. Doch in Gedanken legt sie sich bereits

Briefe aus dem Jenseits

eine Strategie für das nächste Gespräch mit Karl zurecht. Alles verkaufen. Und dann nur noch genießen! Haben sie sich das nicht verdient? Im wahrsten Sinne des Wortes? Pia schaut auf Kathis Armbanduhr. „Noch knappe zwanzig Minuten bis München", sie lächelt Kathi an: „Besser als gar nichts für ein kleines Nickerchen. Zu Hause werde ich kaum mehr dazu kommen." Kathi lächelt zurück und schließt die Augen. Kathi und Karli waren zum ersten Mal in Marokko. Wer hätte das gedacht, dass dies ein so herrlicher Urlaub werden würde, vielleicht sogar ihr schönster Urlaub überhaupt! Klar, sie hatten ihn beide bitter nötig. Aber Karl war nur sehr schwer von „seinem Laden" loszueisen. Im Moment schien ihr alles so leicht. Gleich morgen will sie sich um Französischkurse kümmern.

Sie hat einen Geistesblitz: Sie könnte MM fragen, Max Meinrad, Karls ehemaligen Mitarbeiter. Der hat ein Faible für alles Arabische. Kathi muss lachen. MM lässt sich gerne als „Emir" in arabischen Gewändern im Kreis attraktiver Frauen in Bauchtanzkostümen fotografieren: Er, der hitzige „Araber" und lustige Biertrinker mit dem knallroten Vollbart, den Sommersprossen und seinen grünen Augen! Ist nicht Juliette, eine seiner „Haremsdamen" sogar Halbmarokkanerin? Oder war ihr Vater Algerier? Sie weiß es nicht mehr, auf jeden Fall nahm MM Französischstunden bei ihr, und lernte auch ein bisschen Arabisch. „MM", denkt sie, „der kennt bestimmt Immobilienmakler, die mit den marokkanischen Verhältnissen vertraut sind."

Kathi weiß jetzt, wie sie es schaffen würde! Keine Andeutungen mehr, keine „Wir könnten doch..." oder „Karli, stell dir doch mal vor..."! Sie würde alles in die Hand nehmen: Heimlich französisch lernen. Und dann ihrem Karl Fotos und Pläne von ausgewählten Objekten vorlegen.

Vor allem heimlich! Den Meinrad mochte Karl nicht. Er hatte ihm gekündigt vor drei, vier Jahren. Warum eigentlich? Wahrscheinlich wegen seiner Frauengeschichten. Der wäre doch ein guter Nachfolger für das Geschäft gewesen. Er hat seinen Meister gemacht, und seine Mutter war wohlhabend genug, um ihm das gutgehende Ladengeschäft und die Ateliers zu finanzieren.

Man spürt, dass der Flieger tiefer geht, der Gedanke an das vom Flugkapitän angesagte deutsche Schmuddelwetter lässt sie erschauern. Karli schnarcht immer noch, aber nicht so laut, dass es ihr peinlich wäre. Sie betrachtet seine Hand auf der Lehne. Eine Menge großer und kleiner Altersflecken, das war ihr im Urlaub so zum ersten Mal aufgefallen. Überhaupt waren sie sich im Urlaub wieder viel näher gekommen.

12. Februar 1995, 19.15 Uhr

Karl Kokoschka schließt seine Wohnung auf. Er nimmt die Kuverts mit den frisch entwickelten Urlaubsfotos aus der Innentasche des Mantels. Irgendwas stimmt nicht. Er hängt den Mantel an der Garderobe auf. Nach und nach fällt ihm ein, womit er insgeheim gerechnet hatte. Die leise Radiomusik und der Geruch aus der Küche. Und dann ihre Stimme „Karli?" Nichts von allem! „Kathi?"

Die Küchentür ist geschlossen. Im fällt auf, dass es die einzige Tür im Haus ist, die sonst immer offen steht. Er öffnet sie und schaltet das Licht an. In der Spülmaschine steht nur das Geschirr vom Frühstück. Sie muss schon seit heute morgen weg sein. Er geht ins Wohnzimmer. Auf dem Esstisch steht eine Schale. Er entnimmt ihr die Dose mit seinen Kreislauftabletten und geht zurück in die Küche. Er holt ein Glas aus dem Schrank, lässt Wasser hin-

Briefe aus dem Jenseits

ein. Nachdenklich legt er die Pille auf die Zunge, spült sie mit einem Schluck Wasser hinunter, schüttet den Rest Wasser ins Spülbecken, stellt das Glas zum Frühstücksgeschirr und geht zurück zum Essplatz. Unter der Schale liegt ein Zettel mit Katharinas Schrift. Was hat sie notiert? Außer Einkaufszetteln schreibt sie nicht viel.

„In Marokko ist es mir so richtig klar geworden:
Dieses Leben hab' ich satt!
Carli, ich will jetzt endlich leben!"

Der Zettel fällt auf den Teppich. Er ist nicht in der Lage, das Papier aufzuheben. Es vergehen Minuten. Nichts fällt ihm ein. Er steht auf, zitternd bückt er sich nach dem Zettel. Er starrt auf Katharinas Schrift, sie wirkt etwas verkrampft. Wenn er jetzt schreiben müsste, wären seine Buchstaben mindestens ebenso krakelig. Aber es ist ihre Schrift. Zweifellos, die würde er auch aus hundert anderen Schriftproben herausfinden! Aber Carl mit C! Das hat sie doch noch nie gemacht...

Was soll das Ganze? Ein Scherz? Karl dachte, seine Frau in über dreißig Jahren Ehe kennen gelernt zu haben.

Er holt sich das Telefon und setzt sich wieder an den Esstisch. Er wählt die Nummer seiner Schwägerin. Kathi ist nicht bei ihr. „Ich werde die Polizei anrufen." „Nicht gleich alle Pferde scheu machen," hat Kathis Schwester gesagt, aber es hat sich sehr unsicher angehört.

110? Den Notruf will er nicht blockieren. Er holt das Telefonbuch und sucht die Nummer der zuständigen Wache heraus.

„Hatten Sie Streit miteinander? Nein? Im Urlaub auch nicht? Wissen Sie, die Frau ist aus Ihnen unbekannten Gründen oder aus tausend möglichen Gründen verschwunden. So was passiert. Hat sie Bargeld mitgenommen,

Kreditkarten, Ausweispapiere?" „Ich weiß nicht," Karl fühlt sich hilflos. „Dann sehen Sie mal nach. Hat ihre Frau einen eigenen Schreibtisch oder so?" „Ja. Ihren Barocksekretär im Schlafzimmer." Ihm ist schlecht. Der Gesprächspartner scheint das zu spüren, die Stimme wird einen Hauch mitfühlender. „Bleiben Sie ganz ruhig! Machen Sie eine Liste von allem, was fehlt. Gehen sie in alle Zimmer. Prüfen Sie, ob sie einen Koffer gepackt hat." „Ich sehe nach. Bleiben Sie solange am Apparat?" „Keine Hektik, Herr....?" „Kokoschka!" „Herr Kokoschka! Sind Sie vielleicht der Juwelier Kokoschka?" „Ja." „Mein Name ist Janssen. Oberwachtmeister Janssen. Wir haben unseren Ehering bei Ihnen gekauft!" „Das freut mich. Ich werde jetzt nachsehen, Herr Janssen. Ja?" „Tun sie das, Herr Kokoschka. Ich warte solange." „Danke." Er legt den Hörer neben den Apparat und geht in den Keller. Auf der Treppe muss er sich am Geländer festhalten. Er inspiziert die Waschküche und quält sich wieder die Treppe hinauf. „Herr Janssen?" „Ich bin noch da, Herr Kokoschka!" „Unsere Koffer sind alle da, sie stehen noch in der Waschküche. Wir sind doch erst vorgestern zurückgekommen." „Führt Ihre Frau ein Telefonverzeichnis? Ja? Dann rufen Sie nach und nach alle Verwandten, alle Freunde an. Vor allem bleiben Sie ruhig, Herr Kokoschka! Ihr Frau wird schon wiederkommen... Alles Gute, Herr Kokoschka! Ich drück' ihnen die Daumen." Kokoschka lässt den Hörer sinken. Er sitzt im Dunklen, er will nachdenken. Er kann nicht denken. Er geht ins Schlafzimmer. Es trifft ihn wie ein Stromschlag! Wieder zittern die Beine, er muss sich setzen. Die Kopie von Paula Modersohn-Beckers Kinderportrait steht am Boden. Die Tresorklappe dahinter ist geöffnet. Das gesamte Bargeld fehlt. Es waren genau 30000 Mark. Auch ihr Schmuck, jedenfalls die wertvollsten Stücke,

Briefe aus dem Jenseits

teilweise von ihm selbst gefertigt, fehlen. Die Schublade des Sekretärs im Schlafzimmer ist halb geöffnet. Ihre Ausweispapiere sind weg. Auch der Kleiderschrank steht offen. Ein paar Kleider scheinen zu fehlen, aber das kann er nicht genau beurteilen. Er ruft noch einmal bei der Polizei an. Herr Janssen ist nicht mehr da. Schichtwechsel. Karl Kokoschka gibt eine Vermisstenanzeige auf.

14. Februar 1995

In Kokoschkas Briefkasten liegt ein Brief, abgestempelt in Hannover. Es ist ihre Schrift. Zweifellos! Hastig reißt er das Kuvert auf.

„Lieber Carli,

Reg' dich nicht auf!! Mir ist nichts passiert! Dein Freund und Helfer – vergiss es! Bleib ruhig und besinne dich eines Besseren, dann kann's sein, dass ich zu dir zurückkomme."

Ruhig! Ruhig, wie soll ich ruhig bleiben? Karl Kokoschka will am liebsten brüllen, die Stimme versagt ihm. Ihm fällt auf, dass sie Carli wieder mit C geschrieben hatte, und dass alle ‚dich', ‚du' und ‚dein' klein geschrieben sind. Im Schreibtisch findet er einen älteren Brief seiner Frau. Das zweite Personalpronomen ist durchgängig groß geschrieben.

15. Februar 1995.

Kokoschka lässt das Telefon ein paar mal läuten. Bei der Polizei sind sie darauf nicht eingegangen, aber vielleicht hören sie seinen Apparat ja doch ab. „Ja?" Es ist seine Schwägerin. Ihre Stimme klingt erregt. „Karl, ich habe einen Brief bekommen. Von Kathi. Klar kenne ich ihre Schrift! Ich soll auf dich aufpassen. ‚Wenn er die Polizei verrückt macht, bitte beruhige Ihn, ... ‚Du' kleingeschrieben? Stimmt! Das war mir gar nicht aufgefallen. Ich verstehe nicht..." Es hört sich an, als würde sie weinen... „Ich verstehe es auch nicht." Seine Stimme klingt müde, aber gefasst. „Waltraud, hat Kathi mal eine Anspielung gemacht, dass unsere Ehe... ich meine, unsere Ehe war doch immer heil und schön? Hat sie irgendwie..."

„Nein, Karli, dass eure Ehe irgendwie gescheitert wäre, willst du sagen? Nein, nie. Aber sie litt darunter, dass du immer so wenig Zeit..."

„Das Geschäft! Waltraud, ich werde es verkaufen! Wenn nur Kathi zurückkommt. Sag' es ihr!" „Ich werde es ihr sagen, wenn sie sich bei mir meldet... Kann ich etwas für dich tun? Soll ich zu dir kommen?" „Danke, Waltraud, ich komme schon zurecht." „Was wirst du tun?" „Suchen!"

17. Februar 1995

Merkwürdig, dass sie ihr Adressbuch nicht mitgenommen hat. Karl Kokoschka hat alle Telefonnummern angerufen und alle erreicht. Alle, außer Max Meinrad. Dass der in ihrem Büchlein steht, erstaunt ihn. Das muss nicht heißen, dass sie mit ihm noch in Kontakt steht. Er hätte den Anrufbeantworter besprechen können. Es wäre schwierig gewesen, mit ihm zu reden. Sie hatten sich nicht im Guten getrennt, damals.

31. März 1995

Seit drei Monaten kann Karl Kokoschka nicht mehr richtig schlafen. Er erinnert sich an die Fahrt nach Marrakesch. Sie war so glücklich! Bei Essaouira machte sie ihn auf ein Haus aufmerksam, das zu verkaufen war. „Mein Traumhaus!" hatte sie verkündet. Hätte er mehr darauf eingehen, mehr Begeisterung zeigen müssen? Wäre sie dann bei ihm geblieben?

Briefe aus dem Jenseits

Wieder liegt ein Brief von ihr im Briefkasten. „Hör' auf, mein Verschwinden überall herum zu erzählen! Erkläre der Polizei, dass ich keine Vermisste bin! Erkläre, dass ich nicht gesucht werden will!" Mit dem Brief geht Karl Kokoschka zur Polizei. Janssen begrüßt ihn. Ein blasser, unscheinbarer Beamter. Genauso hatte er sich ihn vorgestellt. Er legt ihm den Brief vor. „Kleinen Moment, Herr Kokoschka," Janssen verschwindet für ein paar Minuten, den Brief hat er mitgenommen. Er taucht wieder auf. „Sehen Sie mal: Hier hat sie die Nummer ihres Personalausweises angegeben. Die ist korrekt. Das habe ich eben überprüft. Alles klar, Herr Kokoschka!"

Alles klar? Für Karl Kokoschka ist gar nichts klar. Vielleicht ist Katharina entführt worden. Vielleicht will man ihn erpressen. Das gäbe Sinn. „Sie will nicht gesucht werden. Ich glaube, das müssen wir respektieren. Tschüs, Herr Kokoschka!" „Der versteht mich nicht," denkt Kokoschka, „wenigstens hat er einen anständigen Händedruck.

2. Juni 1995

Karl Kokoschka und Waltraud erhalten je eine Karte „mit frohen Urlaubsgrüßen" aus Casablanca. Aufgegeben am 29. Mai, Katharinas Geburtstag.

Sie schöpfen neue Hoffnung. Karl Kokoschka telefoniert mit der Deutschen Botschaft in Rabat und bucht einen Flug nach Marokko.

3. Juni 1995

Er klappert alle Hotels Casablancas ab. Ob Luxushotel oder Bruchbude, überall fragt er nach seiner Frau. Er meldet sie bei der marokkanischen Polizei als vermisst. Er nimmt einen Mietwagen und fährt nach Essaouira zu ihrem Traumhaus. Das Schild „à vendre" ist verschwunden. Die neuen Bewohner schauen sich das Foto von Katharina Kokoschka an. Sie zucken jedoch mit den Schultern und schütteln die Köpfe.

9. Juni 1995
Er fährt nach Marrakesch. Auf dem Platz der Gaukler, dem Djemma el-Fna, zeigt er Geschichtenerzählern, Akrobaten, Schlangenbeschwörern, Musikern, Getränkeverkäufern und Touristen aus aller Welt das Foto seiner Frau. Wie besessen dringt er ein in das Gassengewirr des größten Souks Marokkos. Er beginnt beim Souk el-Henna, wo neben Gewürzen auch Heilmittel verkauft werden, durchstreift die Halle, wo lautstark Teppiche versteigert werden. Er sucht Katharina im Labyrinth aufgehängter, frisch gefärbter Tücher. Karl Kokoschka ist taub für das Hämmern der Kupfer- und Goldschmiede, die in kleinen, rußgeschwärzten Ateliers über offener Glut ihre Werkstücke fertigen. Diese archaische Variante seines eigenen Berufs lässt ihn vollkommen kalt. Er sucht seine Frau.

17. Juni 1995
Karl Kokoschka fliegt zurück nach Hannover. In drei überregionalen Zeitungen erscheint seine großformatige Anzeige: „Bitte Katharina, komm zurück! Das Geschäft ist verkauft. Ich liebe Dich!" Katharina Kokoschka meldet sich nicht, ihr letztes Lebenszeichen waren die zwei Karten aus Casablanca.

30. November 1995
Karl Kokoschka wird im Krankenhaus Siloah eingelie-

Briefe aus dem Jenseits

fert. Professor Thum diagnostiziert Prostatakrebs. Er rät zu einer Chemo-Therapie.

Im Krankenhaus hat Karl Kokoschka ein neues Glück gefunden: Schwester Christa Seybold. Mit ihr besiegt er die Krankheit. Doch das Schicksal schlägt noch einmal mit unerbittlicher Härte zu: Auch Christa verschwindet auf mysteriöse Weise. Doch dieses Mal erhält er einen Erpresserbrief. Bei der Autobahnraststätte Garbsen Süd soll er einen Alukoffer mit einer Viertelmillion Mark in einen Müllcontainer legen. Der Koffer wurde nicht abgeholt. Christa Seybold wird gefunden. Trotz eisiger Kälte sitzt sie auf einer Bank vor dem Sprengelmuseum und starrt geistesabwesend auf den Maschsee. Kurz darauf wird Max Meinrad verhaftet. Er hatte Christa Seybold gekidnappt und sie acht Tage in seinem Keller festgehalten.

29. Mai 1999
Es wäre der 64. Geburtstag von Katharina Kokoschka. Karl Kokoschka weiß nicht, ob sie noch lebt. Nun sitzt er in einem Verhandlungssaal des Landgerichts Hannover. Soeben beginnt die Verhandlung gegen Max Meinrad. Christa Seybold wird als Zeugin aussagen. Kokoschka beobachtet eine alte Dame, die schüchtern den Raum betritt. Der Angeklagte scheint sie zu kennen. Er winkt ihr zu. Die Frau muss sich an der Lehne einer Zuschauerbank festhalten. Sie will ihm nicht ins Gesicht sehen. Sie atmet tief durch und wählt einen Platz auf einer hinteren Bank.

Christa Seybold beschreibt ihren Albtraum: In einem bizarren Kellerraum hat der Angeklagte sie an ein Metallbett gekettet. Aus einer Wasserpfeife habe sie Opium rauchen müssen. „Dann hat er mich ‚Meine Scheherazade' genannt, und ich musste ihm erotische Geschichten erzählen. Um mich in Stimmung zu bringen, zeigte er mir Pornofotos, unter anderem von einer jungen Frau, die er sadistisch gefoltert hatte. Das würde er auch mit mir machen, wenn ich aufhören würde, solche Geschichten zu erzählen." Die Erinnerung übermannt sie, Christa Seybold beginnt zu schluchzen. „Dann musste ich Karten und Briefe schreiben, die er mir diktierte. Er schickte sie meinem Freund und meinem Bruder."

Die alte Dame auf der hinteren Bank stöhnt auf. Kokoschka steht auf, vielleicht kann er ihr helfen. Eine junge Frau ist schneller, sie ist schon bei ihr und legt ihr den Arm um die Schulter. „Ist Ihnen nicht gut?" „Vielen Dank, wäre es möglich, ein Glas Wasser zu bekommen?" Die junge Frau verschwindet kurz und kommt mit einem Glas Wasser zurück. Sie scheint sich hier auszukennen. „Kommen Sie öfters hier ins Landgericht?" „Sie meinen, aus Sensationsgier, wie so viele Rentner?" „Entschuldigen Sie, ich wollte Sie nicht beleidigen. Mein Name ist Klose, Ingrid Klose. Ich bin aus beruflichem Interesse hier." „Beruflich?" „Ja," lächelt Ingrid Klose, „ich bin bei der Kripo." Durch sein Hörgerät versteht Karl Kokoschka jedes Wort, obwohl dahinten nur geflüstert wird. „Ich heiße Gabriele Pettersen. Sie sind bei der Kripo?" „Ja," lächelt Ingrid Klose, sie reicht ihr eine Visitenkarte. Gabriele Pettersen ist plötzlich hellwach, ihre Stimme ist vollkommen gefasst: „Darf ich Ihnen etwas zeigen?" Aus ihrer Handtasche holt sie ein Foto. „Ich habe Anlass anzunehmen, dass auf dem Foto, von dem eben die Rede war, meine Tochter Heike ist." Gabriele Pettersen nimmt noch einen Schluck Wasser, ihre Hand zittert. „Können Sie mir helfen?" „Ja. In der nächsten Verhandlungspause werden wir der Zeugin dieses Bild zeigen. Werden Sie das

Briefe aus dem Jenseits

verkraften?" "Mit Ihrer Hilfe schon."

In der Pause geht Ingrid Klose nach vorne. "Ist das die junge Frau, die Sie auf den schrecklichen Fotos gesehen haben?" "Ja", sagt Christa Seybold, "das ist sie! Ich bin mir ganz sicher."

Rückblende: 21. August 1997

Frau Pettersen hält den Brief ihrer 31-jährigen Tochter in der Hand. Was sie da eben gelesen hat, kann Sie nicht fassen. "Ich habe einen Mann kennen gelernt. Er ist Finanzmakler, der Geschäfte in der ganzen Welt abwickelt. Er hat ein Haus im Tessin. Er ist 48 Jahre alt, seit 2 Jahren geschieden. Wir lieben uns!" Die Buchstaben verschwimmen vor ihren Augen. Immer wieder liest sie die Zeilen.

Heike hat es gar nicht gerne, wenn sie bei ihr im Büro anruft. Aber das ist ja wohl eine Ausnahme! Sie muss sich davon überzeugen, ob ihre Tochter nun völlig verrückt geworden sei. Wollte Heike an diesem Wochenende nicht zur Weinprobe ins Elsass fahren? Andreas sollte aus Hamburg kommen und sie abholen. Sie wählt die Nummer der Immobilia GmbH. "Immobilia, Alexander Böhmer, was kann ich für Sie tun?" Es ist Heikes Chef persönlich. "Gabriele Pettersen. Entschuldigen Sie vielmals, Herr Böhmer, aber könnte ich bitte meine Tochter Heike sprechen?..."

"Tut mir leid, Frau Pettersen, Ihre Tochter ist noch nicht erschienen." In Böhmers Stimme klingt ein Hauch von Tadel.

"Bitte entschuldigen Sie die Störung, würden Sie ihr bitte ausrichten …"

"Selbstverständlich, ich werde ihr sagen, dass Sie angerufen haben. Tschüs, Frau Pettersen."

Fieberhaft beginnt sie das Telefon zu traktieren. Sie

versucht Heikes Freund Andreas in Hamburg zu erreichen. Besetzt! Sie ruft Jochen Brandt, ihren geschiedenen Ehemann, an. Der hat keine Ahnung. Max Meinrad, der war einer der Trauzeugen damals. Er müsste sie doch regelmäßig beim Kegelverein treffen. Bei Meinrad bespricht sie den Anrufbeantworter. Andreas ruft an: „Wir wollten ins Elsass fahren. Ich habe eine E-Mail von Heike bekommen: ‚Bin verhindert. Liebe Grüße.' Punkt. Mehr nicht. Ist sie krank?"

„Andreas, ich bitte Sie, wenn es irgendwie geht, setzen Sie sich ins Auto und kommen so schnell wie möglich nach Hannover! Irgend etwas ist los mit Heike."

Heikes Nachbarin! Sie hat doch einen Zettel mit der Nummer von der Nachbarin, die sich um die Post kümmert und die Blumen gießt, während Heike im Urlaub ist. Sie findet ihn. „Gut, dass Sie anrufen, Frau Pettersen. Sie hat mir so einen komischen Zettel in den Briefkasten geworfen, ich solle ihre Blumen rüberholen und was ich sonst noch brauchen könnte. Sie wüsste noch nicht, ob sie überhaupt zurückkommen würde..." „Wann war das, Frau Osterkamp? ... Vorgestern? Warum haben Sie mich nicht schon längst angerufen?" „Heike hat mir ihre Nummer nie gegeben. Im Telefonbuch stehen so viele Pettersens." „Haben Sie den Zettel noch?" „Ja, doch, einen Moment, ich hole ihn.." „ Nervös trommelt Gabriele Pettersen mit den Fingern auf ihrer Telefonkonsole. „Mensch, beeil' dich!" denkt sie. „Ich hab's, Frau Pettersen" „Sie kennen doch ihre Schrift? Ist es ihre Schrift?" „Ja", flüstert Frau Osterkamp.

Noch einmal ruft sie Andreas an: „Kommen Sie bitte, wir müssen in Heikes Wohnung!"

„Wir müssen zur Polizei! Bleiben Sie ganz ruhig in Ihrer Wohnung! Ich bin spätestens in zwei Stunden bei Ihnen" „Ist gut, mein Junge, fahr vorsichtig!" Unbewusst war sie ins Du gerutscht. Heike hatte ihn ihr erst vor kurzem vorgestellt.

24. August 1997

Böhmer ist am Telefon: „Guten Morgen, Frau Pettersen. Bei uns ist heute morgen ein seltsames Fax von Heike eingegangen, darf ich vorlesen?"

Gabriele Pettersen ringt nach Luft: „Ja, bitte, Herr Böhmer."

„Sehr geehrter Herr Böhmer, hiermit kündige ich fristlos. Es hat weder mit Ihnen noch mit der Firma zu tun. Ich habe wirklich gerne für Sie gearbeitet. Meine Gründe sind rein privat. Mir ist klar, dass sie für dieses Gebaren kein Verständnis haben können. Ich kann mich nur entschuldigen. Ich wünsche Ihnen und der Firma alles Gute. Herzlichst, ihre Heike Brandt" Die Hand mit dem Hörer fällt in ihren Schoß. Heike hat gekündigt.

26. August 1997

Gabriele Pettersen und Andreas Brehm erstatten Vermisstenanzeige bei der zuständigen Polizeiwache und gleichzeitig bei der Kriminalpolizei. Um die Nachforschungen zu erleichtern, überreichen sie eine Liste mit den Namen von guten Bekannten ihrer Tochter.

27. August 1997

Zu den guten Bekannten zählt sich auch Kommissar Helmut Knechtlein. Er ist ein Kegelbruder von Heike Brandt und Max Meinrad.

Er legt die Anzeige in seine Mappe und fährt in den Schneerosenweg.

„Mensch Helmut, welcher gute Wind treibt dich vorbei? Komm rein. Kaffee? Bier? Schnaps?"

„Hallo Max, ich bin dienstlich hier, aber bei Kaffee, da sag' ich nicht nein."

„Komm, wir gehen in die Küche. Dienstlich?"

„Die Heike Brandt, die du kennst...."

„Heike Brandt, die du genauso kennst," Meinrad unterbricht den Polizisten mit schallendem Gelächter. Er stellt zwei orientalische Tässchen unter die Röhren der Espressomaschine, mit einem Bierkrug füllt er den Wassertank auf, schiebt die Kunststoffhaube darüber und schaltet das Gerät ein. „‚Und tschüs!' hat sie gesagt. Jetzt mach nicht so ein dummes Gesicht. Mensch, Helmut! Hast du denn noch gar nichts davon gehört?" „Nee, Max, ich weiß nur, dass ihre Mutter und ihr Lover Vermisstenanzeige erstattet haben." Er klappt seine Mappe auf und hält ihm das Papier unter die Nase. „Könnt ihr in den Papierkorb schmeißen! Andreas heißt der, nicht? Dem hat sie einen riesiges Geweih aufgesetzt. Peinlich!" Wieder lässt er sein dröhnendes Gelächter hören. „Der macht sich lächerlich, wenn er jetzt noch einen Fall für Euch daraus macht. Und die alte Dame hat nicht mehr alle Tassen im Schrank. Die Heike hat ihr, soviel ich weiß, alles geschrieben."

„MM, wie gesagt, ich bin dienstlich hier. Die Sache ist zu ernst, um Späße darüber zu machen!" Zwei braune Rinnsale laufen in die Mokkatassen. Die Maschine beginnt zu röcheln. Meinrad entnimmt ihr die beiden Tassen, stellt sie auf den Küchentisch, dazu eine Zuckerdose, offensichtlich ebenfalls ein Mitbringsel aus orientalischen Gefilden. Er kramt in einer Schublade, dann legt er zwei winzige, feinziselierte Löffel neben die Tassen. MM setzt sich und schaufelt drei Löffel Zucker in seine Tasse. „In einem richtigen Mokka muss so viel Zucker rein, dass der Löffel stehen bleibt." Er schiebt die Dose über den

Tisch. „Langsam könnte er mit dem Rühren aufhören" Knechtlein wird langsam nervös.

„Ich möchte dir gern helfen, Helmut. Aber sei so lieb, behandle das vertraulich. Versprochen?"

„Okay! Hab' ich kein Problem damit."

„Heike hat einen tollen Kerl kennengelernt. Das ist alles! Der Mann ist gut betucht. So was war ihr ja immer wichtig... Sie sind inzwischen über alle Berge. Apropos, kennst Du jemanden, der einen Fiat gebrauchen kann? Ich hab' ihr das Auto abgekauft, damit sie ungehindert abziehen kann."

„Und die alte Pettersen?" „Die ist auch schon bei mir aufgetaucht. Ich hab' versucht, es ihr zu erklären." Meinrad macht ein verständnisvolles Gesicht. „Weißt du, das muss man irgendwie verstehen; Heike ist ihr einziges Kind. Irgendwie ungewöhnlich ist ihr Abgang ja schon, oder?"

„Alles klar, Helmut!" Als alte Sportsfreunde klatschen sie ihre Hände zusammen. „Bis zum nächsten Mal!"

Tags darauf werden die Ermittlungen eingestellt.

26. September 1988

Von Heikes Konto wird ein größerer Geldbetrag abgehoben. Bei Andreas Brehm, ihrem Freund, bei Jochen Brandt, ihrem geschiedenen Mann und bei Gabriele Pettersen, ihrer Mutter treffen handgeschriebene Karten von Heike aus der Schweiz ein. Sie sind sich alle einig, es ist ihre Schrift, aber vor allem Gabriele Pettersen ist irritiert über die unbeholfene Ausdrucksweise und die orthografischen Fehler. Heike hat sonst immer Wert auf guten Ausdruck und korrekte Rechtschreibung gelegt.

22. Dezember 1988

Heike schreibt Weihnachtsgrüße von der Westküste Canadas. Ansichten von Vancouvers Wahrzeichen, dem Harbour Centre Tower. „Ich glaube, es ist die schönste Stadt der Welt. Darum werden wir vielleicht hier bleiben. Am Heiligen Abend werden wir Truthahn essen, deutsche Weihnachtslieder singen und ich werde viel an Euch denken." Warum schreibt sie keine Adresse?

30. April 1992

Max Meinrad wird verhaftet. Er wird verdächtigt, Christa Seybold gekidnappt und mit Gewalt in seinem Keller festgehalten zu haben, um seinen ehemaligen Chef um 250 000 DM zu erpressen.

Die Kommissare Horst Englert und Martin Kracht besichtigen den Tatort: Der eigentliche Kellereingang war hinter dem Haus. Eine gemauerte Treppe in einem Schacht. Hauptkommissar Horst Englert öffnet quietschend eine schwere Holztür. „Merkwürdig, sieht aus, als ob man dieses Haus auf einen vorhandenen alten Keller gebaut hat." Englerts Kollege Martin Kracht drängelt sich vor. „Gar nicht so dumm, heutzutage ist man ja gar nicht mehr in der Lage, Keller wie früher zu bauen. Lass' dir das von einem ausgewiesenen Weinkenner und -sammler sagen." Er scheint von dem Bauwerk regelrecht begeistert zu sein. Auch Englert ist fasziniert. „Meine Großeltern haben in einem 200 Jahre alten Fachwerkhaus gelebt. Da sah der Keller so ähnlich aus. Da drüben…" Er zeigt auf eine Brettertür in der gegenüberliegenden Wand, „muss es noch tiefer gehen. In den Kartoffelkeller. Meine Großmutter hatte dort auf wackeligen Holzregalen Hunderte von Weckgläsern mit eingemachtem Kürbis, Birnenkom-

Briefe aus dem Jenseits

pott, Apfelmus und selbstgemachter Marmelade gelagert. Die Wände waren feucht, der Boden war gestampfter Lehm. Es war unheimlich. Ich habe mich freiwillig nie da runter getraut." Trotzdem freut sich Englert über diese plötzliche Kindheitserinnerung. Es riecht modrig, wie früher. Kann sein, dass er sich den Geruch nur einbildet. „Weißt du, was ein Déja-vu-Erlebnis ist?" Ihm ist die lange, steile Stiege zu gefährlich. Stufe für Stufe steigt Kracht in die Tiefe. „Ein Descha-was?" „Ich erklär's dir später, Kracht. Pass auf, dass du nicht stolperst!" „Drei Meter unter der Erde, da ist man ja fast wie begraben!" ruft Kracht nach oben. „Eben! Findest du den Lichtschalter?" „Bin noch am suchen. Die Wände sind hier übrigens nicht nass! Fühlen sich an wie Teppich. Ich hab ihn! Ich glaub' ich spinne!" „Was ist denn los?" Englert war bereits im Begriff, den Keller zu verlassen. „Ich bin in Ali Babas Schatzkammer gelandet. Perser an den Wänden! Messing- und Kupfervasen in Reih und Glied, geschnitzte Kamele, Wasserpfeifen..." „Und wenn du da unten Aladins Wunderlampe findest, ich bleibe oben!" Englert bleibt auf der ersten Stufe „Was gibt's sonst noch?" „Ein Messingrohrbett, ein Tisch, ein Stuhl, Ende!" zählt sein Kollege auf, „Und Ketten, Seile, Peitschen?" „Fehlanzeige, Chef! Nur ein orientalischer Krummsäbel. Aber nicht schlecht kombiniert. Wenn hier einer brüllen würde, in dieser Tiefe, mit diesen Teppichen an der Wand, da hörst du draußen keinen Ton." „Gute Idee, Kracht! Machen wir die Probe aufs Exempel!" Eilig strebt Englert an die frische Luft.

30. Mai 1999

Eine Sonderkommission wird eingerichtet. Die Polizei entwickelt fieberhafte Aktivitäten. Beamte vernehmen

Freunde und Nachbarn des Juweliermeisters Meinrad, wieder und wieder durchsuchen sie das Einfamilienhaus am Schneerosenweg und das Wochenendhaus am Steinhuder Meer. Schließfächer werden geöffnet. Martin Kracht entdeckt Schmuck und Gegenstände aus dem Besitz von Heike, aber auch aus dem der seit sechs Jahren vermissten Katharina Kokoschka.

11. Juni 1999
Im Garten des Hauses am Schneerosenweg räumen zehn Polizisten in olivgrünen Overalls und mit umgeschnallten Atemschutzgeräten einen Komposthaufen weg. Sie schaufeln ein großes Loch. In zwei Meter Tiefe stoßen sie auf den schwarzen Deckel eines einbetonierten Fasses. Jetzt arbeiten sie mit einem Presslufthammer weiter. Nach fünf Stunden wird das blaue 200-Literfass mit einem Kran gehoben.

13.Juni 1999
Unter dem Bootsschuppen von Meinrads Wochenendhaus am Steinhuder Meer finden die Polizisten ein weiteres Fass. Von außen sieht eines aus wie das andere! Blau mit schwarzem Deckel.
Oberflächlich betrachtet beinhalten die Fässer Salzsäure. Doch der Verdacht liegt nahe, dass ein grausiger Fund bevorsteht. Die Fässer werden in die Gerichtsmedizin nach Braunschweig gebracht.

14.Juni 1999
Vorsichtig wird der Inhalt auf zwei verchromte Seziertische gekippt: Auf den einen eine gallertartige Masse, Reste von Klebeband, Zähne, Knochen. Auf den anderen eine zerstückelte Leiche. Der Zersetzungsprozess ist noch

nicht so weit fortgeschritten. Mit einem sanften Wasserstrahl bearbeiten die Rechtsmediziner das Material.

Erstaunlicherweise ist an den kläglichen Resten menschlicher Zellen noch eine Abnahme von DNA-Proben möglich. Die Analyse bestätigt schließlich den furchtbaren Verdacht: Es handelt sich um die Überreste von Katharina Kokoschka und von Heike Brandt.

12. Mai 2000

Der Angeklagte verliest eine Erklärung, am Anfang holperig, dann immer sicherer.

„Frau Kokoschka wollte Insider-Tipps über Marokko haben und sich über Französischkurse informieren. Dann hat sie sich mir anvertraut. Sie hat gesagt: ‚Du lebst ganz allein in dem großen Haus, kann ich einige Zeit bei Dir wohnen?‘ Sie wollte weg von ihrem Mann. Ihr Karli war nicht der liebe, nette Ehemann, sondern geizig und egoistisch. Sie wollte nicht mehr zu ihm zurück. Sie hat mich gebeten, ihr zu helfen. Dann hat sie einen Brief an ihn geschrieben. Sie konnte sich nicht konzentrieren. Sie schrieb den Namen ihres Mannes versehentlich mit C statt mit K. Sie lachte: ‚Naja, jetzt ist es eh egal.‘ Sie war richtig aufgekratzt. ‚Ohne Deinen Anstoß hätte ich das nie gemacht‘, sagte sie. Drei Tage später wollte sie nachmittags Kuchen vom Konditor holen. Sie überquerte den Schneerosenweg. Der ist an dieser Stelle schlecht einsehbar. Ein blauer VW-Bus hätte sie fast erwischt. Ich konnte sie gerade noch festhalten. Aber sie strauchelte und weinte ganz still vor sich hin. Ich habe sie dann in den Arm genommen. Ich dachte, ich zeige ihr jetzt, zur Aufheiterung, meine orientalische Sammlung. Die ist im Keller, und der Verbandskasten auch. Ich bin schon mal vorgegangen, um die Beleuchtung stimmungsvoll einzurichten. Wissen Sie, für mich ist meine Alhambra so etwas, wie für den König Ludwig II. seine künstliche Blaue Grotte. Die Kellertreppe ist sehr steil. In der Aufregung habe ich vergessen, sie vorzuwarnen. Plötzlich machte es klatsch, und sie lag neben mir am Boden. Aus ihrer Nase lief ein dünner Blutstrom. Ich habe Herzmassage und Mund-zu-Mund-Beatmung versucht. Dann sah ich, dass sie tot war; Genickbruch. Mir wurde schlecht, ich musste mich übergeben. Ich dachte an meine Mutter. Sie hat mir von Anfang an eingetrichtert, dass der Name Meinrad nicht beschmutzt werden darf. Sie hat damit gedroht, mich zu enterben.

Ich habe dann ein Fass besorgt und die Leiche hineingelegt. Da der Originalverschluss nicht richtig hielt, habe ich den Deckel mit Paketklebeband gesichert. In ihrer Handtasche waren 30000 DM in bar und ihr Schmuck. Damit konnte ich doch nicht zu Herrn Kokoschka gehen und sagen: ‚Tag, Chef! Gucken Sie mal, hier sind die Sachen von Ihrer Frau!' Aber ich war's, der der Kripo gezeigt hat, wo die Tonne ist. Ohne meine Mitarbeit wären wir jetzt nicht hier."

28. Juni 2000

Meinrad ist zum Scherzen aufgelegt:

„Zehn kleine Weiberlein, die sind mit Emir Max allein. Die eine steckt er nur aus Spaß in ein großes Säurefass..."
An dieser Stelle entzieht ihm der Vorsitzende Richter das Wort. Meinrad ist beleidigt: „Ich wollte doch nur zeigen, was für ein lustiger Vogel ich bin." Er wollte seinem Ruf als Macho gerecht werden. Heute soll sein „Harem" vernommen werden.

Ramona Kühn (39), eine ehemalige Kollegin des Juweliers.

Briefe aus dem Jenseits

Eine Blondine im schwarzen, enganliegenden Lederanzug: „Ich bin laut chinesischem Horoskop ein Feuerpferd – die neigen etwas zu Extremen. Ich lag gefesselt in seinen Armen, er hielt mich fest und malträtierte mit festem Griff meine Nippel. Ich hatte noch nie etwas so intensiv gefühlt, ich hatte bis dahin noch keinen Mann kennengelernt, der einen gewissen Punkt an Härte überschritten hätte."

Juliette Laska-Schiller (54), Meinrads Französischlehrerin, ist eine Frau mit südländischen Teint, gekonntem Make-up und langen schwarzen Haaren. „Ich lernte ihn bei einer Tunesienreise kennen. Mein Leben lang hatte ich mir einen Mann gewünscht, der mich im Griff hat, der meiner Herr wird; einen, der stärker ist als ich."

Erika Roth (42), Jugendfreundin und Ex-Gattin, ein slawischer Typ im noblen Schneiderkostüm. Sie lacht verschämt: „Ich finde, mit seiner Erektion ist's nicht weit her... Ohne Auspeitschen tut sich bei unserem Emir nichts. Ich war fasziniert von seinen grünen Augen."

14. Juli 2000

Wachtmeister Henning Lüttmann, der bei der Justizvollzugsanstalt arbeitet, tritt in den Zeugenstand. Umständlich holt der Wachtmeister eine schwarze Kladde und ein Brillenetui aus seiner abgenutzten Aktentasche. Er hat mehrfach gehört, wie Max Meinrad während des Hofgangs vor Mitgefangenen mit seinen Taten angab. Henning Lüttmann hat Zitate in seinem Notizbuch protokolliert. „Herr Lüttmann, lesen Sie uns Ihre Aufzeichnungen vor", bittet der Vorsitzende Richter.

Lüttmann verneigt sich vor dem Hohen Gericht, räuspert sich, und beginnt mit seiner Lesung:

„Meinrad verkündet, dass Klaus Kinski der größte deutsche Schauspieler sei, der zweitgrößte sei er selbst." Meinrad unterbricht ihn mit schallendem Gelächter. „Der Gutachter war heute in seiner Zelle und er hat ihm alles geglaubt. Er erzählt, wie er die Kokoschka getötet hat: Obwohl sie wusste, dass sie stirbt, wollte sie nicht ihre Ringe von ihm abnehmen lassen. Da sie nicht ins Fass passte, hat er versucht, sie zu zersägen. Da ist sie vom Tisch gefallen. Es kam Blut aus der Nase, da wusste er, dass es Genickbruch war.

Im Fernsehraum erzählt Meinrad, dass er die Brandt vier Wochen in seiner Gewalt hatte. Mit einem Teppichmesser hat er ihr die Kleider vom Leib geschnitten und sie nackt an ein Metallbett gekettet. Die Brandt hat gewusst, dass sie sterben musste. Wie eine Squaw ist sie gestorben! Sagt Meinrad. Mit Paketklebeband hat er sie gefesselt, hat ihr damit den Kopf umwickelt und sie aufgehängt. Dann hat er das Licht ausgemacht und ist Kegeln gegangen." Stille. Die Verlesung des Protokolls ist beendet. Meinrad springt auf: „Alles erstunken und erlogen! Der Mann ist ein Sensationsdichter!" Er setzt sich wieder, öffnet seinen obersten Hemdknopf. „Der ist ja nur geldgeil, der kleine Wachbulle, verkauft sein Gekritzel als Exklusivstory: ‚Wie ich die Bestie belauschte'!"

30. August 2000

Max Meinrad sieht blass aus, eine seltsame Mischung aus Abwesenheit und Konzentration. Er spricht schleppend: „Die haben mir Valium gegeben, damit ich hier nicht Bambule mache."

Verteidiger Walter Morstein beginnt das Geständnis zu verlesen: „In meiner Besessenheit habe ich ihr das Leben genommen. Ich bin süchtig nach ihr gewesen. Schon ihre Stimme am Telefon machte mich verrückt." Verteidiger Walter Morstein will nur eine kurze Zäsur einlegen. Meinrad spricht weiter: "Sie kam im langen Rock mit Schlitz und den hohen Stiefeln, sie trug einen engen schwarzen Rollkragenpullover, darüber das halbmondförmige Platinhalsband mit einem Diamanten, ein Schmuckstück, das ich für sie gemacht habe. Durch den Schlitz im Kleid seh' ich ein kleines Hautdreieck ihrer Wade oberhalb des Stiefelschafts. Das macht mich wahnsinnig, ich musste sie haben." Max Meinrad schließt die Augen. Nach einer Weile, spricht er weiter, aber so leise, dass es kaum einer hört. "Und sie wollte mich. Ihre schwarzen Haare waren ganz platt unter dem Duschstrahl. Stumm starrt sie mich an. Ganz nass und nackt kommt sie auf mich zu, sie kniet sich hin und öffnet meinen Reißverschluss..." Verwirrt öffnet der Angeklagte seine Augen. Wie ein Vogel schaut er sich ruckartig um. Es sieht aus, als würde ihm in diesem Moment erst bewusst, wo er sich befindet. "Wir wollten nach Nordafrika auswandern, aber plötzlich mag sie nicht mehr..."

"Dann sind wir runter, in meine Alhambra. Mit Opium habe ich versucht, sie gefügig zu machen. Sie wollte nicht. Ich habe gesagt: ,Wenn du nicht mit mir nach Afrika gehst, bleibst du eben so lange hier, bis du es dir anders überlegst.' Zur Strafe habe ich ihre schönen, schwarzen Haare abgeschnitten.

Sie hat plötzlich angefangen zu husten. Ich wollte nicht, dass sie sich eine Lungenentzündung holt. Wir sind nach Steinhude gefahren, weil ich da eine Sauna eingebaut habe. In der Sauna bin ich dann durchgedreht vor lauter Geilheit. Um uns in Stimmung zu bringen, habe ich sie an Händen und Füßen gefesselt. Ich wollte Oralverkehr.

Plötzlich biss Heike in mein Glied. Die Narbe ist jetzt noch zu sehen. Ich brüllte vor Schmerzen und bin gestürzt. Ich habe dann völlig die Beherrschung verloren, und bin wie verrückt über sie hergefallen. Ich bin hinaus, auf allen vieren und habe den Penis verbunden. Ich bin aber gleich wieder zu ihr zurück. Ich habe mich neben sie gelegt und gehört, dass da noch ein dünnes Röcheln war. Ich sprach ganz lieb zu ihr, ich wollte, dass sie durchkommt. Ich habe sie gestreichelt und gesagt, dass ich sie liebe, ‚Sobald du wieder gesund bist, suche ich uns eine Wohnung in der ‚Weißen Stadt am Meer'.' Ich habe gerufen: ‚Heike wach auf! Wir fahren nach Agadir.' Aber da waren ihre Augen schon verdreht und weiß."

Ich bin schuld an ihrem Tod. Ich möchte noch sagen, dass mir das unendlich leid tut."

7. September 2000

Im Namen des Volkes wird er zu lebenslanger Haft wegen zweifachen Mordes, versuchten schweren Raubes und erpresserischen Menschenraubes verurteilt. Zugleich wird die besondere Schwere der Schuld festgestellt und anschließende Sicherungsverwahrung angeordnet. Der Vorsitzende Richter fasst zusammen: „Der Angeklagte ist für die Allgemeinheit als gefährlich anzusehen. Die Taten sind in ihrer Schwere kaum noch zu übertreffen." Während der einstündigen Urteilsbegründung schüttelt der rotbärtige Mann im dunklen Anzug gelegentlich den Kopf, mal schaut er auf seine Armbanduhr, mal mit einem verlegenen Lächeln ins Publikum.

Wolf-B. Heinz
Ein Kuss zum Abschied

Veronika, Johanna und Tanja warten am Rosenheimer Bahnhof auf den Zug aus Kufstein. Sie erwarten ihre Freundin Martina. Der Regionalzug fährt ein, die Türen öffnen sich, aber Martina steigt nicht aus. „Ausgerechnet Martina, sie ist doch sonst immer so zuverlässig. Wir haben doch ganz bestimmt halb sechs ausgemacht, oder?" Die Mädchen wollten zusammen auf das Rosenheimer Herbstfest gehen. „Was machen wir jetzt?" „Weiß jemand ihre Telefonnummer? Dann können wir vielleicht erfahren, was dazwischen gekommen ist. Zu dritt stellen sie sich in die Telefonzelle. „Martina? Doch, sie ist pünktlich los gegangen. Den Zug kann sie eigentlich nicht verpasst haben." In den vergangenen Jahren war sie immer zusammen mit ihrer Tochter auf das Herbstfest gefahren. „Du bist jetzt 16, du hast ein Recht darauf, nicht mehr wie ein Kind behandelt zu werden:" Das hatte sie ihr lachend gerade vor einer halben Stunde erklärt, denn Martina schien fast ein schlechtes Gewissen zu haben, das erste Mal alleine loszuziehen. Dann hatte sie sich fröhlich mit einem dicken Kuss von ihr verabschiedet. Sie hatte sich schon tagelang auf das Herbstfest und das erste Treffen nach dem Sommerurlaub mit ihren Freundinnen gefreut. Angela Röhrmoser ist beunruhigt. Was kann passiert sein? Von der Wohnung bis zum Bahnhof braucht sie in der Regel keine fünf Minuten. Sieben Minuten dauert die Zugfahrt bis zum Rosenheimer Bahnhof, wie kann da ein 16-jähriges Mädel verloren gehen? Angela ist zu unruhig, um einfach zu warten. Sie holt das Fahrrad aus der Garage und fährt zum Bahnhof. Der nächste Zug fährt erst in einer halben Stunde. Die einzige dort wartende Person, eine ausländische Touristin, hat niemand gesehen. „Warum, verdammt nochmal, gibt es keine Schalterbeamte mehr? Vielleicht sollte sie auf den Gegenzug warten. Der Zugbegleiter müsste Martina gesehen haben. Aber dann wäre sie doch in Rosenheim ausgestiegen." Angela kommt sich vollkommen hilflos vor. Sie wird doch wohl nicht per Anhalter gefahren sein. Das gehörte zu den wenigen Dingen – war es nicht vielleicht das einzige? – was sie ihr kategorisch verboten hatte. Aus der nächsten Telefonzelle ruft sie ihren Ex-Mann an. Klar, er ist nicht daheim. Über die Auskunft lässt sie sich mit seiner Firma verbinden. Johannes hat nicht die geringste Ahnung. Woher auch? Sie hatte nicht damit gerechnet. Martina schien ihren Vater nicht sehr zu vermissen. Warum auch, als Außendienstler war er selten zu Hause. Olli, der sich sehr viel mehr für Martina interessierte als umgekehrt, ist noch mit seinen Eltern verreist. Sie ruft trotzdem an. Keiner hebt ab. Der Anrufbeantworter ist ausgeschaltet. Wen könnte sie noch anrufen? Ihre Schwester in Kolbermoor? Die Oma in Rohrdorf? Aber, warum nur? Martina wollte nach Rosenheim, zum Herbstfest! Um 17.20 hat sie das Haus verlassen. Um 17.28 hätte sie in den Zug einsteigen und um 17.35 in Rosenheim aussteigen müssen. Denn dort warteten Tanja, Veronika und Johanna. So, wie sie die Mädchen kannte, hatten sie sich viel zu erzählen. „Lieber Gott, lass sie bitte nicht aus den Augen!" Kategorisch weigert sie sich, an einen Unfall, geschweige denn an ein Verbrechen zu denken. Obwohl ihre Tochter nicht raucht, fragt sie im Tabak- und Schreibwarenladen nach.

Ein Kuss zum Abschied

Immerhin kann man vom Standort der Verkäuferin aus den Bahnhofsplatz sehen. Aus dem gleichen Grund geht sie auch noch zum Elektrogeschäft. Niemand hat sie gesehen. Sie fragt beim Bäcker. Nichts. Mit dem Fahrrad fährt sie wieder heim. Setzt sich neben das Telefon. Es ruft niemand an, sie weiß nicht, wen sie noch anrufen kann. Um 18.30 Uhr springt sie auf, steigt in ihr Auto, und fährt nach Rosenheim. Angestrengt versucht sie schnell zu fahren und gleichzeitig jeden Quadratmeter der Umgebung im Auge zu behalten. Einige Male muss sie scharf bremsen. Dinge, die von Weitem aussehen wie ein gestürzter Körper, entpuppen sich als Altkleidersäcke, in Folie verpackte Strohballen und aufgeschlitzte LKW-Reifen. Sie findet auch einen Rucksack, aber es ist nicht Martinas blauer Nylonrucksack.

Rund um die Loretowiese sind nicht nur alle Parkplätze, sondern auch die Grünstreifen, alle Einfahrten und Feuerwehrzufahrten hoffnungslos zugeparkt. Weit oben an der Prinzregentenstraße kann sie den Wagen endlich abstellen. Es ist kalt und regnerisch. In der Hektik hat sie nicht einmal den Regenmantel übergezogen. Den Oberkörper nach vorne gebeugt, die Arme eng über der Brust gekreuzt, die Hände auf den Schultern, ihre blonden Haarsträhnen nass, quer über dem Gesicht, so hastet sie vorwärts. Nur wenig Fußgänger sind unterwegs. „Kein Wunder bei diesem Wetter!" Je näher sie dem Volksfestplatz kommt, desto zahlreicher werden die Passanten. Laut, fröhlich, ausgelassen, mit glitzernden Augen, den Regen völlig ignorierend, streben sie in die gleiche Richtung wie sie. In die entgegengesetzte Richtung streben andere, laut, betrunken grölend und torkelnd, mit glitzernden Luftballons, Riesenplüschteddys und Lebkuchenherzen beladen.

Am Haupteingang zur Wies'n hält Angela Ausschau nach Veronika, Johanna und Tanja. Sie weiß, dass sich gewöhnlich 50 bis 70 Tausend Menschen auf diesem Fest aufhalten. Nur geringfügig weniger werden es heute sein, wegen des Wetters. Merkwürdigerweise findet man trotzdem immer wieder Leute, die man sucht. Martinas Freundinnen findet sie nach zehn Minuten vor dem Glückshafen. Mit Freunden haben sie das gesamte Herbstfestareal und die zwei großen Bierzelte schon mehrmals durchkämmt. Angela Röhrmoser nickt, irgendwie hatte sie von Anfang an das Gefühl, dass Martina das Herbstfest nie erreicht hat. Es war mehr die Hilflosigkeit, die sie hierher getrieben hat, und das Wissen, dass sich die Polizeiinspektion gleich gegenüber der Wies'n befindet. Es ist fast zweieinhalb Stunden her, dass sich Martina von ihr verabschiedet hat. Sie sieht ihre erwartungsfrohen Augen vor sich. Einen Zwanzigmarkschein hatte sie ihr noch gegeben, Wies'n-Geld. Martina hatte sich gefreut und das Geld zu den paar Silbermünzen gesteckt, die sie im Geldbeutel trug. „Zweieinhalb Stunden warten und suchen können eine Tortur sein. Für einen Polizisten vielleicht ein unbedeutender Wimpernschlag. ‚Gute Frau, stellen sie sich mal vor, wir würden jeden suchen, der sich für zweieinhalb Stunden von zu Hause entfernt…' Wurscht, was die jetzt denken; ich geh' da jetzt rein." Der diensthabende Beamte öffnet das Türchen im Tresen und bittet sie in ein rückwärtiges Büro. Er führt sie zu einem bequemen Bürostuhl und sagt nicht „Gute Frau", er ist freundlich, mitfühlend, bietet ihr einen Kaffee an. Angela ist verwirrt, dann sprudelt es aus ihr heraus, wie ein auswendig gelernter Text: „168cm groß, schlank, dunkelblondes, schulterlanges Haar. Braune Augen. Heute trug sie Blue-Jeans, ein weißes

Ein Kuss zum Abschied

T-Shirt, einen gelben Anorak, ein gelbes Wollstirnband und helle Turnschuhe. Auf dem Rücken trug sie einen blauen For-you-Rucksack." Der Polizist tippt die Angaben in einen PC. Angela bemerkt, dass er es professionell mit zehn Fingern tut, nicht mit zwei Fingern auf der Tastatur stochernd, wie seine Tatortkollegen. Sie wundert sich, noch in der Lage zu sein, so etwas zu registrieren und holt ein Passfoto aus ihrer Geldbörse. „So sieht sie aus, ein Bild aus diesem Sommer!" Der Beamte nickt erfreut. Meistens werden ihm verknitterte, unscharfe Kinderbilder von verschollenen Erwachsenen vorgelegt. Er legt das Bild in einen Scanner, dann bietet er ihr eine Zigarette an. Seit ihrer Schwangerschaft hat sie nicht mehr geraucht. Sie denkt keine Sekunde darüber nach und zündet sich zitternd eine Zigarette an. „Haben Sie schon im Klinikum oder bei den Rettungsstellen angerufen?" „Ja, ich meine nein, wieso denn im Klinikum? Welche Rettungsstelle?" Angela zieht gierig an der Zigarette. „Frau Röhrmoser, Sie müssen sich jetzt sehr konzentrieren. War Martina auf dem Weg zum Zug?" „Ja! Das sagte ich doch!" „Und sie sagten auch, dass es zirka 600 Meter sind, von Ihnen zu Hause bis zum Bahnhof?" „Genau, wir wohnen am Eulenweg" „Aber sie ist in Rosenheim nicht angekommen." Martinas Mutter nickt ungeduldig, „also muss auf diesen 600 Metern etwas passiert sein oder sie hat es sich spontan anders überlegt und ist gar nicht zum Bahnhof gegangen. Wir müssen alle Eventualitäten in Betracht ziehen: dass sie nach einem plötzlichen Sinneswandel früher ausgestiegen ist, dass sie in den Gegenzug nach Kufstein eingestiegen ist, dass sie sich von einem Bekannten oder Unbekannten im Auto hat mitnehmen lassen... Frau Röhrmoser, die Inntalautobahn geht direkt an Ihrem Ort vorbei. Das Autobahndreieck ist eine beliebte Stelle für Tramper, die in den Süden wollen, oder mal schnell nach München... Und deshalb dürfen wir auch nicht die Möglichkeit eines Unfalls außer Betracht lassen." „Herr Wachtmeister...", „Wechselberger", der Beamte nennt seinen Namen. Richtig, denkt sie, das hätte sie auch auf seinem Namensschildchen über der linken Brusttasche lesen können. „Herr Wechselberger, sie ist weder nach München noch in den Süden gefahren, dafür lege ich meine Hand ins Feuer!" Es klopft, der Beamte öffnet die Tür. Er bespricht sich leise mit einer jungen Polizistin. Sie trägt einen straff gebundenen Krawattenknoten und am Gürtel die Dienstwaffe, genau wie ihr männlicher Kollege. Angela findet das unpassend und wundert sich wieder über sich selbst. Ihr wäre so etwas sonst nie aufgefallen. Im selben Atemzug aber ist sie wieder bei Martina.

Es tat ihr leid, dass sie heuer nicht in den Urlaub fahren konnten. Aber sie hatte sich einige Male für verlängerte Wochenenden frei nehmen können. Sie hatten eine Fahrradtour zum Chiemsee gemacht, eine ausgedehnte Bergwanderung mit Übernachtung auf der Heubergalmhütte und sie waren oft zusammen mit den Fahrrädern zum Schwimmen ins Bad oder zum Happinger See gefahren; auch zum „Männerschauen". Martina fand es toll, noch eine so junge Mutter zu haben und anders herum hatte Angela Röhrmoser es sehr genossen, schon Mutter einer so großen Tochter zu sein. Viele hielten sie für gute Freundinnen. Sie waren sich einig, hatten beide vorläufig die Nase voll von den Männern. Dennoch war Flirten eine herrliche Ferienbeschäftigung! Wie hatte sich Angela gefreut, dass Martina den Trennungsschmerz von ihrem ersten Freund endlich überwunden hatte.

Ein Kuss zum Abschied

„Frau Röhrmoser, wir werden Sie jetzt nach Hause fahren." Wechselbergers Stimme ist sanft, es ist ihm offensichtlich bewusst, dass er sie aus ihrer Gedankenwelt holt. „Aber ich habe mein Auto hier in Rosenheim...", „Machen Sie sich darüber keine Sorgen, ein Kollege wird Ihr Auto holen" „Was ist mit dem Krankenhaus?" „Da haben wir nachgefragt, von Ihrer Tochter keine Spur. Bei den Rettungsdiensten und der Autobahnmeisterei haben wir auch angerufen. Negativ. Alle haben bereits die Personenbeschreibung und das Foto, auch alle Streifenwagen der Region. In den Discos der Gegend werden wir uns heute Nacht sehr genau umsehen." Wechselberger nimmt Angelas Schlüsselbund, den sie auf seinem Schreibtisch liegen gelassen hat und führt sie durch einen Hinterausgang in den Hof. Er öffnet ihr die hintere Tür eines weißgrünen BMW. Auf den Beifahrersitz setzt sich die Polizistin. „Die ist doch höchstens drei Jahre älter als Martina," denkt sie. „Bleiben Sie bitte zu Hause, Frau Röhrmoser. Damit man sie erreichen kann." „Klar, damit mir die Entführer ihre Bedingungen mitteilen können. Nett von ihm, dass er so taktvoll vermeidet, es auszusprechen." Wechselberger schien ihre Gedanken zu erraten: „Wir werden ihren Anschluss überwachen. Frau Bernrieder wird bei Ihnen bleiben, wenn Sie das wollen." Er legt seiner Kollegin auf dem vorderen Platz kurz die Hand auf die Schulter. Ein weiterer Polizist setzt sich neben Angela und macht Anstalten, sich vorzustellen. Angela merkt es nicht und haucht nur ein kaum vernehmbares „Danke". Dann schließt Hauptwachtmeister Wechselberger die Wagentür. Angela möchte jetzt gerne weinen, aber es geht nicht.

Schweigend fahren sie in die Prinzregentenstraße zu ihrem Wagen. Der Polizist neben ihr steigt aus, um Angelas Wagen zu fahren. Während der weiteren Fahrt nach Hause fällt kein einziges Wort.

„Frau Röhrmoser, wir sind da. Soll ich mit reinkommen?" Die junge Beamtin auf dem Beifahrersitz dreht sich zum Wagenfond um. Angela blickt sie abwesend an. „Als wär' ich aus Glas, sie schaut durch mich durch," denkt Cornelia. Behutsam berührt sie Angelas rechtes Knie. Langsam kehrt Leben in sie zurück. Wortlos öffnet sie die Wagentür und steigt aus. Cornelia Bernrieder und der Beamte am Steuer beobachten, wie sie scheinbar normal auf ihr Reihenhaus zugeht. Sie tastet das Fensterbrett des kleinen Gästetoilettenfensters ab. In der Regel legt sie dort für Martina den Schlüssel ab. Sie hält inne. Ihr wird bewusst, dass sie weder ihren Trenchcoat, noch die Lederjacke trägt. Plötzlich stochert sie mit beiden Daumen in den engen Jeanstaschen. „So sieht ein Mensch kurz vor einer Panikattacke aus", denkt Cornelia Bernrieder und greift zum Türgriff, Sie wendet sich ihrem Kollegen zu, der nickt. Die Beamtin steigt aus. Angela dreht sich um und kommt ihr entgegen. Dabei fährt sie mit den Händen in die Gesäßtaschen. „Mensch! Der Schlüssel wird wohl am Zündschloss ihres Autos hängen," fällt der Polizistin siedendheiß ein. Sie geht auf Angela zu und nimmt sie in den Arm. Glücklicherweise fährt in diesem Moment der Kollege mit ihrem Fiesta vor. Cornelia Bernrieder springt ihm entgegen, öffnet die Wagentür, schlägt dem Fahrer kumpelhaft auf die Schulter, zieht den Zündschlüssel ab, winkt den beiden männlichen Kollegen zu und nimmt Angela wieder in den Arm. Dann führt die Polizistin sie zum Haus, schließt auf und schiebt sie in den Garderobenvorraum. Die Polizisten haben verstanden. Sie melden sich bei der Zentrale, dann fährt der weißgrüne BMW weiter.

Ein Kuss zum Abschied

Cornelia Bernrieder bewegt sich in der Wohnung, als wäre sie hier zu Hause. Sie führt Angela in die Küche. Ohne zu fragen, findet sie das Telefon im Wohnzimmer, ein drahtloses Gerät, das sie auf den Küchentisch legt. Dann öffnet sie alle Hängeschränke und den Kühlschrank, findet Kaffee, Tassen, Milch und Zucker und setzt die Kaffeemaschine in Gang. Angela starrt wieder wie abwesend vor sich hin. Das erste leise Röcheln der Kaffeemaschine ertönt. Cornelia eilt in den ersten Stock, um einen Blick in Martinas Zimmer zu werfen. Das Zimmer ist auffallend ordentlich, das Bett gemacht. Die Wände sind mit Fichtenholzpaneelen verkleidet. Die Polizistin überrascht es, keine Popstars vorzufinden, so wie sie es bis vor einigen Jahren hatte; stattdessen Tieraufnahmen, vor allem Poster mit edlen Pferden. Sie werden also auch in den Reiterhöfen der Gegend suchen müssen, denkt sie spontan. Auf dem aufgeräumten Schreibtisch findet sie ein kleines holzgeschnitztes Pferd, eine zierliche Handarbeit. Vorsichtig nimmt sie das Pferd mit nach unten. Der Kaffee ist gerade durchgelaufen. Sie stellt das Holzpferd auf den Tisch und füllt zwei Becher. „Zucker? Milch?" „Vielen Dank", sagt Angela und gießt sich selbst etwas Milch in den Becher. Ihr Blick fällt auf das Pferd. „Olivenholz", sagt sie, „ihr Vater hat es letztes Jahr aus dem Urlaub mitgebracht. Sie hätte so gerne reiten gelernt..." Dann beginnt sie hemmungslos zu weinen. Cornelia Bernrieder setzt sich neben sie und hält sie fest. Sie weiss, dass zur gleichen Zeit Kollegen intensiv in der Umgebung des Wies'ngeländes, des Rosenheimer Bahnhofs, in den Kneipen rund um den Salzstadel und vor allem in allen Discos im Landkreis und im naheliegenden Kufstein suchen. Aber nach diesem Blick in Martinas Zimmer hat sie bereits Zweifel an dieser Maßnahme. Sie wird in der Inspektion anrufen, sobald Angela sich beruhigt hat.

Wechselberger, der eine Tochter im Alter Martinas hat, ist mulmig zu Mute. Er kann sich nur zu gut den inneren Zustand der Mutter vorstellen. Er ruft Tschanz an, einen Kollegen der Kripo. Er denkt, sie würden sich schnell einig werden, dass dieser Fall besondere Maßnahmen erfordert, bevor es zu spät ist. Aber Tschanz war nicht so schnell zu überzeugen. Mensch, sie ist 16! Du hast doch selber eine Tochter in diesem Alter! Du weißt doch, wie spontan diese Damen sind. Spontan! Das Schlagwort der heutigen Jugend! Spontan bei irgendwelchen Freunden übernachten, spontan ein bisschen Großstadtdschungelluft schnuppern,... Mann, auch du warst mal jung... bist du nie von zuhause abgehauen?" „Nein!!" Wechselberger ist sofort klar, dass er jetzt überreagiert hat. Tschanz nimmt ihm das nicht übel. „Bleib cool, Junge! Du hast jetzt Feierabend. Also, komm' rauf, lass' uns ein Bier trinken!" Tschanz geht hinaus in den Flur. Praktisch, dass der Getränkeautomat gleich um die Ecke steht. Er zieht zwei Flaschen Bier und kehrt in sein Büro zurück.

Schon im Morgengrauen ist ein Großaufgebot der Polizei unterwegs. 60 Beamte sind an der Suchaktion im naheliegenden Moor beteiligt. Die Einsatzleitung setzt mehrere Schlauchboote und einen Hubschrauber ein, um den Inn und seine Auen abzusuchen. Die Suchaktion wird nach sechs Stunden abgebrochen. „Die Durchkämmung erbrachte keinerlei Hinweise", so die Zusammenfassung eines Kriposprechers.

Über den Oberbayerischen Merkur und die Lokalsender bittet die Polizei die Bevölkerung um Mithilfe bei der

Ein Kuss zum Abschied

Suche. Auch das wöchentliche Anzeigenblatt „Widerhall" druckt die Vermisstenanzeige mit Bild. Plakate werden in Bäckereien, Metzgereien, Supermärkten, Kneipen und Discos gehängt. Klassenkameradinnen von Martina verteilen in der ganzen Gegend Handzettel mit ihrem Foto und der Personenbeschreibung. Nach und nach melden sich Menschen bei der Polizei, die Martina gesehen haben wollen. Einige haben sie angeblich in einem Festzelt auf der Wies'n gesehen, andere behaupten, sie hätte in der Schlange vor der Achterbahn gestanden. Zur selben Zeit soll sie in Begleitung einer Gruppe südländischer Männer durch München-Schwabing gelaufen sein. Jemand will sie mit einem jungen Mann in einem PKW an der Autobahnraststätte Brannenburg gesehen haben... Jeder Hinweis wird überprüft: Keine konkrete Spur. Martina Röhrmoser bleibt verschwunden. Doch aufgrund der vielen Hinweise bestehe „die berechtigte Hoffnung, dass Martina Röhrmoser nicht Opfer eines Gewaltverbrechens wurde." So versucht die Polizei der Mutter, den Angehörigen und möglicherweise sich selbst Mut zu machen.

Angela Röhrmoser schlief seit dem Verschwinden ihrer Tochter kaum mehr. Anfangs verließ sie nur selten und ganz kurz das Haus, weil sie Angst hatte, einen Anruf von Martina zu verpassen. Später fuhr sie ziellos durch die Umgebung oder nach München, lief unendliche Kilometer durch die Straßen am Bahnhofsviertel, in Schwabing und beauftragte einen Privatdetektiv, der die Prostituiertenmilieus durchstreifte. Sie selbst suchte Reiterhöfe in der Gegend auf. Sie musste etwas unternehmen, um nicht durchzudrehen. Manchen ihrer Bekannten wurde sie mit ihrer disziplinierten Zielstrebigkeit „unheimlich" Angela war gerührt, dass Cornelia Bernrieder, die Beamtin, die ihr in der ersten Nacht beigestanden hatte, sie in ihrer Freizeit gelegentlich begleitete. „Sie könnte meine jüngere Schwester sein," sagte sie einmal. Aber mehr nicht. Es klang, als ob auch sie unter mysteriösen Umständen verschwunden wäre. Vielleicht ist sie ja deshalb Polizistin geworden. Angela traute sich nicht, sie zu fragen. Vorerst nicht.

Weder sie, noch Verwandte oder Freunde, erhielten ein Lebenszeichen von ihr. Martina blieb wie vom Erdboden verschwunden.

Kurz vor Weihnachten finden die Leser des Oberbayerischen Merkurs folgende Mitteilung in ihrer Zeitung: „Martina Röhrmoser wird immer noch vermisst. Martina wurde nach ihrem Verschwinden mehrfach von Zeugen gesehen und auch gesprochen.

Da sie sich bisher weder zu Hause noch bei Freunden gemeldet hat, kann auch nicht ausgeschlossen werden, dass sie Opfer einer Straftat geworden ist. Wer hat Martina gesehen oder kann Angaben über ihren möglichen Aufenthaltsort machen? Die Familie der Vermissten hat eine Belohnung in Höhe von DM 6000,- für Hinweise ausgesetzt, die zur Aufenthaltsermittlung von Martina führen. Es folgt die Beschreibung..."

Doch von Martina fehlt weiterhin jede Spur.

Es ist der zweite Tag im neuen Jahr. Wechselberger und seine „Lieblingskollegin" Bernrieder haben Dienst auf der Wache. Kurz vor Mittag betritt eine junge, schlanke, dunkelhäutige Frau den Raum. Ihre schwarzen Haare bedecken fast den gesamten Rücken. Sie hat sinnliche Lippen, ausgeprägte Backenknochen und eine markante, fast etwas hakenförmige Nase. „Sackl Zement!" haucht Wechselberger, „so ein Rasseweib!" Cornelia Bernrieder

Ein Kuss zum Abschied

schaut ihn strafend an. Dann sieht auch er, was sie sofort gespürt hat. Diese Frau, wohl eine Indianerin, hat Angst. „Grüß Gott! Was kann ich für Sie tun?" Wechselberger hatte sogar übersehen, dass sie ein kleines Kind dabei hat. „Grüß Gott! Ich möchte bitte eine Anzeige machen." Sie hat einen dezenten fremden Akzent. Für einen Moment blickt Wechselberger nach hinten zu seiner Kollegin. Irgendwie hat er das Gefühl, dass die Frau sich leichter tun würde, wenn sie sozusagen von Frau zu Frau... Cornelia Bernrieder hat seinen etwas hilflosen Blick verstanden und kommt sofort nach vorne. Wechselberger nickt beiden Frauen aufmunternd zu und zieht sich erleichtert zurück. Er gibt vor, eine Akte dringend bearbeiten zu müssen. Dann kommt ihm der Gedanke, dass es vielleicht noch besser wäre, wenn er den Raum kurz verließe. Geschäftig trägt er die Akte in den Flur, um sie nach einigen Minuten wieder hinein zu tragen. Die Frau ist wieder weg. Cornelia Bernrieder kann seine fragenden Augen kaum übersehen. „Eine Scheißgeschichte! Vielleicht hätte ich sie gleich selbst hinfahren sollen." „Bernriederin! Du sprichst in Rätseln!" Einen Moment sieht sie ihn stumm an. „Ich habe ihr die Adresse vom Frauenhaus gegeben. Hast du die Angst in ihrem Gesicht gesehen?" „Natürlich habe ich das! Darum habe ich ja gedacht, dass sie bei dir besser aufgehoben ist. Wer ist sie?" „Beatrice Bierbichler." Die Beamtin zeigt auf den Computerbildschirm. „Beatrice Bierbichler?" Wechselberger schüttelt unwillkürlich den Kopf. „Sie kommt aus Bolivien", erklärt seine Kollegin. „Sie hat soeben ihren Mann angezeigt, wegen wiederholter Vergewaltigung in der Ehe. Eine sehr mutige Frau!" Cornelia Bernrieder legte die Finger beider Hände auf ihre Lippen und schaut Wechselberger durchdringend an, als suche sie irgend etwas in seinem Gesicht. Sie scheint es gefunden zu haben. Dann hackt sie ein paar mal auf ihrer Tastatur und starrt gebannt auf den Bildschirm. Von seinem Standpunkt aus kann er nichts erkennen. „Du, Lorenz, die Frau hat nicht alles gesagt. Ich muss hinterher!" Ehe er reagieren kann, ist sie bereits durch den Hinterausgang hinausgerannt. Als er an der Tür ist, fährt sie bereits mit ihrem privaten Polo auf die Straße. Solche Spontaneität im Dienst ist nicht nach seinem Geschmack. Stirnrunzelnd geht er in den Arbeitsraum zurück. Auf dem Bildschirm schwimmen bunte Fische, ein origineller Bildschirmschoner, der die Illusion eines Aquariums nur mühevoll erfüllt. Wechselberger bewegt die Maus. Die Adresse ist vom Bildschirm verschwunden, stattdessen das nichtssagende Standardfenster. Vor dem Bildschirm liegt ein Block, auf dem Cornelia Bernrieder mit dem Bleistift Notizen gemacht hat. Erstaunlich umfangreiche biografische Notizen, wie Wechselberger feststellt. Beatrice wurde 1973 in La Paz geboren, kam vor sechs Jahren nach Deutschland, lernte beim Goethe-Institut in Murnau und in Prien Deutsch und studierte anschließend in Rosenheim Innenarchitektur. Während eines Praktikums in einer Holzfirma lernte sie ihren Mann kennen. Vor zwei Jahren Geburt des gemeinsamen Sohnes Miguel-Roberto. Ihr Mann, 50 Jahre, doppelt so alt wie sie." „Das wäre so, wie wenn ich ein Verhältnis mit Daniela hätte", der attraktiven Tochter seines Nachbarn." Am liebsten würde er sich jetzt eine runterhauen. Er schämt sich für derartige Gedanken. Ist das der Beginn der Midlife-crisis? Das Telefon klingelt. „Polizeiinspektion Rosenheim, Wechselberger" Er hört Cornelia Stimme. „Ich habe sie noch erwischt und sie hierher ins Frauen-

Ein Kuss zum Abschied

haus gefahren. Hör zu, Lorenz, mein Instinkt hat mich nicht getäuscht. Es gibt Arbeit für Tschanz und Co. Sag' ihm, er soll sofort hierher kommen und gleich einen Durchsuchungsbefehl für Bierbichlers Wohnung mitbringen." „Was ist los, Cornelia? Er hat sie geschlagen und vergewaltigt, aber..." „Nichts aber! Tu, was ich dir sage! Das hat alles Hand und Fuß. Der Mann hat was mit dem Verschwinden von Martina Röhrmoser zu tun!" Wechselberger schnappt nach Luft. „Okay, okay! Aber warum hast du ihn nicht gleich selbst angerufen?" „Entschuldigung Lorenz, ich dachte, das interessiert dich..." „Danke dir, Cornelia, natürlich. Wahnsinn! Ich geh' gleich rauf, zum Tschanz. Die Ablösung muss sowieso jeden Moment da sein. Pfüati, Conni!" Er hat zum ersten Mal „Conni" gesagt, aber er hat sich gleich wieder im Griff. Zwei Kollegen kommen in die Wache, stellen ihre Taschen auf die Schreibtische. „Servus!" Erwartungsfroh sehen die Kollegen ihn an, als erwarteten sie etwas Smalltalk, einen frischen Witz, mindestens irgend eine Bemerkung zum Wetter. Wechselberger nimmt seine Jacke und Cornelias Notizblock und geht hinaus. „Mahlzeit! So viel Zeit muss sein!" brüllt ihm der eine hinterher. „Den hat wohl der wilde Wolpertinger gebissen?" sagt der andere. Sie lachen.

Tschanz fragt ihn, ob er nicht gleich mitkommen wolle, es sei doch irgendwie auch sein Fall. Dankbar nimmt er an. Cornelia und die Bolivianerin sitzen im Aufenthaltsraum des Frauenhauses, zwischen ihnen ein voller Aschenbecher. Cornelia stellt den Kommissar vor. Beatrice nickt. „Du brauchst keine Angst zu haben", sagt die Polizistin. Wechselberger ist beeindruckt.Sie sind schon per du. Man sieht, dass Beatrice der Kollegin vertraut. „Wir werden Deinen Mann heute noch festnehmen. Du hast nichts zu befürchten." Erstaunt schauen ihr Tschanz und Wechselberger ins Gesicht. „Beatrice, erzähle dem Kommissar, was du damals beobachtet hast." „Am Abend, als dieses Mädchen verschwunden ist, habe ich meinen Mann gesucht. Ich bin in das Lagerhaus gegangen, aber da war er nicht. Ein paar Mal habe ich laut gerufen, und dann war mir, als ob ich eine Stimme hörte. Es war ganz, ganz leise, aber je länger ich darüber nachdenke, jemand rief ‚Hilfe, ich bin hier'. Dann war plötzlich mein Mann da. Er war verschwitzt, das Hemd hing aus der Hose, er war außer Atem und er hatte ein ganz rotes Gesicht." Kommissar Tschanz hört höchst konzentriert zu. Inzwischen ist er überzeugt, dass die Kollegin Bernrieder den richtigen Riecher hatte und lächelt ihr anerkennend zu. „Was passierte dann, Frau Bierbichler?" Nach wie vor findet Wechselberger diesen Namen vollkommen unpassend für diese Urenkelin der Inkas. „Mein Mann wimmelte mich ab. Er sagte, er wäre gerade mit einem Telefontechniker unten, um eine Anlage zu installieren. Miguel-Roberto war dabei und fing an zu weinen, weil der Papa so wild aussah. Ich bin dann wieder ins Haus gegangen. Ich habe die Sache mit der Telefonanlage geglaubt, aber dieses Stimmchen „Hilfe, ich bin hier", es klang immer wieder in meinem Kopf." „Hat ihr Mann später noch etwas zu diesem Vorfall gesagt?" „Nein, ich habe ihn dann zwei Tage nicht gesehen. Er hat nicht zu Hause übernachtet." „Wie benahm sich ihr Mann, als er wieder nach Hause zurückkam?" „Er war betrunken." „Haben Sie nie wieder über diese Ereignis gesprochen?" „Nein." Dann schweigt sie. Tschanz schaut ihr forschend ins Gesicht. „Ich habe nichts gefragt, weil ich Angst hatte, er würde

Ein Kuss zum Abschied

ausrasten. Das tat er nämlich regelmäßig. Wenn ich auch nur ganz leise den Verdacht äußerte, er würde mit anderen Frauen schlafen. Sie haben doch sicherlich schon sein Vorleben recherchiert." Überrascht blickt Tschanz von Beatrice zu Cornelia, weiter zu Wechselberger, der irritiert den Kopf schüttelt.

Wieder zu Beatrice gewendet, sagt er etwas entschuldigend: „Es tut mir leid, ich hatte noch nicht die Zeit. Kollegin Bernrieder meinte, ich dürfe keine Zeit verlieren, hierher zu kommen." „Er ist mehrfach einschlägig vorbestraft. Die letzte Strafe von sieben Jahren saß er bis 1996 in der JVA Traunstein ab. Danach kam er aus der Sicherungsverwahrung frei, nach Beschluss des Landesgerichts München, aufgrund eines psychologischen Gutachtens." Erschüttert fragt Wechselberger „Beatrice, haben Sie das gewusst, als sie ihn geheiratet haben?" Sie nickt. Wechselberger versteht nicht. Beatrice zeigt ein mattes Lächeln: „Er war charmant und höflich. Ich glaubte, durch mich würde er ein neuer Mensch..." Flüsternd fragt Wechselberger seine Kollegin: „Hat sie dir das alles erzählt?" Cornelia lächelt: „Lorenz! Für was haben wir Computer? Das ging ganz fix." „Also gut," Tschanz räuspert sich. Er wird dieser Polizistin zu einer Kripokarriere raten. „Frau Bierbichler, können Sie zu diese Sache noch weitere Hinweise geben?" Cornelia Bernrieder zwinkert der Lateinamerikanerin aufmunternd zu. „Ja. Ich habe die Plakate gesehen. Da wurde die Martina gesucht. Als mein Mann wieder zurückkam, fand ich im Mülleimer Schnipsel von einem Personalausweis. Auf einem stand der Name Martin. Nach dem ‚n' war das Papier abgeschnitten." Tschanz springt auf. Das war zuviel. „Vielen Dank, Frau Bierbichler, Sie haben uns sehr geholfen!" Er hat es plötzlich sehr eilig.

Er verabschiedet sich, fischt das Mobiltelefon aus der Manteltasche und bestellt sein Team und einen Wagen für einen Einsatz zu jenem Lagerhaus. Er dreht sich noch einmal um und drückt Cornelia die Hand. „Hervorragend! Ganz hervorragend!" Und zu Wechselberger: „Wenn Sie mitwollen, dann los!" Sie besteigen seinen zivilen Dienst-Audi. Tschanz setzt das Blaulicht. Sie erreichen das Bierbichleranwesen im selben Augenblick wie die zusätzlich angeforderten Kollegen. Geichzeitig öffnen sich die Wagentüren. Sie stehen vor der Lagerhalle der Firma ‚Bierbichler Farben' und schauen an der Fassade hinauf. Wie sollen sie jetzt vorgehen? Tschanz überlegt, ob sie in das Wohnhaus, das Geschäft und die Lagerhalle gleichzeitig eindringen sollen. In dem Moment knallt eine Metalltür hinter dem Gebäude zu. Die Polizisten rennen um das Haus. Ein ungepflegter Mann versucht, zu fliehen. Er springt über den Drahtzaun, bleibt mit einem Fuß hängen und stürzt auf die andere Seite. Tschanz' Kollegen heben ihn hoch. Die Handschellen klirren, dann rasten die Bügel ein. Der Mann riecht stark nach Alkohol. „Bierbichler?" Er glotzt sie nur an. Aus dem ist vorläufig nichts herauszuholen.

Im Keller des Lagers finden die Kriminalbeamten ein verwahrlostes Büro. Es ist altmodisch tapeziert. Das Design erinnert an Matratzenmuster. Am Boden liegt ein zerschlissener, abgetretener blauer Teppichboden mit Flecken, Löchern und Falten. Man sieht zwei über Eck stehende Schreibtische, beladen mit Papierstapeln, Lieferscheinen, Rechnungen und Geschäftsbriefen. Aus den Papierhaufen ragt ein PC-Tower und der obere Rand eines Bildschirms. An der Wand steht ein Regal mit Zulieferkatalogen. Zur weiteren Ausstattung gehört ein

Ein Kuss zum Abschied

drehbarer Bürostuhl auf Rollen, ein pinkfarbenes Sperrmüllsofa, ein Kühlschrank mit einer angebrochenen Whiskyflasche und einer halb leeren Eierlikörflasche. In einer Ecke steht ein Karton mit stinkendem Sand, offensichtlich ein Katzenklo; in der Mitte des Raumes: Ein chromblitzender Couchtisch mit Glasplatte, darauf ein betagtes Faxgerät und ein alter, grauer Telefonapparat mit Wählscheibe. Tschanz überlegt, wo er einen solchen Apparat das letzte Mal gesehen hat. Von einer Telefonanlage war jedenfalls nichts zu sehen. Tschanz hat genug gesehen. Genug, um sich bildhaft vorzustellen, was sich hier vor vier Monaten abgespielt haben könnte. Er schickt die Kollegen von der Spurensicherung nach unten. Es ist der Beginn einer tagelangen Fleißarbeit. Am nächsten Tag wird die Rosenheimer Kripo durch ein Team vom BKA verstärkt. Zentimeter für Zentimeter wird der Raum mit Folien beklebt. Die Spezialisten werden fündig: Am Bürostuhl werden Reste von Klebeband mit zwei verschiedenen DNA sichergestellt. Auf dem Sofa werden Sekret- und Spermaspuren entdeckt. Speichelspuren befinden sich an einer unter den Schreibtischen verknüllten Kunststofftüte.

Der Verdächtigte verweigert jede Aussage.

Wechselberger und Cornelia Bernrieder läuten bei Angela Röhrmoser. Sie öffnet die Tür. Gefasst und freundlich bittet sie die Beamten herein. Sie berichten über den Stand der Ermittlungen. Angela bringt wortlos zwei Pferdebücher, die auf Martinas Nachtkästchen lagen, ihre Haarbürste und ihre Zahnbürste. Vorsichtig legen die Polizisten die Gegenstände in Plastiktüten, trinken dankbar den angebotenen Kaffee, verabschieden sich und bringen die Gegenstände ins DNA-Labor. Nach der Analyse steht fest: Martina Röhrmoser war in Bierbichlers

Kellerbüro. Florian Bierbichler schweigt.

Ende November verbreitet der Oberbayerische Merkur folgende Meldung: „Eine unbekannte tote Person wurde am Samstagmorgen in einem Waldgebiet bei Bad Feilnbach gefunden. Es steht noch nicht fest, ob ein Verbrechen vorliegt. Die zuständige Staatsanwaltschaft Traunstein ordnete eine Obduktion an."

Am nächsten Tag lässt diese Nachricht noch mehr aufhorchen: „Auf Anfrage unserer Redaktion teilt Staatsanwalt Dr. Sebastian Adlmaier mit, dass die Ergebnisse frühestens heute Nachmittag vorliegen. Bis jetzt stünde lediglich fest, dass es sich ‚nicht um eine alte Frau handelt'. Auch über die Identität der Toten und die Todesursache wurden bis Redaktionsschluss keine Angaben gemacht."

Fünf Tage später wird auf der Pressekonferenz der Polizeidirektion Rosenheim verkündet, dass der Fall Martina Röhrmoser endgültig geklärt ist. Der Sprecher berichtet: „Nach der Beseitigung der Hochwasserschäden im Juni hatten sie die Hoffnung fast verloren, den Leichnam der am 9. September verschwundenen Martina Röhrmoser zu finden, um den verdächtigten Bierbichler endgültig zu überführen. Nach dem Fund im Feilnbacher Forst sind Staatsanwaltschaft und Kripo nunmehr überzeugt, dass die 16-jährige nie auf dem Herbstfest gewesen ist. Auf dem Weg zum Raublinger Bahnhof traf sie ihren Mörder, der sie, offenbar unter dem Vorwand, ihr sein Pferd in einem nahegelegenen Reiterhof zu zeigen, in seinen Passat-Variant locken konnte. Er brachte sie in den Keller seines Farbgeschäfts. Dort fesselte er sie an einen Bürostuhl, vergewaltigte sie und erstickte sie mit einer Kunststofftüte. Die Leiche vergrub er in dem Waldstück, wo ein Jogger sie am letzte Samstag fand."

Ein Kuss zum Abschied

Im Landgericht Traunstein sieht Angela Röhrmoser fünf Monate später den Mörder ihrer Tochter. Bierbichler erklärt, der Erstickungstod sei ein Unfall gewesen und bestreitet die Vergewaltigung.

Angela beginnt zu weinen. Sie kann nicht mehr. Vorsichtig führen Cornelia Bernrieder und Lorenz Wechselberger sie aus dem Verhandlungssaal. Sie sind mit ihr nach Traunstein gefahren. „Nein, ich verspüre keine Wut und keinen Hass! Nur eine unendliche Trauer, dass es Menschen gibt, die so etwas tun." Keiner hat sie dazu aufgefordert, aber Cornelia Bernrieder und Lorenz Wechselberger wissen, dass Angela jetzt darüber sprechen muss. Jetzt, hier im Flur des Landgerichts und immer wieder, überall. Angela beruhigt sich, sie nickt den beiden Polizisten zu. Wechselberger öffnet die Tür zum Saal. Die Richter des Traunsteiner Schwurgerichts stellen gerade die „besonders schwere Schuld" fest. Das bedeutet, Bierbichler muss damit rechnen, bis an sein Lebensende im Gefängnis zu bleiben.

Maria Utelli
Ein seltsames Geständnis

Ärgerlich sieht sich Kuno Kirchhoff in seinem Büro um. Haufenweise Kartons, auseinandergeschraubte Regale, Chaos pur. Ausgerechnet jetzt kommt die Verwaltung auf die Idee, alle Diensträume im ersten Stockwerk renovieren zu lassen.

Das Klingeln des Telefons reißt ihn aus seinen Gedanken.

„Kirchhoff!", meldet er sich.

„Landgrebe. Gerichtsmedizin Gelsenkirchen. Wir haben hier einen Fall für Sie. Eine Rentnerin, allem Anschein nach stranguliert."

„Haben Sie schon mit der Staatsanwaltschaft gesprochen?", erkundigt sich Kirchhoff.

„Ja, schon geschehen. Am besten faxe ich Ihnen einfach die Unterlagen rüber. Auf Wiederhören!"

„Auf Wiederhören", murmelt Kirchhoff, aber der Kollege von der Gerichtsmedizin hat schon aufgelegt. „Der hatte es aber eilig", sagt er zu sich.

Kurze Zeit später kommt Ina aus dem Sekretariat und legt einen Stapel Blätter auf seinen Schreibtisch.

„Hier, das kam gerade von der Gerichtsmedizin Gelsenkirchen."

„Danke. Einen Kaffee?" Kirchhoff hält schon die Kanne in der Hand.

„Nein danke, ich habe zu tun." Ina lächelt und verschwindet wieder.

„Schade". Kirchhoff schenkt sich Kaffee ein und beginnt zu lesen: die Rentnerin Marlies Bäumer ist von ihrer

Ein seltsames Geständnis

Bekannten Sonja Lose vor drei Tagen tot aufgefunden worden. Lose, die einen Schlüssel zu Bäumers Wohnung hatte, wollte nach ihrer kranken Freundin sehen, als sie die Leiche auf dem Boden des Wohnzimmers fand. Der zu Hilfe gerufene Arzt konnte nicht mit Sicherheit sagen, ob die Frau eines natürlichen Todes gestorben war und empfahl eine Obduktion. Dabei wurde festgestellt, dass die Frau Verletzungen am Hals und Stauungsblutungen in den Augen aufwies. Es sah also nach einem gewaltsamen Tod aus.

„Gert!" ruft er durch die offene Tür.

„Ja?" Der Assistent kommt herein. „Kaffeepause?", fragt er hoffnungsfroh.

„Leider nein. Arbeit. Wir müssen raus nach Michelshagen fahren. Eine ältere Frau wurde umgebracht. Wahrscheinlich stranguliert."

Kirchhoff sitzt am Steuer. Immer wieder fährt er dicht auf, bremst abrupt und gibt sofort wieder Gas, sobald ein paar Meter vor ihnen frei sind.

„Bitte, Kuno! Ich möchte lebend da ankommen!" Gert sieht ihn entnervt an.

Kirchhoff schnaubt verächtlich, fährt aber etwas ruhiger.

Sie halten vor einem unscheinbaren Mietshaus aus den fünfziger Jahren. „Marlies Bäumer" steht noch auf dem Klingelschild. Zweiter Stock. In der gegenüberliegenden Wohnung lebt ein gewisser Ralf Schneider, bei dem Kuno klingelt. Es wird aufgedrückt und sie steigen die Stufen hinauf. Das Treppenhaus ist dunkel und schmuddelig. Im zweiten Stock steht ein Mann in der Tür, den Kirchhoff auf Ende zwanzig schätzt.

„Guten Tag, Kriminalpolizei, Kirchhoff mein Name!" Er hält dem Mann seinen Dienstausweis hin und stellt

Gert vor. „Können wir einen Moment reinkommen?"

„Ja, bitte." Der Mann wirkt verschüchtert.

„Es geht um Ihre Nachbarin, Frau Bäumer. Sie wurde vor drei Tagen tot in ihrer Wohnung aufgefunden." Kirchhoff sieht den Mann mit gespannter Aufmerksamkeit an; oft geraten die Leute ins Schwitzen, werden plötzlich blass oder rot oder brechen gar in Tränen aus. Diese ersten Momente eines Gesprächs können sehr aufschlussreich sein.

„Ich weiß. Der Arzt war am Montag da. Ihre Freundin war völlig außer sich. Die mit den roten Haaren, ich weiß nicht, wie sie heißt."

„Allem Anschein nach ist Frau Bäumer umgebracht worden. Wir müssen alle Hausbewohner überprüfen. Haben Sie die Nacht vom 9. auf den 10. Februar in Ihrer Wohnung verbracht?"

Der junge Mann überlegt und sagt dann: „Da hatte ich Nachtschicht in der Klinik. Wissen Sie, ich bin Krankenpfleger."

„Wäre es möglich, Ihre Aussage kurz telefonisch von ihrem Arbeitgeber bestätigen zu lassen?", schaltet sich Gert nun ein.

Schneider ist irritiert, ruft aber in der Klinik an. Seine Angaben werden bestätigt.

„Warten Sie. Jetzt erinnere ich mich. Ein Freund von mir hat hier geschlafen. Er hat einen Schlüssel zu meiner Wohnung."

„Könnten Sie diesen Freund wohl erreichen?", fragt Kirchhoff.

„Ich versuch's." Er verschwindet in der Küche und telefoniert. Keine Minute später kommt er zurück. „Er fährt sofort los. Müsste eigentlich gleich hier sein."

Ein seltsames Geständnis

Sie setzen sich in Schneiders kärglich möbliertes Wohnzimmer.

„Kannten Sie Frau Bäumer gut?", fragt Gert.

Schneider verneint. „Ich habe ihr ab und zu ihre Einkäufe hochgetragen und wir haben über's Wetter geredet. Darauf hat sich unser Kontakt eigentlich beschränkt."

Es klingelt. Schneider öffnet die Wohnungstür.

„Hallo, Stephan. Die Kripo ist da. Es geht um die Bäumer, die ist doch vor ein paar Tagen gestorben. Wahrscheinlich ist sie ermordet worden!"

„In der Nacht vom 9. auf den 10., um genau zu sein." Kirchhoff ist ebenfalls aufgestanden.

„War das von Sonntag auf Montag?" Stephan wirkt verunsichert. Die Polizisten nicken.

Er wird blass. „Da war ich hier. Ja, ich habe hier bei Dir übernachtet, Ralf." Irritiert sieht er seinen Freund an. Dann beginnt er, im Zimmer auf und ab zu gehen.

„Beruhigen Sie sich", bittet Kirchhoff. „Wenn Sie nur hier in der Wohnung ihres Freundes waren, gibt es kein Problem."

Aber Stephan hört nicht auf, hin- und herzulaufen. „Ich war ziemlich betrunken in dieser Nacht. Ich hatte mich mit Iris gestritten und mir danach im Moonlight richtig die Kante gegeben."

„Ist das eine Kneipe hier im Ort?" Gert wendet sich mit der Frage an Schneider. Er nickt.

„Sie waren also betrunken. Setzen Sie sich doch, bitte!" Kirchhoff wird ungeduldig. „So kann man doch nicht reden!"

„Ja, Sie haben Recht. Entschuldigung." Stephan setzt sich steif auf die Kante eines Sessels.

„Kann man hier rauchen?" Kirchhoff hat seinen Tabaksbeutel schon ausgepackt. „Bitte", sagt Schneider und stellt ihm einen Aschenbecher hin.

„Sie kamen also am Sonntagabend betrunken in die Wohnung ihres Freundes. Wann ungefähr?" Kirchhoff hat angefangen, an seiner Pfeife zu paffen.

„Ich glaube, so gegen Mitternacht." Stephan bedeckt sein Gesicht mit den Händen. „Langsam kommt mir alles wieder in Erinnerung!" Er stöhnt auf.

Die Polizisten wechseln bedeutungsvolle Blicke. Bei Routineüberprüfungen der Nachbarn kommt nur selten etwas Brauchbares für die Ermittler heraus. Aber der junge Mann, der ihnen gegenüber sitzt, ist offensichtlich dabei, ein Geständnis abzulegen. „Ich meine, mich zu erinnern, dass ich in ihrer Wohnung war und wir Streit hatten. Ich glaube, sie schrie mich an – und irgendwann verlor ich die Geduld. Ich ergriff eine Vase – wissen Sie, so eine aus Porzellan mit einem ganz dünnen Hals – und schlug zu. Dann muss sie zu Boden gestürzt sein. Ich erinnere mich an Blut..." Er hat während des Redens die Hände nicht vom Gesicht genommen.

„Stephan, was erzählst du denn da? Du kanntest die Bäumer doch gar nicht!" Schneider steht der ganzen Szene zunehmend fassungslos gegenüber.

„Ich weiß, Ralf, du musst mich für verrückt halten. Aber so muss es gewesen sein..." Er schüttelt verzweifelt den Kopf. „Wie konnte ich so etwas nur tun?", murmelt er vor sich hin.

„Wie ist Ihr Nachname?", fragt Gert. Stephan antwortet nicht. Er redet leise vor sich hin, beschuldigt sich immer wieder selbst.

„Er heißt Stephan Jablonski", sagt Schneider schließlich. Gert notiert den Namen.

Ein seltsames Geständnis

„Herr Jablonski!" Kirchhoff räuspert sich. „Wenn Sie wirklich behaupten, die Tat begangen zu haben, müssen wir Sie festnehmen. Ich möchte Sie bitten, uns zu begleiten."

Der junge Mann steht müde auf, bereit, ihnen zu folgen.

„Ich kann das alles nicht glauben!", wendet Schneider sich an die Beamten. „Er ist überhaupt kein gewalttätiger Typ. Er hatte schon immer eine blühende Phantasie! Vielleicht bildet er sich die ganze Geschichte nur ein?"

„Vielleicht, Herr Schneider. Aber das eben war so etwas wie ein Geständnis."

„Steht denn überhaupt fest, dass sie umgebracht worden ist?", fragt er verzweifelt.

„Ja, das ist so gut wie sicher. Sie hören von uns." Gert legt ihm tröstend die Hand auf die Schulter.

Während der Fahrt zurück nach Gelsenkirchen schweigen sie alle. Jablonski hängt apathisch auf der Rückbank und starrt an die Decke. Die flache Landschaft sieht an diesem matschig-grauen Februartag trostlos aus. Selbst die stillgelegten Industrieanlagen, für deren morbiden Charme Kirchhoff durchaus etwas übrig hat, wirken heute deprimierend.

„So, da wären wir." Kuno Kirchhoff parkt direkt vor der Wache. „Gert, nimm schon mal seine Daten auf und sorge dafür, dass er untergebracht wird. Ich habe noch ein Gespräch mit dem Chef."

Gert steht hinter Kirchhoff und liest über seine Schulter hinweg den Bericht mit, den sie über die Faseruntersuchungen bekommen haben. An der Leiche konnten keine fremden Fingerabdrücke nachgewiesen werden, daher konzentriert man sich auf textile Spuren, die der Täter hinterlassen haben muss.

„Fasern einer Bluejeans haben sie gefunden. Ich bin beeindruckt."

„Wieso? Was passt dir denn daran schon wieder nicht?", fragt Gert.

„Schau mal an dir runter. Na? Sind das etwa Cordhosen? Sie sind hiermit tatverdächtig, Herr Kranich! Ich selbst übrigens auch", fügt Kirchhoff hinzu. „Wahrscheinlich fast fünfzig Prozent der Bevölkerung."

„Du übertreibst. Immerhin haben die Kollegen ein Ergebnis geliefert, das zu Jablonskis Geständnis nicht im Widerspruch steht. Er hatte nämlich Bluejeans an!" In Gerts Stimme schwingt Triumph mit.

„Hältst du diesen nervösen Jungen wirklich für den Mörder?" Kirchhoff hat den Bericht zugeklappt und sich zu Gert umgedreht.

„Vielleicht. Er ist der einzige, der dringend tatverdächtig ist. Weshalb sollte er etwas gestehen, das er nicht getan hat? Das wäre doch idiotisch!"

„Manche Leute sind eben idiotisch. Aber vielleicht wissen wir nach dem heutigen Gespräch mit ihm mehr."

Jablonski wird von einem Wachmann hereingeführt. Unsicher blickt er sich um.

„Guten Tag", begrüßt ihn Gert.

„Tag." Jablonski wirkt noch verstörter als zwei Tage zuvor. Er ist groß und dünn und hat ebenso dünne, halblange Haare.

„Bitte, setzen Sie sich." Gert schiebt ihm einen Stuhl hin, auf den der junge Mann sich fallen lässt.

„Wie stehen Sie zu dem Geständnis, dass sie am Donnerstag abgegeben haben?", fragt Kirchhoff.

„Um ehrlich zu sein, ich weiß gar nicht mehr, was ich genau gesagt habe... Ich weiß auch nicht, wie ich die Frau

Ein seltsames Geständnis

umgebracht habe, aber ich weiß, dass ich es war." Er sieht sich ständig im Raum um, als suche er etwas.

„Was macht Sie da so sicher?" Kirchhoff stopft seine Pfeife, wobei er Jablonski kaum aus den Augen lässt. „Suchen Sie etwas?", fragt er, da Jablonskis Augen weiter durch sein kleines Büro streifen.

„Nein, gar nichts." Er zwingt sich zur Ruhe.

Jablonski hält die Hände an die Schläfen gepresst und hat die Augen geschlossen. Gert wird unruhig, aber Kirchhoff bedeutet ihm mit einer Geste, abzuwarten.

„Ich... ich sehe das angstverzerrte Gesicht der alten Frau vor mir. Ich komme in ihr Schlafzimmer... Sie liegt in ihrem Bett. Wir streiten uns. Ich... ich nehme ein Kopfkissen... irgend etwas Weiches..." Jablonski redet jetzt mit Händen und Füßen.

„Sie wehrt sich... und sieht mich zornig an. Ich... ich weiß nicht mehr. Dann war es still." Er hat die Hände von den Schläfen genommen und sieht die Beamten fest an. „Ich glaube, dann bin ich in Ralphs Wohnung zurückgegangen und habe mich schlafen gelegt."

Der Kommissar pafft an seiner Pfeife und geht die Notizen durch, die er sich nach dem Besuch in Michelshagen gemacht hat.

„Beschreiben Sie bitte die Lage des Schlafzimmer in der Wohnung", sagt Kirchhoff ruhig.

Jablonski zögert einen Moment, dann sagt er: „Gleich links, wenn man durch die Wohnungstür kommt."

„Danke." Kirchhoff fügt seinen Notizen eine weitere hinzu: Der Geständige kann die Lage der Zimmer in der Wohnung nicht angeben.

„Letzten Donnerstag sagten Sie aus, Sie hätten Frau Bäumer erschlagen, und zwar in ihrem Wohnzimmer, jetzt sprechen Sie von ersticken."

„Erschlagen habe ich sie nicht. Bestimmt nicht. Dann habe ich Ihnen Unsinn erzählt!" Jablonski ist aufgesprungen und versucht, Kirchhoffs Notizen zu fassen zu kriegen. Schließlich entreißt der Kommissar dem jungen Mann die Unterlagen mit einem energischen Ruck. „Was soll denn das?", sagt er ärgerlich.

„Streichen Sie das, bitte", fleht er. Kirchhoff hat die Notizen mittlerweile in einer Schublade in Sicherheit gebracht.

„Beruhigen Sie sich!"

„Das stimmt nicht, was ich Ihnen am Donnerstag erzählt habe. Meine Erinnerung muss mir einen Streich gespielt haben!" Er scheint über sich selber entsetzt zu sein. „Aber es war nicht mit Absicht, ehrlich nicht, das müssen Sie mir glauben."

Kuno Kirchhoff verliert langsam die Geduld. „Herr Jablonski!", donnert er, „würden Sie bitte einfach nur auf unsere Fragen antworten?"

„Verzeihung." Er schweigt beleidigt.

„Sie sagten, Sie hätten Frau Bäumer in ihrem Bett erstickt. Ihre Leiche wurde aber auf dem Teppichboden gefunden."

„Dann muss Sie jemand dahin getragen haben", sagt Jablonski mit Festigkeit.

„Könnten Sie dieser Jemand gewesen sein?", fragt Gert.

„Ich erinnere mich nicht. Vielleicht war noch jemand nach mir in der Wohnung?"

„Sehr unwahrscheinlich", murmelt Kirchhoff. „Sie haben ausgesagt, sie seien an diesem Abend sehr betrunken gewesen. Wie kommt es, dass Sie sich trotzdem so genau an alles erinnern?"

Ein seltsames Geständnis

„Ja, das ist merkwürdig, nicht wahr?", sagt Jablonski versonnen. „Aber so ist es nun mal!"

„Gut, das genügt für heute!" Auf Kuno Kirchhoffs Stirn haben sich steile Falten gebildet.

„Auf Wiedersehen. Wir werden uns bestimmt in den nächsten Tagen noch mal sprechen."

Kirchhoff gibt dem Wachmann ein Zeichen, damit er Jablonski zurück in seine Zelle bringt.

„Auf Wiedersehen." Mit einem freundlichen Lächeln nickt Jablonski erst Gert, dann Kirchhoff zu.

Kaum ist er draußen, explodiert Kirchhoff. „Dieser Typ ist doch verrückt! Erst erzählt er, er habe sie erschlagen, jetzt will er sie auf einmal mit einem Kissen erstickt haben, dazu in ihrem Bett!" Wütend knallt er einen Stapel Akten auf den Tisch. „Der hält uns wohl für blöd!"

„Das glaube ich nicht." Gert ist wie immer der Besonnenere. „Zugegeben, seine widersprüchlichen Geständnisse sind ziemlich merkwürdig. Aber es gibt auch keinen Beweis, dass er es nicht war."

„Beweise nicht, aber Hinweise! Er hatte zum Beispiel keine Ahnung, wo das Schlafzimmer in Bäumers Wohnung ist."

„Er war betrunken", wendet Gert ein. „Und vor allem gibt es bislang keinen anderen Verdächtigen."

Wochen vergehen. Noch immer sitzt Jablonski in Untersuchungshaft.

„Heute ist seine letzte Chance!" Kirchhoffs Augenbrauen sind drohend zusammengezogen. „Wenn er uns den nächsten Quatsch erzählt, soll er wegen mir in diesem Knast versauern, wenn ich auch nicht glaube, dass er der Täter ist."

„Ich weiß nicht", sagt Gert. „Ich bin mir da wirklich nicht

sicher. Vielleicht war er so betrunken, dass er sich nicht mehr an die Details erinnert, aber noch weiß, dass er sie getötet hat. Möglich wäre es doch?"

Kirchhoff klopft seine Pfeife aus und stopft sie neu. „Die Frau ist aber stranguliert worden. Sie hat Verletzungen am Hals! Davon hat er noch nie was gesagt. Aber vielleicht kommt das ja heute." Er lacht sarkastisch. Der Kommissar hat seine Pfeife angezündet und zieht in kurzen Zügen. „Weißt du, was ich mich frage?", wendet er sich schließlich wieder an Gert. „Wie er überhaupt in die Wohnung reingekommen sein will."

„Er könnte einfach geklingelt haben." Gert denkt immer an das Naheliegende.

Nachdenklich pafft Kirchhoff, dann sucht er eine Telefonnummer in seinem Notizblock und wählt.

„Tag, Herr Schneider. Kirchhoff hier von der Kripo. Es geht noch immer um den Fall Bäumer."

„Wie geht es Stephan?", erkundigt sich Ralph Schneider besorgt. „Konnte seine Schuld nachgewiesen werden?"

„Nein, überhaupt nicht. Wir haben nur widersprüchliche Geständnisse. Aber deswegen rufe ich an: Könnten Sie mir vielleicht die Namen der Mieter im ersten und dritten Stock sagen?"

Schneider sucht eine Weile, dann nennt er die Namen und Telefonnummern der anderen Hausbewohner. Kirchhoff notiert eifrig.

„Lass mich noch die Stunde allein, bis Jablonski kommt, Gert!" Kuno Kirchhoff telefoniert.

Er findet heraus, dass eine Nachbarin nie vor 3.00 Uhr ins Bett geht und in der fraglichen Nacht Geräusche und Stimmen gehört hat. Sie ist sich sicher, dass nicht geklingelt worden ist. Auch die Eheleute im ersten Stock geben

Ein seltsames Geständnis

an, sie hätten auf jeden Fall die Klingel hören müssen. Sie sei schließlich laut, aber aufgeweckt hätten sie laute Stimmen, so wie bei einem Streit.

Fast zeitgleich kommen Gert und Jablonski in Kirchhoffs Büro. Gert bringt ein Tablett mit Tassen, Kaffee und ein paar Keksen mit.

Jablonski ergreift das Wort.

„Wissen Sie, ich habe noch mal über diese Nacht nachgedacht, und da ist mir viel eingefallen, was ich Ihnen wahrscheinlich noch gar nicht erzählt habe..."

„Stopp, Herr Jablonski! Wir wollen heute keine neue Tatversion hören, sondern nur ein paar Fragen klären", unterbricht ihn Kirchhoff energisch. „Wie sind sie in der Nacht vom 9. auf den 10. in die Wohnung von Frau Bäumer gekommen?"

Jablonski denkt eine Weile nach. „Vielleicht habe ich das Schloss aufgebrochen?", sagt er schließlich.

„Das Schloss war unbeschädigt!" Jetzt kann auch Gert ein Seufzen nicht mehr unterdrücken.

„Ich könnte es mit einem Dietrich aufgemacht haben. Ja, ich glaube so war's!"

„Gut!" Kirchhoff scheint auf dieses Stichwort gewartet zu haben. „Schauen Sie mal hier!" Er schiebt ihm einen Kasten zu. „Da sind einige Werkzeuge drin. Öffnen Sie doch mal das Türschloss. Es ist dem von Frau Bäumer ziemlich ähnlich!"

Gert grinst. Gar nicht so dumm.

Ratlos steht Jablonski vor dem Kasten, nimmt ein paar Werkzeuge heraus und fuhrwerkt an dem Türschloss herum. Ohne jedes Ergebnis. „Ich habe wohl vergessen, wie es geht", sagt er enttäuscht.

„Das macht nichts", tröstet ihn Kirchhoff. Er nimmt jetzt

seinen Seidenschal von der Garderobe, schlingt ihn um seinen Oberarm und sagt: „Herr Jablonski, bitte ziehen Sie mal so fest Sie können zu." Jablonski sieht verwirrt aus, folgt aber den Anweisungen des Kommissars. Mit der linken Hand ist er sichtlich ungeschickt und Kirchhoff spürt den Druck des Schals kaum.

„Ich kann nicht fester!"

„Ich weiß. Sie hatten vor zwei Jahren einen Motorradunfall und waren danach einige Monate in einer Rehaklinik, nicht wahr?"

„Ja, das stimmt. Mein linker Arm war nach dem Unfall gelähmt. Viel Kraft habe ich seitdem nicht mehr in dem Arm." Mutlos lässt er den Schal fallen.

„Danke, dass sie es versucht haben!" Kirchhoff sieht sehr zufrieden aus. „Das war's für heute. Auf Wiedersehen." Kirchhoff ruft den Wachmann, der Jablonski zurück zur Zelle begleiten soll. Dann schließt er die Tür.

„Und?" Triumphierend sieht er Gert an.

„Nicht blöd, das muss ich zugeben!" Gert lächelt.

„Ich meine, glaubst du mir jetzt, dass er es nicht gewesen sein kann?"

„Ja, es sieht tatsächlich so aus, als ob du Recht behalten würdest. Ich fürchte, wir müssen noch mal nach Michelshagen und nach neuen Spuren Ausschau halten!"

„Vor allem müssen wir ihm ausreden, dass er die Frau umgebracht hat. Das wird das Schwierigste sein!"

„Jetzt im Mai sieht es hier gleich viel schöner aus!" Vergnügt sieht Kuno Kirchhoff aus dem Fenster. Da Gert darauf bestanden hat, zu fahren, kann er ungestört die Landschaft genießen. Es dauert eben nur ein bisschen länger.

„Mit welchem Nachbarn willst du denn heute sprechen?", erkundigt sich Gert.

Ein seltsames Geständnis

„Erst mal mit dieser Nickels aus dem dritten Stock. Sie und die Bäumer scheinen sich ganz gut gekannt zu haben. Jedenfalls nach der Aussage von Schneider." Kirchhoff hat eine Kassette eingeschoben und summt die Kubanischen Schlager mit.

Frau Nickels hat sich auf den telefonisch angekündigten Besuch der Kripobeamten anscheinend vorbereitet. Der Tisch ist liebevoll gedeckt. Ein selbstgebackener Kuchen steht darauf, obwohl es erst zehn Uhr morgens ist. Auch Schnaps hat sie bereitgestellt. Stolz führt sie Gert und Kuno Kirchhoff ins Wohnzimmer und bittet sie, Platz zu nehmen.

„Und? Ist es dieser Freund vom Schneider gewesen?", fragt sie neugierig. „Mir war der ja gleich suspekt. Jedes Mal mit einem anderen Mädchen unterwegs. Und diese unordentlichen Haare! Mir war es von Anfang an nicht recht, dass er hier im Haus übernachtet hat. Mich hätte es ja genauso treffen können!" Das Selbstmitleid treibt ihr bei dieser Vorstellung Tränen in die Augen, die sie verstohlen abwischt.

„Er war es nicht!", sagt Kirchhoff kühl. „Deshalb sind wir noch mal hier."

„Tatsächlich nicht?" Frau Nickels Tränen sind wie weggezaubert. Sie schenkt ihnen Kaffee ein und schneidet den Kuchen an. „Selbstgebacken! Nach einem alten Hausrezept, noch von meiner Großmutter." Sie strahlt.

Kuno Kirchhoff versucht mühsam, einen Rest von Sachlichkeit in dieser Kaffeeklatsch-Atmosphäre zu wahren und packt seine Unterlagen aus. Gert ist dabei mal wieder keine Hilfe: er erkundigt sich gleich nach dem Rezept und löst damit einen wahren Redeschwall bei der alten Dame aus.

„Vielleicht können wir mal zur Sache kommen?", fragt Kirchhoff gereizt.

„Entschuldigen Sie bitte, Herr Kommissar!" Die Frau wendet sich ihm zu.

„Gab es einen Mann, zu dem Frau Bäumer regelmäßig Kontakt hatte?" Kirchhoff hat Notizblock und Stift gezückt.

„Ja, ihr Sohn war oft da. Wirklich ein Glück, so einen Sohn zu haben. Wissen Sie, er ist Anwalt und wohnt in Düsseldorf." Sie sagt das mit einer solchen Ehrfurcht, dass Kirchhoff schmunzeln muss. „Er hat sich um die ganzen Papiere gekümmert. Auch um ihr Geld und solche Dinge."

„Gab es noch einen anderen Mann?" Mit dem Sohn hat Kirchhoff gleich nach dem Anruf aus der Gerichtsmedizin gesprochen, da er ihn von dem gewaltsamen Tod der Mutter unterrichten musste. Er war an dem fraglichen Wochenende dienstlich in München und schien sowieso unverdächtig.

„Ja, natürlich!" Frau Nickels wird lebhaft. „Sie hatte ja in den letzten Jahren einen Freund, diesen Kurt. Mein Mann selig hat sofort gesagt, dem traut er keine Minute, wissen Sie, Gernot hatte einen Blick für so etwas... Letztes Jahr ist er gestorben." Sie nimmt ein Taschentuch aus ihrem Ärmel und tupft sich die Augen.

„Seit wann bestand die Beziehung zwischen Frau Bäumer und diesem Kurt?", fragt Kirchhoff.

Barbara Nickels erzählt, dass er vor ungefähr drei Jahren das erste Mal bei Frau Bäumer aufgetaucht war. Sie hatten sich über eine Kontaktanzeige kennen gelernt. Zeitweise wohnte er sogar mit in ihrer Wohnung, weil er angeblich keine eigene hatte. Bäumers Sohn warf ihn aber raus, da mehrfach Geld und Schmuck aus der Wohnung seiner Mutter verschwunden war. Ein oder zwei Mal habe er sie auch so geschlagen, dass sie zum Arzt gehen musste.

Ein seltsames Geständnis

Immer wieder habe sie sich vorgenommen, den Kontakt zu Kurt abzubrechen, aber er habe ihr irgendwie leid getan. „Er hatte niemanden außer Frau Bäumer", sagt sie.

„Bestand die Beziehung bis zu ihrem Tod?", fragt Kirchhoff.

„Nein. Sie hatte sich schon vor Monaten endgültig von ihm getrennt. Das letzte Mal hat sie wirklich versucht, hart zu bleiben. Aber er akzeptierte das einfach nicht! Und tauchte immer wieder auf. Noch Kuchen?"

„Nein Danke!" Kirchhoff sagt das so energisch, dass Gert sich nicht traut, zu widersprechen.

„Wann haben Sie diesen Kurt zuletzt gesehen?"

„Gestern erst! Er kam zu mir und fragte, ob sich in der Mordsache von Frau Bäumer etwas getan habe. Ich sagte ihm, dass ich das auch nicht weiß. Ich bin ja keine Kommissarin!" Sie kichert. „Er ist schon komisch. Darum kam Frau Bäumer auch nicht mit ihm zurecht!"

Die Polizisten haben bedeutungsvolle Blicke gewechselt. Es scheint so, als hätten sie ihre neue Spur.

Nachdem sie den vollständigen Namen und die Adresse des Mannes notiert haben, verabschieden sich die beiden.

„Wir könnten Schneider fragen, ob er mitkommt!", schlägt Gert vor, als sie ein Stockwerk tiefer an seiner Wohnungstür vorbeikommen. Vielleicht kann er ihnen bei dem bevorstehenden Entlassungsgespräch mit Jablonski behilflich sein.

„Ist es möglich, dass ihr Freund Schwierigkeiten hat, zwischen Realität und Phantasie zu unterscheiden?", fragt Gert, als sie im Auto sitzen. Ralph Schneider lächelt leidvoll.

„Das haben Sie gut ausgedrückt! Ja, er ist ein etwas labiler, wenn auch liebenswerter Mensch. Ein Grenzgänger."

„Ralf!", ruft Jablonski, als er seinen Freund im Büro des Kommissars sieht und umarmt ihn.

„Hallo Stephan! Gut siehst du aus. Man scheint dich hier nicht schlecht zu versorgen." Der sonst so ruhige Ralf wirkt heute ein bisschen nervös.

„Aber was machst du hier?", erkundigt sich Stephan Jablonski. „Ich habe schon gedacht, du willst nichts mehr mit mir zu tun haben. Nach alldem..." Jablonski spricht sehr leise.

„Stephan. Hör dir an, was dir Kommissar Kirchhoff zu sagen hat."

„Setzen Sie sich doch." Kuno Kirchhoff hat genug von dieser rührseligen Szene und will es hinter sich bringen. Alle setzen sich.

„Herr Jablonski", eröffnet Kirchhoff das Gespräch, „das, was ich Ihnen jetzt sage, wird sie vermutlich überraschen. Sie müssen bereit sein anzuerkennen, dass der Alkoholrausch vom 9. auf den 10. Februar möglicherweise ihre Realitätswahrnehmung getrübt hat."

Jablonski starrt ihn an. „Das ist mir jetzt zu kompliziert", bringt er schließlich hervor.

„Herr Kirchhoff meint, dass du dir alles eingebildet hast, was du bisher über diese Nacht erzählt hast!", erklärt Ralf Schneider. Jablonski sieht verwirrt von einem zum anderen.

„Sie sind nicht der Mörder von Frau Bäumer, Herr Jablonski, das ist für uns sonnenklar." Kirchhoff zieht an seiner Pfeife und wartet gespannt die Reaktion auf seine Worte ab.

Jablonski hat den Kopf gesenkt. „Ich wünschte, Sie hätten Recht", sagt er leise.

„Herrgott, Sie können es gar nicht gewesen sein! Sehen Sie das doch ein!", sagt Kirchhoff ungeduldig.

„Warum nicht?", fragt Jablonski und Kirchhoff seufzt.

„Sie hätten die Türe gar nicht aufbekommen, und einen

Ein seltsames Geständnis

Schlüssel zu Frau Bäumers Wohnung hatten Sie nicht. Stimmt's?" Jetzt redet Gert ihm zu wie einem kleinen Kind. Jablonski nickt.

„Außerdem haben Sie durch den Unfall gar nicht mehr genug Kraft in den Armen, um jemanden zu strangulieren. Aber Frau Bäumer ist nun mal so zu Tode gekommen!" Jablonski hat trotzig die Arme vor der Brust verschränkt und sieht Gert misstrauisch an. „Auch konnten Sie uns nicht sagen, wie Frau Bäumers Wohnung aussieht. Vor allem aber stimmt keine Ihrer Tatschilderungen mit den Obduktionsbefunden überein." Kirchhoff ist über Gerts energisches Auftreten erstaunt.

Jablonski ist in sich zusammengesunken und sieht traurig aus.

„Ich möchte verstehen", wendet sich Ralf an ihn, „ wieso du so scharf darauf bist, der Mörder gewesen zu sein. Das ist doch absurd!"

Stephan Jablonski sieht ihn verletzt an. „Ich bin nicht scharf darauf. Ganz und gar nicht! Ich kann mir wirklich etwas Schöneres vorstellen, als die nächsten fünfzehn Jahre im Knast zu verbringen!"

„Ja eben!" Ralf sieht ihn beschwörend an.

„Aber ich möchte nicht, dass Mörder frei herumlaufen! Ich möchte für das, was ich getan habe, büßen." Jablonski hat sich kerzengerade hingesetzt.

„Sie haben es aber nicht getan", sagt Gert sanft.

Kuno Kirchhoff ist aufgesprungen und fuchtelt mit den Armen. „Mir reicht's! Das geht nun schon seit Monaten so!" Er wird laut. „Gehen Sie in eine Therapie, wenn Sie sich für einen Mörder halten, aber lassen sie uns verdammt noch mal damit in Ruhe!" Kirchhoff wischt sich mit seinem Taschentuch die Stirn. „Entschuldigung!", murmelt er, als er in die erschrockenen Gesichter um sich herum sieht. „Herr Jablonski." Kirchhoff spricht nun wieder ruhig, „wir werden Sie heute entlassen. Herr Schneider wird Sie mit zurück nach Michelshagen nehmen."

Nach dem Ausbruch des Polizisten ist die Stimmung gedrückt. Jablonskis Widerstand scheint gebrochen.

„Wie Sie meinen, Herr Kommissar. Auf Wiedersehen!" Er reicht erst Kirchhoff und dann Gert die Hand. Beide drücken sie herzlich. Er ist ein lieber Kerl, wenn auch ein bisschen verrückt.

„Haben Sie ein Auge auf ihn, Schneider!" Kirchhoff klopft ihm kameradschaftlich auf die Schulter. „Machen Sie's gut!"

„Bald habe ich die Nase voll von diesem Michelshagen!", schimpft Kuno Kirchhoff, als sie das Ortsschild passieren. Das Wetter hat umgeschlagen: es ist regnerisch und ziemlich kühl.

„Hier wohnt er!" Gert hat vor einem heruntergekommenen Gasthof gehalten, in dessen Scheibe ein ausgeblichenes Schild „Zimmer frei" verkündet.

Die Wirtin ist eingeschüchtert, als sie hört, dass die Männer von der Kripo sind. Anstandslos führt sie die beiden zu dem Zimmer Nr. 7, in dem Kurt Hohlmeier seit ein paar Monaten lebt.

„Herein!", ruft Hohlmeier auf das Klopfen der Wirtin hin. Er sitzt im Jogging-Anzug auf dem Bett und sieht fern. Neben ihm steht ein voller Aschenbecher.

„Hier sind zwei Herren von der Kriminalpolizei für Sie", sagt die Wirtin.

Hohlmeier springt auf. Er ist Mitte fünfzig und sieht schon ziemlich verlebt aus. „Was wollen Sie von mir?" Hohlmeier blickt wild um sich wie ein gehetztes Tier.

Ein seltsames Geständnis

„Wir wollen mit Ihnen reden. Es geht um den Tod von Frau Bäumer. Sie waren mit ihr", Kirchhoff räuspert sich, „näher bekannt."

„Ja, und? Ist das verboten?" Hohlmeiers Ton ist aggressiv.

„Darum geht es nicht, Herr Hohlmeier. Es geht um die Nacht vom 9. auf den 10. Februar, in der Frau Hohlmeier umgebracht worden ist." Kirchhoff bemüht sich, ruhig zu klingen.

„Ach, das wollen Sie jetzt mir anhängen, was?" Er lacht hämisch. „Wieso hätte ich so was denn tun sollen, he? Haben Sie das auch schon mal überlegt?" Er steht am anderen Ende des Raumes und weicht zur Seite, sobald Gert oder Kirchhoff einen Schritt auf ihn zu machen.

„Sie sind der einzige, der einen Schlüssel zu ihrer Wohnung hat? Das Schloss ist unbeschädigt, und jemand hat Ihre Stimme in der fraglichen Nacht erkannt. Nicht sehr günstig für Sie", erläutert Kirchhoff.

„Beweisen Sie mir das erst 'mal." Hohlmeier wendet sich wieder dem Fernsehgerät zu. Er scheint die Diskussion für beendet zu halten.

„Wo waren Sie in der Nacht vom 9. auf den 10. Februar?" Kirchhoff hat den Apparat abgeschaltet. Gleichgültig wirft Hohlmeier die Fernbedienung auf das Sofa und steckt sich eine Zigarette an.

„Ich war im Gustaveck einen saufen. Danach war ich hier."

Kirchhoff schickt Gert nach unten, um die Wirtin zu holen. Sie soll Hohlmeiers Aussage bestätigen.

„Warten Sie, ich hole eben meine Unterlagen." Kurz darauf kommt sie mit einem großen, in Leder gebundenen Kalender wieder. „Das haben wir gleich!" Sie leckt zum Umblättern der Seiten ihren Finger an. „So! ...9. Februar...

ja, hier steht es. Herr Hohlmeier war bei uns. Er ist, glaube ich, gegen 23.00 noch mal aus dem Haus gegangen und hat mich morgens um vier Uhr aus dem Bett geklingelt. Ich erinnere mich gut. Er hatte wieder mal seinen Schlüssel vergessen. Das passiert ihm oft!" Sie sieht streng in Hohlmeiers Richtung.

„Ich habe doch gesagt, dass ich im Gustaveck war", brummt Hohlmeier vom Sofa aus.

„Aber das macht um Mitternacht zu, mein lieber Herr Hohlmeier!" Der Tonfall der Wirtin ist bissig.

Kirchhoff sieht Hohlmeier mit drohend zusammengezogenen Brauen an.

„Wissen Sie", wendet sich die Wirtin vertraulich an Kirchhoff, „er säuft eh zuviel, wenn Sie mich fragen. Aber bis vier Uhr in der Früh war er noch nie weg!"

„Halten Sie doch ihre Klappe." Hohlmeier holt unter dem Bett eine Flasche Korn hervor und beginnt, in großen Schlucken zu trinken. Er wirkt resigniert, kraftlos. In seinem Verhalten ist keine Spur von Aggressivität mehr.

„Ja, ich war's", sagt er unvermittelt. „Sie können mich ruhig einsperren! Ist mir eigentlich eh egal. Mein Leben ist doch für'n Arsch! Jetzt habe ich noch nicht mal mehr die Marlies." Er wischt sich eine Träne aus dem Augenwinkel. „Sie war der einzige Mensch, der gut zu mir war. Ausgerechnet sie! Ich wollte es nicht. Ehrlich nicht." Er hat sich aufgesetzt und sich zu den Polizisten umgedreht. „Aber ich war so wütend, getrunken hatte ich auch einiges, und dann wollte sie mir nicht mal den Kassettenrekorder lassen. War doch das Einzige, woran ich noch Freude hatte. Lebendig kann ich sie nicht mehr machen, auch wenn ich es gerne würde. Nehmen Sie mich ruhig mit. Ich habe es verdient, und einen großen Unterschied

Ein seltsames Geständnis

macht es eh nicht. Hier in dem Loch oder im Knast, ist doch fast das gleiche. Ich könnte auch tot sein, ist auch fast das Gleiche. Ist mir alles ziemlich egal."

Widerstandslos lässt er sich von Kuno Kirchhoff die Flasche abnehmen.

„Können Sie den Tathergang schildern?", fragt der Kommissar.

„Also", seine Ausdrucksweise ist verschwommen. „Ich wollte mir den Kassettenrekorder holen, ich höre doch so gerne Musik, das habe ich aber schon gesagt, glaube ich. Nachdem Marlies mich weggeschickt hat, war die Musik meine einzige Freude!" Eine Krokodilsträne tropft auf den fleckigen Teppich. „Er stand auf der Fensterbank im Wohnzimmer. Ich dachte, ich schleiche mich rein, und keiner merkt was. Aber natürlich ist sie wach geworden. Sie kam ins Wohnzimmer und wir haben sofort angefangen zu streiten, so wie immer in den letzten Monaten." Er sieht auf. „Die Flasche, bitte!", sagt er zu Kirchhoff, aber der Kommissar schüttelt den Kopf. „Erzählen Sie weiter!", sagt er.

„Irgendwann wurde ich so wütend, dass ich den Gürtel aus ihrem Morgenmantel gerissen und ihn ihr um den Hals gelegt habe. Sie hat um sich geschlagen, aber ich habe mich auf ihre Arme gekniet und fest zugezogen. Eine Weile hat sie gewürgt und so geröchelt, als wollte sie Luft holen. Ich habe noch fester gezogen, und irgendwann hat sie sich nicht mehr geregt. Da bin ich dann gegangen."

Kirchhoff und Gert wechseln einen kurzen Blick. „Herr Hohlmeier, wir müssen Sie festnehmen", sagt Kirchhoff schließlich. „Sie können noch ein paar Sachen einpacken."

„Danke, ich brauche nichts." Hohlmeier steht im Jogging-Anzug vor ihnen und ist abfahrbereit. „Nur den Schnaps, den hätte ich gern!"

„Tut mir leid, das geht nicht. Aber vielleicht Kleidung, Fotos, Bücher?"

„Nein, für diese Dinge habe ich eh keine Verwendung mehr."

„Also gut", sagt Kirchhoff, „Gehen wir!"

Auf der Rückfahrt erzählt Hohlmeier sein ganzes Leben. Irgendwann hören die Beamten nicht mehr zu.

„Man muss ihn ein bisschen im Auge behalten!", sagt Kuno Kirchhoff zu dem Wachmann, der Hohlmeier in Empfang nimmt. „Er scheint nicht mehr allzu sehr am Leben zu hängen!"

Zwei Tage später erreicht Kirchhoff ein Anruf aus der JVA. Es ist Otto Schalk, der Leiter. Einen Anruf von so hoher Stelle bekommt er selten. Schalk räuspert sich umständlich und erzählt dann, seine Leute hätten Hohlmeier heute Morgen erhängt in seiner Zelle gefunden. Erhängt mit einem aus seinem Laken gerissenen Stoffstreifen.

Kirchhoff seufzt.

„Hat er einen Brief hinterlassen oder etwas ähnliches?", fragt er.

„Keinen Brief, aber er hat einen seitenlangen Bericht über den Mord an dieser Rentnerin geschrieben. Makaber, oder?"

„Allerdings", sagt Kirchhoff.

„Als Empfänger sind Sie angegeben, Herr Kirchhoff. Ich werde Ihnen alles gleich rüberbringen lassen."

„Ja, danke, das wäre sehr freundlich." Kirchhoff ist benommen. „Damit ist der Fall ja wohl erledigt." Er verabschiedet sich von Schalk. Die Nachricht von Hohlmeiers Tod hat ihn nachdenklich gestimmt. Ein trauriges Leben, das nun ein elendes Ende genommen hat.

Noch im Laufe des Vormittags gibt einer der Wachleute

Ein seltsames Geständnis

den Bericht Hohlmeiers bei Kirchhoff ab.

Der Text enthält weder eine Anrede noch Erklärungen zu seinem Selbstmord. Hohlmeier beginnt seinen Bericht mit dem Moment, in dem er die Wohnung von Marlies Bäumer betritt. Ihr zäher, aber hoffnungsloser Kampf mit ihrem Mörder und ihr langsames, qualvolles Sterben werden so detailliert und gleichzeitig emotionslos geschildert, dass es Kirchhoff übel wird. „Dann ging ich nach Hause und hatte einen Streit mit Frau Wagner, weil ich sie aus dem Bett geklingelt hatte. Sie schrie mich an und drohte, mir das Zimmer zu kündigen. Ich schlief in dieser Nacht ruhig und lange", endet Hohlmeier. Kein Wort der Reue oder des Bedauerns.

Sonderbar. Warum hat er all das aufgeschrieben? Vielleicht hat er es nicht ausgehalten, dass er sie so durch seine Hände hat sterben sehen, denkt Kirchhoff. Er wollte die furchtbare Tat verdrängen, indem er sie aufschrieb.

Dreieinhalb Monate sind vergangen, seit Marlies Bäumer umgebracht worden ist. Jablonski, der Mörder, der keiner war, saß fast drei Monate lang unschuldig im Gefängnis. Und der wahre Mörder hat sich das Leben genommen. Es bleibt nichts mehr zu tun.

Kirchhoff ruft Gert an und bittet ihn zu sich.

„Hier, lies mal", sagt er. Gert liest, schüttelt immer wieder den Kopf und sagt schließlich: „Ganz schön kaputt..."

„Ja, das ist eine Art Vermächtnis. Er hat sich heute Nacht erhängt."

„Ein merkwürdiger Fall", sagt Gert nach einer Weile bekümmert.

„Ja", antwortet Kirchhoff. „Ein merkwürdiger Fall.

Pia E. Steffens
Ich bin Du

‚Claudia' stand auf dem Tischkärtchen. Ganz so, wie sie es sich gewünscht hatte. „Denn, ich heiße von jetzt an Claudia", hatte sie verkündet. Es war Hochsommer, strahlendes Wetter und sie feierte fröhlich die Hochzeit ihrer Schwester in einer bunt gemischten Gästeschar. Noch tags zuvor war sie Tanja Illner gewesen.

„So was finde ich seltsam", hatte er spontan gemeint. „Wieso?" war ihre schlichte Antwort gewesen. „Na ja, seinen Namen gibt man doch nicht einfach so auf. Selbst beim Familiennamen zicken die meisten Frauen heute schon 'rum, zumindest die Emanzen. Wollen ihn behalten, weil er schließlich genauso wichtig und wertvoll ist wie der des Mannes." Was denn in Bezug auf den Vornamen anders sei, wollte sie wissen. „Das ist ja noch komischer, wenn man den wechselt. Der gehört doch zu einem. So wie das Leben selbst. Noch viel mehr als der Nachname, denn mit dem Rufnamen, – der heißt ja schon so! – wird man ja schon als Baby gerufen." Er hatte bis dahin niemanden gekannt, der von heute auf morgen seine Namen ablegte wie alte Klamotten. Er hatte nicht recht gewusst, was er davon halten sollte. Irgendwie merkwürdig, aber gleichzeitig auch faszinierend. Überhaupt hatte er die Frau anziehend gefunden. Vom ersten Blick an, gleich als er hereinkam. Er kannte fast niemanden auf dem Fest, im Grunde nur den Bräutigam. Mit dem war er seit dem Kindergarten befreundet, sie waren richtig dicke Kumpel. Doch je älter man wird, desto mehr verliert man sich aus den Augen. Anstrengender Job, die weite Fahrt. Klar, wenn man direkt um die Ecke wohnen würde, dann sähe man sich sicher öfter. Obwohl, vielleicht war das auch nur Gerede, vielleicht würde man sich genauso wenig sehen wie jetzt.

Auch die Braut kannte er kaum. Vor der Hochzeit hatte er sie nur zweimal gesehen. Das erste Mal auf seiner eigenen Geburtstagsparty und da auch nur kurz. Das zweite Mal hatten sie sich extra für ein Wochenende verabredet. Er hatte die beiden zu Hause besucht, sie hatten zusammen gekocht und einen lustigen Abend zu Dritt verbracht. Nett war sie. Fast schon zu nett. Ihre Schwester schien da anders zu sein, irgendwie schwieriger, aber dadurch aufregender und facettenreicher. Genau das reizte ihn an Frauen.

Sie war hochgewachsen, sicher über eins fünfundsiebzig, schlank, in ihrem auf Taille geschnittenen roten Kleid auf braungebrannter Haut und ihrem schwarz gelockten Haar, sah sie blendend aus. Und dessen war sie sich wohl auch bewusst. Selbstsicherheit schien ohnehin eine ihrer Stärken zu sein, und Ausgelassenheit. Sie tanzte fast den ganzen Abend lang und genoss das tolle Essen und den Wein in vollen Zügen. Er tanzte nicht weniger, und so kamen sie sich näher, wenigstens ein bisschen.

„Bisher hab' ich so was nur im Kino gesehen, oder davon gelesen. Da hatten die Leute auch meist einen Grund, sich einen neuen Namen zuzulegen. Die kamen unter falschem Namen in eine neue Stadt, um ein neues Leben anzufangen und das alte zu vertuschen, weil sie was verbrochen hatten. Oder sie waren auf der Flucht vor jemandem, der ihnen umgekehrt was wollte. Die Mafia oder so." – „Wer weiß?!" hatte sie ihm ins Gesicht gelacht. „Vielleicht hab' ja auch ich meine Gründe. Vielleicht ist es aber auch gar kein tieferer, nur die Lust an Veränderung." Das konnte er sich bei ihr gut vorstellen. Ihr Leben war sicher alles andere als langweilig.

Dazu passte auch, dass sie bi war. Also, eigentlich lesbisch, aber Männer hatte sie auch ab und an gehabt. Mit einem war sie sogar ein paar Wochen verheiratet gewesen. Der wusste lange nichts von ihrer eigentlichen Vorliebe. Die Scheidung war wie ein peinlicher Akt in einem schlechten Boulevardstück, davon zu erzählen hatte sie echt keine Lust gehabt. Es ödete sie nur noch an. „Aber, aus Schaden wird man ja klug", hatte sie lächelnd gefeixt.

Sonntagabend rief er kurzentschlossen bei ihr an. Beim Abschied hatten sie die Nummern ausgetauscht, man könne sich ja mal treffen oder wenigstens telefonieren? Nein, er hatte sich nicht getäuscht, wie sonst schon einmal bei so kurzen Flirts, wo ein erneuter Kontakt mehr oder weniger peinlich war. Auch am Tag danach war Claudia so offen und lustig wie auf der Party. „Nur sehr beschäftigt im Moment." Nein, Zeit habe sie gerade keine, leider, aber hoffentlich bald ein wenig mehr.

Zwei Wochen später blätterte er in der Bahn auf dem Weg zur Arbeit lustlos in der Zeitung. Immer dieselben Skandale in der Politik, nur Langweiliges im neuen Kinoprogramm, auch im Lokalen nur Belangloses. Bis ihm ein Name ins Auge sprang: Tanja Illner. „So einen Namen legt man doch ab", dachte er mit einem Grinsen. Unwillkürlich flog sein Blick über die Zeilen. Das Grinsen gefror in seinem Gesicht. Das konnte nicht sein. Nicht so viele Zufälle auf einmal. Aber – nein, was da stand, war unmöglich. Diese Frau sollte – niemals! Wann? Freitag? Freitag vor der Hochzeit? Um dann dort zu feiern? So ausge-

Ich bin Du

lassen und fröhlich? Er hatte das Gefühl, ihm gefriere nicht nur das Lächeln, sondern auch das Blut in seinen Adern. Am nächsten Kiosk suchte er fieberhaft in anderen Zeitungen nach weiteren Artikeln, um sich Gewissheit zu verschaffen; nein, eigentlich um sich von dem unerträglichen Verdacht zu befreien. Denn, die Tanja, um die sich der Artikel drehte, konnte und durfte nicht die sein, die er kennen gelernt hatte. Doch seine vage Hoffnung trog. Sie war es.

Zehn Wochen zuvor, im Mai, blätterte Tanja Illner ähnlich rasch die Zeitung durch. Nur die Stellenanzeigen waren wichtig für sie. Nicht die Stellenangebote, sondern die Stellengesuche, denn sie selbst suchte keinen Job, obwohl sie arbeitslos, im Grunde sogar berufslos war. Sie hatte eine Lehre abgebrochen, von da an nur mal gekellnert und lebte seitdem mehr oder weniger vom Geld ihrer Partner. Sie war jedoch auf der Suche nach etwas Außergewöhnlichem, nach etwas Besonderem, nach etwas Unerhörtem. Und sie fand, was sie suchte.

Sie meldete sich bei Claudia Kramer, einer gelernten Hotelfachfrau, Anfang dreißig, die eine Annonce aufgegeben hatte. Sie rief an und fragte, ob sie bereits einen Job gefunden habe. Nein, habe sie nicht. „Vielleicht hätte ich da etwas für Sie." Claudia war angenehm überrascht und ging gleich auf die Idee ein, sich noch in derselben Woche in einem Café zu treffen. Tanja Illner erschien im dunklen Hosenanzug und gab sich auch sonst ganz seriös. Sie gab vor, in einer spezialisierten Personalberatung tätig zu sein. Neue Mitarbeiter suche sie meist ganz unkonventionell aus über genau solche Anzeigen, wie Claudia eine aufgegeben habe. Bisher habe sie damit beste Erfahrungen gemacht. „Und wirklich gute Mitarbeiter zu finden, ist ja wirklich alles andere als einfach." Bei Claudia habe sie gleich ein gutes Gefühl gehabt. Es lohne sich sicher, gemeinsam über ihre beruflichen Möglichkeiten nachzudenken.

Claudia Kramer war geschmeichelt. Sie wollte eine neue berufliche Herausforderung und ließ sich gerne Angebote machen, mit Vorliebe auch weltweit. Ganz besonders interessierte sie die Stelle in einer Hotelanlage auf den Seychellen. Sie hatte schon einmal auf den Aldabra-Inseln Urlaub gemacht und war begeistert. „Ich weiß nur nicht, ob ich auf Dauer wirklich so weit weg will." Daher war sie noch mehr von einem Angebot aus einem Nobelhotel in Portugal angetan, vor allem für das satte Gehalt von 10.000 DM im Monat.

In den Augen von Claudia deutete nichts auf Betrug hin, nichts machte sie stutzig, alles klang sehr plausibel und verlockend. Ganz im Gegenteil war ihr Tanja äußerst sympathisch. Sie war ein fröhlicher Mensch, lachte viel, wusste nett zu erzählen und irgendwie hatte Claudia das schöne Gefühl, ihre potenzielle Job-Vermittlerin schon sehr lange zu kennen.

Die Frauen trafen sich mehrmals, zuerst in Cafés, dann bei Claudia zu Hause. Tanja brachte meist Stellenbeschreibungen und dazu passende Fotos von Hotelanlagen mit.

Ganz begeistert erzählte Claudia ihrem Vater von diesen neuen Perspektiven. Sie hielt ihn stets auf dem Laufenden. Lange sprachen sie über Claudias Wunsch, für längere Zeit im Ausland zu arbeiten, denn ihr Vater ist Mitte siebzig und seit drei Jahren Witwer. Er ist nicht gerne alleine. Deshalb treffen sich Claudia und er recht häufig. Sie haben ein harmonisches Vater-Tochter-Verhältnis.

Ich bin Du

Umso erstaunter war er, als Claudia sich tagelang nicht bei ihm meldete. Er rief bei Claudia an. Niemand hob ab. Er versuchte es einmal, zweimal, dreimal, zu jeder Tageszeit, früh morgens, spät abends, gegen Mitternacht. Keiner meldete sich. Und, was ihn ganz besonders wunderte, war die Tatsache, dass der Anrufbeantworter ausgeschaltet war. Sonst sprang er fast immer an, weil seine Tochter erst wissen will, wer spricht, bevor sie abhebt.

Der alte Herr begann, sich ernsthaft Sorgen zu machen und wählte schließlich die Nummer eines Nachbarn, der sich um Claudias Blumen und Post kümmerte, wenn sie verreiste. Er bat ihn um Hilfe. Der Nachbar kritzelte rasch einen Zettel und schob ihn unter der Wohnungstür durch: „Ruf bitte Deinen Papa an, er macht sich Sorgen". Der Zettel würde später auf einem Polizei-Video zu sehen sein, von Claudia jedoch gab es keine Reaktion.

Auch der Nachbar wunderte sich jetzt und nach einem weiteren Telefonat beschlossen Claudias Vater und er, in der Wohnung nach dem Rechten zu sehen. Sie besorgten sich den Zweitschlüssel beim Hausmeister und fragten ihn, ob er sie begleiten könne. Gemeinsam verschafften sie sich Zutritt.

Ein Jahr später: Der Gerichtssaal ist brechend voll, denn es ist keine alltägliche Verhandlung. Nur mühsam kann er einen Platz ergattern und merkt schon bald, dass er umringt ist von Journalisten. „Für sie muss dieser Fall ein gefundenes Fressen sein, vor allem während des Sommerlochs", denkt er. Und gleich im Anschluss: „Meine Güte, bin ich makaber, ist dieses ganze Schauspiel scheußlich makaber. Wühlen wir alle nur im Dreck? Wollen wir uns gruselig unterhalten lassen? Suchen wir das Grauen, damit uns ein Schauer über den Rücken läuft, – oder hoffen wir alle doch noch auf ein gutes Ende? Sind wir tapfere Ritter auf der Suche nach der Wahrheit und im Auftrag der Gerechtigkeit?" Er weiß es nicht. Eigentlich weiß er gar nichts mehr, schon gar nicht, was er noch glauben soll. Jeder Tag bringt neue Ungeheuerlichkeiten ans Licht, neue Grausamkeiten und neue Details. Geschichte um Geschichte, Lüge um Lüge. Oder ist alles Unglaubliche wahr? Es gibt doch diese berühmten Prozesse, wo alle Indizien gegen den Angeklagten sprechen, der dennoch unschuldig ist. Oft wird die Unschuld erst nach Jahren, meist durch einen Zufall, bewiesen.

Jetzt wird ein Polizeivideo gezeigt. Atemlose Stille. Als erstes sieht man einen Zettel auf dem Boden: „Ruf' bitte Deinen Papa an..." ist zu lesen. Die Kamera schwankt ein wenig, wie bei einem Amateurfilm. Ein Flur, eine Küche, auf dem Tisch ein traurig verwelkter Sonnenblumenstrauß in einer Vase, im Wohnzimmer einige aufgeschlagene Bücher und Hefte, darunter ein Atlas. Dann schwenkt die Kamera ins Schlafzimmer. Vorbei an einem Spiegelschrank, über einen Laminat-Boden in Richtung Bett. Es scheint frisch bezogen oder zumindest sehr ordentlich gemacht. Auf dem Nachttisch steht eine große gelbe Tweety-Figur, daneben ein aufgeschlagenes Buch. Bis dahin alles harmlos. Doch neben dem Bett liegt noch etwas. Etwas Großes, Längliches, vollkommen eingepackt. Wie ein Teppich, eingerollt zum Transport, an zwei Stellen von braunem Packband zusammengeklebt. Doch als die Kamera heranzoomt, sieht man blaues Plastik am Ende des Teppich-Wulstes herauslugen. Es ist das Blau von großen Plastik-Müllsäcken. Schwarze Zahlen auf kleinen weißen Schildchen stehen verteilt im Zimmer, auf dem Bett, an einem großen Fleck unter dem Bett, an kleinen

Ich bin Du

Flecken an der Wand, neben dem Teppich.

Das ist zuviel. Er kämpft sich durch die vollbesetzte Reihe, an betroffenen Gesichtern vorbei, hinaus auf den Flur. Er braucht frische Luft oder noch besser eine Toilette. Er rennt die Treppe hinunter und schafft es gerade noch rechtzeitig. Lange kühlt er Nacken und Gesicht mit eiskaltem Wasser. Er wäscht seine Hände wieder und wieder, so als wolle er sich reinwaschen. „Genau wie Pontius Pilatus", schießt es ihm durch den Kopf.

Er geht nicht wieder zurück, weil er endlich eine Pause machen muss. Es regnet. Wie betäubt läuft er stundenlang durch den nahegelegenen Park. Er läuft, bis er durch und durch nass ist. In Ruhe lässt er alles Gehörte und Unfassbare nochmals Revue passieren. Die letzten Wochen haben sein Leben verändert. Nichts wird mehr sein wie es war.

„Ich habe nicht viel Zeit", hatte Tanja damals am Sonntag am Telefon gesagt. Jetzt weiß er warum. Montag nach der Hochzeitsfeier fährt sie in die Straße, in der Claudia wohnt. Sie steigt aus dem Auto aus und holt etwas aus dem Kofferraum. Schwer liegt das kleine Silberkätzchen vom Schlüsselanhänger in ihrer Hand. Sie geht mit einem großen Plastikbeutel auf das weiße, unscheinbare Haus zu. Mit einem Blick durch die Büsche vergewissert sie sich, dass die Rollläden auf dem Balkon im ersten Stock heruntergelassen sind. Wieder zückt sie den Schlüsselbund und sperrt die Wohnungstür auf. Noch liegt kein Zettel auf dem Boden. In der Wohnung geht sie gleich an's Werk.

Kurze Zeit später verlässt sie die Wohnung wieder, um dann erst eine Woche später zurückzukehren. Diesmal passt ihr Schlüssel nicht mehr. Das Schloss an der Haustüre ist ausgewechselt worden. Sie probiert es erst ein paar Mal verwundert, um dann ausgerechnet bei dem Nachbarn zu klingeln, den Claudias Vater angerufen hatte. Der öffnet die Tür, alarmiert jedoch heimlich sofort die Polizei. Denn, diese Frau hat er schon einmal gesehen. Vor einer guten Woche. Sie hat gemeinsam mit Claudia auf deren Balkon gestanden und geraucht. Das muss gegen Mittag gewesen sein. Er erinnert sich genau. Die Frau war ziemlich groß, zumindest ein gutes Stück größer als seine Nachbarin und hatte dunkles Haar.

Die Kriminalpolizei ist seit Donnerstag alarmiert und sofort zur Stelle. Tanja Illner ist die erste Verdächtige für das, was ein paar Tage zuvor entdeckt worden war: Der Mord an Claudia Kramer.

Die junge Frau wird noch an Ort und Stelle verhört. Viele Fragen werden ihr gestellt, scheinbar einfache Fragen. Wer sie ist, was sie hier macht, warum sie hierher kommt, weshalb sie im Besitz des Wohnungsschlüssels ist. Ihre Antworten sind seltsam und sehr verworren. „Ich bin heute das erste Mal hier. Den Schlüssel hat mir eine Frau gegeben. Sie sagte, die Wohnung sei leer."

Der Hauptkommissar trifft ein und übernimmt die Vernehmung. „Sie meinen, Sie haben die Wohnung gemietet?"

„Ja."

„Gemietet vom rechtmäßigen Wohnungsbesitzer oder in einem Untermietverhältnis?"

„Das... das... das ist nicht so einfach zu sagen."

„Dann versuchen Sie es doch mal!", fordert er sie barsch auf.

„Die Frau, die hier gewohnt hat, war krank und ist vor kurzem in einer Krebsklinik in Frankreich gestorben. Ich wollte mir heute die Wohnung anschauen, weil das jetzt

Ich bin Du

meine neue Wohnung ist. Ich habe sie sozusagen geerbt."

Was das heißen solle? Sie druckst lange herum, doch schließlich rückt sie heraus: „Ich bin nämlich jetzt die Frau, die vorher hier gewohnt hat und die jetzt tot ist. Wir haben uns nie gesehen, aber sie wollte mir helfen. Sie und ihr Bruder waren mal bei einer Sekte, beide sind dann ausgestiegen, sodass sie wusste wie schwer das ist, wenn die einen erst mal auf dem Kieker haben. Sie hat es geschafft. Das ist jetzt ein paar Jahre her."

„Die Verbindung zu Ihnen ist mir noch nicht ganz klar", unterbricht sie der Kommissar.

„Sie ist krank geworden und hatte keine Chance mehr. Da kam ihr die Idee, dass sie noch im Tod gegen die Sekte kämpfen könne. Sie hat sich an die Organisation gewandt, die ihr damals geholfen hat, und ihr Leben zur Verfügung gestellt. Wenn sie schon sterben müsse, könne das ja im Geheimen geschehen, so dass jemand anderes mit ihrem Namen weiterleben könne. Sozusagen an ihrer Stelle: Mit ihrem Namen, ihrer Wohnung und allem."

Nach und nach gibt Tanja mehr preis. Die Organisation sei dann auf sie zugekommen und habe ihr diese Möglichkeit angeboten. Seit über zehn Jahren sei sie von der Sekte verfolgt und währenddessen immer wieder in Kontakt mit der Hilfsorganisation gewesen. „Die wussten, wie dreckig es mir ging. Deshalb haben sie dieses Mal mich ausgewählt, um mir zu helfen. Weil, Hilfe bräuchten viele." Alles musste so heimlich wie möglich geschehen. Daher gab es auch recht wenig Informationen und nur ein einziges Treffen. „Letzte Woche hab' ich mich mit einer Frau getroffen. Keine Ahnung, wie die heißt. Die hat mir die Schlüssel übergeben und die Papiere. Und gesagt, dass alles in Ordnung sei. Ich solle so tun, als wäre ich kurz verreist gewesen und diese Woche in die Wohnung einziehen. Und dann werde ich hier sofort verhaftet!" entrüstet sie sich.

Die Geschichte klingt zu ungewöhnlich, als dass die Kriminalpolizei sie schlucken könnte. Tanja kommt in Untersuchungshaft. Dort bleibt sie ein ganzes Jahr, bis zum Prozess. Dem Prozess, dem er jetzt beiwohnt.

Warum ist er eigentlich hier? Aus purer Neugier? „Eher aus Entsetzen", denkt er. Im Normalfall hätte er den Zeitungsartikel über die Festnahme überblättert, wäre da nicht dieser Name gewesen. Vielleicht hätte er ihn überflogen, vielleicht dann doch komplett gelesen, als die ganze Stadt über kaum etwas anderes sprach. Doch, diesmal hatte er persönlich mit einem Fall aus der Zeitung zu tun: Er kannte die Mörderin – wenn auch nur flüchtig. Er hatte sie am Tag nach der Tat kennen gelernt! Ihm lief jedes Mal ein Schauer über den Rücken, wenn er daran dachte wie sympathisch er sie gefunden hatte, wie sie den ganzen Abend gequatscht und geflirtet hatten. Wie sie ausgerechnet über Namen und deren Bedeutung, und warum man sie manchmal ändert, ins Gespräch gekommen waren. Sie war so fröhlich und gelöst gewesen, sie hatte so viel gelacht. Und das am Tag, nachdem sie ein Menschenleben ausgelöscht hatte.

Er hatte damals gleich eine zweite Zeitung mit einem weiteren Artikel über die blutrünstige Geschichte gekauft. Er war sich immer sicherer gewesen, dass es sich tatsächlich um die Frau handelte, die er meinte, sodass er sich bei der Polizei gemeldet hatte. Die hatte ihn an die Staatsanwalt weitervermittelt, wo seine Aussage zu Protokoll genommen wurde. Er hatte das Verhalten von Tanja auf der Hochzeitsfeier geschildert. Aus seiner Sicht und mehr oder weniger neutral. Was zunächst entlastend hätte gewertet werden können, wurde im Laufe des Verfahrens zum Beweis ihrer unglaublichen Skrupellosigkeit. Zum Glück musste er nicht als Zeuge auftreten. So konnte er als Zuhörer im brechend vollen Gerichtssaal sitzen.

Durch den lauen Nieselregen laufend, versucht er wieder und wieder, sich die Tat vor Augen zu führen. Er schafft es kaum, so grausam erscheint sie ihm.

Tanja hatte Claudia mehrmals seit Frühsommer getroffen. Immer ging es hauptsächlich um Job-Angebote, doch meist war auch ein nettes Schwätzchen drin. So auch an jenem Freitag. In Claudias Terminkalender, der als Beweismaterial im Gerichtssaal gezeigt wurde, sind unter der Rubrik 11:00 Uhr nur die Initialen T.I. eingetragen.

Tanja hatte Kuchen aus einer Konditorei mitgebracht. Sie haben wohl Kaffee in der Küche oder auf dem Sofa im Wohnzimmer getrunken und sich unterhalten. Bis es Claudia mit einem Mal ein wenig schlecht und schwindelig wurde. „Du, ich fühle mich so... ich weiß gar nicht, wie. Richtig unwohl. Ich weiß gar nicht warum." Ihr wurde immer übler, sodass sie schließlich aufsteht. „Sorry, aber ich muss mich mal hinlegen." Sie schwankte in Richtung Schlafzimmer und legte sich erschöpft aufs Bett.

Tanjas Stunde war gekommen. Sie packte ihre Tasche aus und folgte Claudia. Im Schlafzimmer ist es dann vielleicht zu einem letzten Kampf gekommen, jedoch nur kurz, denn Claudia war zu betäubt von dem Beruhigungsmittel, das Tanja ihr unbemerkt in den Kaffee gegeben hatte. Tanja holte mit einem Vorschlaghammer aus. Claudia war noch nicht ganz bewusstlos. „Nein!!!" Entsetzen packte sie. Sie versuchte noch, sich zu wehren. Sie riss die Arme hoch, um ihr Gesicht zu schützen gegen den

Schlag. Ein Bluterguss am Handgelenk der Leiche zeugt davon. Der Hammer sauste nieder. Tanja holte wieder aus, schlug auf Claudias Kopf ein, wieder und wieder. Insgesamt fast zwanzigmal.

Claudia war tödlich getroffen.

Tanja zermetzelte Claudias Gesicht bis zur Unkenntlichkeit, als wolle sie gleichzeitig mit dem Gesicht die Person zerstören. Ein für allemal und restlos.

Gleich danach war sie erstaunlich ruhig. Sie wusch sich das Blut von Händen, Armen und Gesicht. Auch ihre Kleider hatten Spritzer abbekommen. Daher öffnete sie die Schranktüren und suchte sich eine Jeans und einen Strickpulli aus. Ihre eigenen Klamotten stopfte sie in eine Plastiktüte, die sie unter der Spüle gefunden hatte. Dann ging sie auf die Suche. Schon bald fand sie die Handtasche von Claudia. Ordentlich wie sie war, fanden sich dort Wohnungs- und Autoschlüssel an einem Bund mit einem kleinen silbernen Kätzchen, ihr Geldbeutel mit EC-Karte, Personalausweis und ihr Handy. Den Vorschlaghammer wusch sie rasch ab und steckte ihn in die mitgebrachte Tasche zurück. Sie sah sich noch einmal kurz um, entdeckte nichts mehr, was sie direkt brauchen konnte und zog die Türe hinter sich zu.

Wie immer war sie mit dem Bus zu Besuch gekommen. Sie schaute die Straße abwärts und entdeckte gleich auf der gegenüberliegenden Seite den geparkten roten Golf von Claudia. Sie sah sich nochmals um, alles unverdächtig. Auch während der Fahrt vergewisserte sie sich im Rückspiegel. Doch niemand folgte ihr. Also konnte ihr neues Leben beginnen.

Sie hielt erst vor einem Reisebüro in der Innenstadt. „Ich möchte gerne in die Karibik. Was hätten Sie da?" erkundigte

Ich bin Du

sie sich. Sie ließ sich Angebote ausdrucken und bat, ihr in den kommenden Tagen weitere telefonisch durchzugeben. Sie hinterlegte ihren Namen und ihre Handynummer: Claudia Kramer.

So oder so ähnlich muss es sich abgespielt haben.

Es nieselt immer stärker. Er fängt an, ein wenig zu joggen, er muss sich abreagieren. Am liebsten würde er schreien, damit der Kloß in seinem Hals nicht mehr so schmerzt.

Die Beweislast vor Gericht ist erdrückend. Alle Indizien sprechen gegen Tanja Illner. Nur sie selbst beharrt auf einer anderen Version der Geschehnisse. Bloß kann sie diese kaum beweisen. Selbst die Hilfsorganisation für Sektenopfer kann nicht ausfindig gemacht werden. Sie verheddert sich in ihren eigenen Aussagen. Wenn sie keine plausible Antwort geben kann, schüttelt sie meist nur den Kopf und wehrt alles ab mit den Argumenten „keine Ahnung" oder „kann mich nicht mehr erinnern".

Sie sitzt fast immer da mit einem Gesichtsausdruck, als höre sie mit halbem Ohr einer langweiligen Radiosendung zu, die nichts, aber auch gar nichts mit ihr persönlich zu tun hat. „Wie kann ein Mensch so kalt sein? Und gleichzeitig auf den ersten Blick so warm wirken", fragt er sich wieder und wieder. Monatelang denkt er diesen einen Gedanken und kommt zu keiner Lösung. Auf der Party hatte er nur harmlos gedacht, er habe noch nie einen Menschen kennen gelernt, der seinen Namen wechselt. Doch Tanja hatte gleich die ganze Identität einer anderen angenommen. Sie erschien ihm wie eine Frau mit zwei Gesichtern. Einerseits als lustiger junger Gast, andererseits als Dämon.

Nie wird er vergessen können, wie unbeteiligt sie im Gerichtssaal saß, als das Polizei-Video gezeigt wurde.

Ohne auch nur eine Miene zu verziehen, schaute sie sich die Kamerafahrt durch die verlassene Wohnung von Claudia an. Auch der Blick ins Schlafzimmer und auf die im Teppich eingewickelte Leiche schienen sie kalt zu lassen. Ebenso das Foto, das von der Tatwaffe gezeigt wurde. Der immer noch leicht blutverschmierte Vorschlaghammer wurde im Kofferraum von Claudias rotem Golf gefunden, eingewickelt in eine Plastiktüte. Dort und auf den blauen Müllsäcken, in die der Leichnam eingewickelt war, sind auch die Indizien, die sie am meisten belasten und für die sich kaum eine andere plausible Erklärung finden lässt: Ihre Fingerabdrücke!

Wie der Staatsanwalt, ist auch er von Tanjas Schuld überzeugt. Er glaubt weder ihrem vehementen Leugnen der Tat, noch glaubt er auch nur eine ihrer unendlichen Geschichten. Dafür hat sie schon zu viele Halbwahrheiten während des Prozesses aufgetischt. Und dafür gibt es viel zu viele Zeugen, die alle nur bestätigen, dass Tanja seit Jahren eine notorische Lügnerin ist. Eine Zeugin bringt es auf den Punkt: „Sie würde bei jedem Lügenwettbewerb spielend den Meistertitel gewinnen."

Am meisten haben ihn die traurigen Erlebnisse der letzten Ex-Freundin beeindruckt. Sie lernten sich auf einer Party kennen. Tanja war gut aufgelegt, scherzte und tanzte den ganzen Abend. Bei diesem Satz muss er in schmerzlicher Erinnerung bitter grinsen. Eigentlich war Tanja zu der Zeit vergeben, doch als es Streit mit ihrer Freundin gab, verließ sie kurzentschlossen die Freundin und deren Wohnung.

Um bei ihrer neuen Busenfreundin einzuziehen, bei der sie sich ausgeweint hatte: Sie wisse gar nicht wohin, und das bei ihrer entsetzlichen Krankheit: Krebs. „Eigentlich versuche ich ja immer, es geheim zu halten und so normal wie möglich zu leben. Ich will kein Mitleid. Und ich will meine Mitmenschen nicht belasten." Der Krebs sei vor Jahren das erste Mal aufgetreten. Alle Therapien habe sie schon durchmachen müssen, immer wieder habe es Hoffnung gegeben, doch immer wieder habe diese Geißel der Menschheit sie von neuem gepackt. „Erst vor einigen Wochen hat sich bei einer Untersuchung ein neuer Krankheitsherd herausgestellt. Ich fühle mich das erste Mal im Leben wirklich am Ende."

Dieser heftige Druck auf die Tränendrüse funktionierte perfekt. Die neue Freundin ist nicht nur schockiert vom Schicksal der armen Tanja, sondern verliebte sich zudem Hals über Kopf in sie. Sie hielt Tanja aus, „denn eine mittellose Todsterbenskranke konnte ich ja unmöglich arbeiten lassen."

„Sie ist ein unglaublich einfühlsamer Mensch", charakterisiert die Ex sie. „Nur weiß ich mittlerweile, dass sie diese Fähigkeit schamlos ausnutzt. Sie kann sich total auf ihr Gegenüber einstellen, tiefste Gefühle, Liebe und Zärtlichkeit vermitteln. Ich glaube bloß, dass sie das alles auch perfekt vorspielen kann oder vielleicht sogar immer nur vorspielt mit dem einzigen Ziel: Die Leute um sich herum für ihre Zwecke auszunutzen. Ich hatte damals gerade eine gescheiterte Beziehung hinter mir und fiel daher total auf Tanja rein." Immer wieder fuhr sie die angeblich Kranke zu Arztterminen und stand ihr zur Seite bei den immer schlimmeren Prognosen. Erst im Rückblick ist klar: Nichts davon stimmte, die ganze Krankheitsgeschichte war nur ein mieser Trick, ein bequemes Leben führen zu können und Menschen immer wieder auf ihre Seite zu ziehen.

Eines Tages ist Tanja dann verschwunden, ohne ein Wort des Abschieds. Eine Woche später erhielt die Freundin einen kurzen Brief von ihr. „Suche nicht nach mir, ich liege in einer Sterbeklinik in Holland. Es gibt keine Hoffnung mehr, daher will ich wenigstens in Ruhe und ohne Schmerzen sterben. In Deutschland gibt es ja noch keine Sterbehilfe. Der Abschied von Dir fiel mir zu schwer, ich konnte es nicht übers Herz bringen, daher erst jetzt mein Brief. Ich möchte nicht, dass Du das mit ansehen musst." Nicht lange danach erhielt sie einen knappen Brief aus der angeblichen Sterbeklinik vom angeblichen Tod ihrer Geliebten.

„Ich war absolut verzweifelt. Bis dann eines Tages die Tote vor mir stand. Völlig neu gestylt und mit einer irren Erklärung: ‚Ich werde, seit ich zwanzig bin, von einer Sekte verfolgt. Schon mehr als einmal habe ich versucht, meine Verfolger abzuschütteln. Diesmal hilft mir eine Organisation. Frag' mich nichts, denn ich darf dir nichts erzählen. Kein einziges Wort. Bitte, nimm das nicht persönlich. Wenn du wüsstest wie ich unter der Sekte leide, würdest du mich verstehen.'" Es folgen das große Verzeihen und die große Versöhnung.

„Die reinste Lügenpersönlichkeit", denkt er. „Ob sie selbst noch unterscheiden kann, was wahr ist und was gelogen? Wie kann man einen Menschen nur so hintergehen – den eigenen Tod als Druckmittel ausnutzen?" Ähnliche Gedanken plagen sicher nicht nur ihn im Gerichtssaal. „Eigentlich muss man jedem Menschen misstrauen, dem einen mehr, dem anderen weniger." Der Prozess lässt ihn unentwegt über den Sinn des Lebens nachdenken – und schwer daran zweifeln. Denn wie ist auch nur halbwegs zu begreifen, was Tanja Illner im Sommer

Ich bin Du

nach ihrem eigenen vorgespielten Tod tat? Wie sagte einer der Gutachter: „Diese Tat steht sozusagen einmalig da."

Ihre ‚Wiederauferstehung' währte nicht lange. Sie reichte Tanja nicht mehr, sie wollte lieber richtig und endgültig aufräumen mit ihrem alten, problembeladenen Leben. In ihr keimte eine mörderische Idee. Sie wollte für immer ihre nervige Vergangenheit abstreifen, indem sie in eine neue Identität schlüpfte. Einzig machbare Lösung schien ihr dafür ein Mord an einer Frau ihres Alters zu sein. Um eine solche zu finden, durchforstete sie die Zeitungsanzeigen und lernte so Claudia kennen.

Eine Woche später ist die letzte Sitzung im Mordprozess gegen die Angeklagte Tanja Illner. Er ist immer noch ein wenig verschnupft. Zu lange ist er völlig durchnässt durch den Park gelaufen. Viel zu spät hat er bemerkt wie durchfroren er schon war. Zu sehr hatten ihn seine Gedanken über den geschilderten Mord gefangengenommen.

„Einzig und allein um ihr Opfer zu töten, hat die Angeklagte den Kontakt zu Claudia Kramer aufgenommen und über Wochen gepflegt", wiederholt der Staatsanwalt in seinem Schlussplädoyer. Er folgt den Gutachten der beiden hinzugezogenen Psychiater. „Sie hat sich auch nicht durch die persönlichen Beziehung von ihrer, von langer Hand geplanten, Tat abbringen lassen. Nur um einem relativ kurzen Freiheitsentzug, zu welchem sie rechtskräftig verurteilt war, zu entgehen, hat sie einen anderen Menschen getötet. Diese Verwerflichkeit ist kaum zu überbieten und für den so genannten gesunden Menschenverstand nicht nachvollziehbar." Mit seiner Schlussfolgerung hat er viele der Zuhörer im Gerichtssaal überrascht: „Das heißt jedoch keinesfalls, dass Tanja Illner aufgrund eines psychischen Krankheitsbildes vermindert schuldfähig ist ."

Dieser Ansicht schließt sich der Richter bei der Urteilsbegründung vorbehaltlos an. Auch wenn die Angeklagte bis heute nicht geständig sei, es sprächen alle Indizien gegen sie. „Wegen der besonderen Schwere der Schuld wird die Angeklagte zu einer lebenslangen Freiheitsstrafe verurteilt."

Bei ‚besonderer Schwere der Schuld' ist eine vorzeitige Entlassung nach fünfzehn Jahren ausgeschlossen, denkt er erleichtert, als er mit dem Pulk von Journalisten aus dem Gerichtssaal drängt. Morgen werden alle Zeitungen das harte, aber gerechte Ende eines Lebens voller mörderischer Lügen kommentieren. Für ihn bedeutet es jedoch mehr als ein befriedigendes Urteil. Denn, in diesem Jahr hat er jede Leichtigkeit des Seins verloren. Nie wieder wird er ohne Schaudern nach einem Namen fragen können.

Maria Utelli
Bauernopfer

„Bernstein!" Ella Schmick ruft durch die offene Tür, während sie eine Straßenkarte studiert.

„Ja?" Eilig kommt der junge Mann aus seinem Büro.

„Wir müssen noch mal los."

„Frau Schmick, es ist schon vier Uhr", wendet Matthias Bernstein zaghaft ein.

„Ich weiß. Ist aber dringend!" Ella Schmick packt ein paar Dinge vom Schreibtisch in ihre Tasche und wirft Bernstein den Autoschlüssel zu.

Bald haben sie die Stadt hinter sich gelassen und fahren durch die flache Landschaft. Es ist ein heißer Augusttag, selbst jetzt am späten Nachmittag steht die Sonne noch hoch.

„Wie geht es denn ihrer Tochter, Frau Schmick?" Bernstein errötet bei dieser Frage.

„Dalia?" Ella Schmick sieht belustigt aus. „Gut! Wieso?" Dalia hat letzte Woche mit ihnen in der Kantine zu Mittag gegessen, und Bernstein hat ihr auf rührend ungeschickte Weise den Hof gemacht.

„Ach, nur so." Er sieht starr auf die Straße. „Wohin fahren wir eigentlich?", wechselt er das Thema.

„Wir müssen vorne rechts abbiegen!"

„Ja, aber zu wem?" Er klingt ein wenig ungeduldig

„Zu einem jungen Mann – dürfte so Ihr Alter sein – der seinen Vater wegen versuchten Mordes angezeigt hat. Sein Anwalt hat mich vorhin angerufen."

„Versuchten Mordes an wem?", fragt Bernstein nach.

„Na, an ihm, an seinem Sohn eben!" Ella Schmick hat trotz der kurzen Zeit, die sie erst in der neuen Dienststelle arbeitet, feststellen müssen, dass Bernstein keine Leuchte ist. Aber immerhin ist er freundlich!

Sie parken vor dem Krankenhaus und fragen sich zu Thorsten Brenig durch. Diesen Namen hat der Anwalt Köster ihr genannt.

„Bitte halten Sie sich erst mal etwas zurück mit eigenen Fragen!", ermahnt Ella Schmick den jungen Kollegen, als sie vor dem Zimmer 651 stehen. Bernstein nickt.

Ella Schmick nimmt einen Taschenspiegel aus ihrer Handtasche. „Halten Sie mal!", befiehlt sie Bernstein. Dann richtet sie ihre Frisur, zieht ihren Lippen in kaminrot nach und klopft.

Als sie eintritt, zieht Ella Schmick eine Augenbraue hoch und fragt: „Thorsten Brenig?"

Der junge Mann, der bleich und mit gequälter Miene im Bett liegt, nickt kaum merklich.

„Guten Tag", sie gibt ihm die Hand, „Schmick ist mein Name, Ella Schmick, Kriminalpolizei." Dann zeigt sie auf Bernstein und sagt: „Matthias Bernstein. Mein Mitarbeiter."

„Haben Sie Schmerzen?" Ella Schmick hat sich einen Stuhl genommen und sich neben Thorstens Bett gesetzt. Er nickt wieder.

Thorsten ist Anfang zwanzig und hat für einen Bauernjungen ein unerwartet feines Gesicht.

„Herr Köster hat uns angerufen. Er hat mir kurz berichtet, was passiert ist. Aber wir würden Ihnen gerne selber ein paar Fragen zu ihrem .... sagen wir, Unfall, stellen."

„Vielleicht könnte ich noch meine Medikamente bekommen ehe wir anfangen?" Thorsten drückt auf die Klingel und Schwester Anita erscheint. Sie bringt ihm die

Schmerz- und die Beruhigungstabletten und für die Beamten einen Kaffee.

„Bitte schildern Sie uns die Umstände, unter denen Ihre Verletzung zustande gekommen ist, Herr Brenig." Ella Schmick hat ihr Notizbuch gezückt.

Thorsten berichtet von den Ereignissen am Montag, die ihm seit zwei Tagen ständig durch den Kopf gehen und trotzdem so unbegreiflich bleiben: Er ist mit seinem Vater in der Garage und erledigt kleinere Reparaturen an den Traktoren und Autos, als sein Vater ihn bittet, ihm die Zündkerzen aus dem alten Opel zu drehen. Da sein Vater Gicht hat und solche Bewegungen nur mit Schwierigkeiten ausführen kann, geht ihm Thorsten selbstverständlich zur Hand. Er beugt sich über den geöffneten Motor des Opels, als ihn ein ungeheurer Schlag von hinten auf die Schulter trifft. Thorsten schreit auf und dreht sich unter Schmerzen zu seinem Vater um. Der steht zitternd mit einer Holzlatte in der Hand vor ihm und zischt „Scheiße". Thorsten schleppt sich daraufhin zum Haus und ruft den Notarzt. Es ist niemand da, die Mutter ist auf dem Markt und der jüngere Bruder in der Schule. Er setzt sich auf die Bank vor dem Haus; als der Notarzt eintrifft, wird er ohnmächtig.

Thorsten hat seinen Bericht beendet und sieht aus dem Fenster. Verstohlen wischt er sich über die Augen. Ella Schmick wartet eine Weile, dann fragt sie vorsichtig:

„Könnte Ihr Vater die Holzlatte für eine Reparaturarbeit am Auto oder einem der Traktoren gebraucht haben?"

„Was sollte man denn bitte mit so einer Latte reparieren können?" Thorsten ist aufgebracht.

„Ich kenne mich mit landwirtschaftlichen Geräten überhaupt nicht aus. Aber wir müssen uns langsam an die

Sache herantasten." Ella Schmick trinkt einen Schluck Kaffee und nimmt eine Packung Zigaretten aus ihrer Handtasche.

„Frau Schmick, Sie können hier nicht rauchen!", raunt ihr Bernstein entsetzt zu.

„Oh, natürlich. Entschuldigung!" Ella Schmick steckt die Zigaretten wieder ein und zwinkert Thorsten zu. Er lächelt zurück.

„Wissen Sie, wofür die Latte normalerweise auf dem Hof gebraucht wird?"

„Sie wird für überhaupt nichts gebraucht. Sie ist von einem Zaun, den mein Vater letztes Jahr eingerissen hat, übrig geblieben. Mein Vater dachte wohl, dass er sie mal verwenden könne. Konnte er ja auch!" Thorsten lacht sarkastisch auf.

„Sie meinen also, er hat die Latte zu keinem anderen Zweck zur Hand genommen, als sie zu schlagen. Ein Unfall ist ausgeschlossen?"

„Ein Unfall! Wieso hat er dann Scheiße gesagt, als ich mich zu ihm umgedreht habe? Doch nur, weil er nicht richtig getroffen hat!" Thorsten hat erregt mit dem unverletzten Arm gestikuliert und lässt ihn nun stöhnend sinken.

„Bitte regen Sie sich nicht so auf, Herr Brenig, das tut Ihnen nicht gut", schaltet sich Bernstein ein.

„Nicht aufregen? Hat Ihr Vater schon mal versucht, Sie zu erschlagen?" Thorsten hat angefangen zu weinen. Ella Schmick gibt ihm ein Taschentuch und drückt seine Hand.

„Können wir weitermachen?", fragt sie nach einer Weile leise. Thorsten nickt.

„Sie glauben also, Ihr Vater wollte Sie totschlagen?"

„Sieht so aus, oder?" Thorsten hat sich wieder gefasst.

Bauernopfer

„Hatten Sie an diesem Tag Streit mit ihrem Vater?" Ella Schmick schenkt sich Kaffee nach.

„An diesem Tag nicht. Aber wir hatten andauernd Streit. In den letzten Jahren war unser Verhältnis ziemlich schlecht."

Thorsten kommen die Vorwürfe in den Sinn, die endlosen Litaneien, mit denen sein Vater ihn immer wieder geplagt hat, nur weil Thorsten anders lebte er. Sie bekamen dann Streit, der in der Regel damit endete, dass sein Vater sagte: „Du mit deiner Sauferei, du wirst uns noch alle ruinieren! Du denkst an nichts anderes, als an dein Vergnügen und an irgendwelche Weiber, denen du nachläufst. Widerlich! Wir Brenigs sind seit Generationen ordentliche Bauern, und dann kommst du daher und machst alles kaputt."

„Wie haben Sie auf diese Vorwürfe reagiert?", fragt Ella Schmick nach.

„Ich habe gesagt, dass es nicht stimmt, dass ich nicht anders bin als die Anderen in meinem Alter. Aber das hat ihn überhaupt nicht interessiert, er ist nur über mich und meine Generation hergezogen. Es hat also nichts gebracht, sich zu verteidigen." Thorsten schüttelt unwillig den Kopf: „Ich glaube, das führt jetzt aber wirklich zu weit."

„Nein, das führt nicht zu weit". Ella Schmick lächelt ihn aufmunternd an. „Das führt uns vielleicht zum eigentlichen Problem!"

„Ich bin müde." Thorsten dreht sich zur Seite. Über all das zu reden, ist noch schlimmer, als nur daran zu denken.

„Ich weiß. Wir lassen Sie gleich in Ruhe. Erlauben Sie uns nur noch ein paar Fragen!" Das trotzige, noch kindliche Gesicht von Thorsten, in all seiner Trauer und Wut, rührt Ella Schmick.

„Wir wollen Ihnen helfen!", sagt sie voll Wärme.

„Ja, ich weiß, okay. Fragen Sie!"

„Wie ist das Verhältnis zwischen Ihrem Vater und Ihrem Bruder?"

Thorsten überlegt einen Moment. „Ich glaube, er mag ihn auch nicht besonders, aber mein Vater regt sich nicht so über ihn auf. Ich bin immer der Sündenbock."

„Gibt es Menschen, mit denen Sie über die Konflikte mit Ihrem Vater gesprochen haben? Ihre Mutter, zum Beispiel." Ella Schmick ist aufgestanden und holt sich ein Glas Wasser. Es ist noch immer brütend heiß, obwohl es schon auf sechs Uhr zugeht.

„Meine Mutter? Sie machen wohl Witze!" Thorstens Lachen klingt bitter. „Na ja, Sie kennen meine Mutter ja nicht. Ich hatte einen Freund, mit dem habe ich viel darüber gesprochen. Aber der ist tot." Die letzten Worte hat Thorsten ganz leise gesagt.

„Wie kam das?"

Bevor Thorsten antworten kann, wird die Tür geöffnet und eine Gruppe von Ärzten kommt herein. Der Chefarzt grüßt freundlich und bittet Bernstein und Ella Schmick, für die Zeit der Untersuchung hinauszugehen.

„Können wir in zehn Minuten noch mal wiederkommen?" Thorsten nickt.

Ella Schmick und Bernstein rauchen eine Zigarette auf der Besucherterrasse. Ella Schmick telefoniert mit Dalia, um ihr zu sagen, dass sie sich verspäten wird. Dann gehen sie zurück ins Krankenzimmer.

„Und? Was hat der Arzt gesagt?" Sie bemerkt, dass Thorsten noch niedergeschlagener ist als zuvor.

„Trümmerbruch. Muss wohl operiert werden."

„Das tut mir leid." Ella Schmicks Anteilnahme ist echt.

Bauernopfer

„Wir waren bei Ihrem Freund stehengeblieben!"

„Ja. Er hat auf unserem Hof einen Unfall gehabt und ist gestorben." Thorstens Stimme zittert.

„Auf Ihrem Hof?" Thorsten hat die Augen geschlossen. Eine Weile ist es still im Zimmer. „Das muss schlimm für Sie gewesen sein."

„Was für ein Unfall war das?", fragt Bernstein.

„Er muss in der Dämmerung gestürzt sein. Er wollte mich besuchen." Thorsten lächelt. „Wissen Sie, er wohnte ziemlich weit weg. Ab und zu besuchte er mich und wir spielten abends zusammen am Computer." Schlagartig wird er wieder ernst. „Schädelfraktur. Einfach so vor dem Pferdestall ausgerutscht und gestorben. Können Sie sich das vorstellen?" Ella Schmick schüttelt bekümmert den Kopf.

„Wie hieß er?"

„Kilian. Kilian Hauser." Ella Schmick notiert den Namen.

„Welche Rolle spielt Ihre Mutter bei den Auseinandersetzungen mit Ihrem Vater?", richtet nun Bernstein das Wort an ihn. Thorsten sieht ihn irritiert an; scheinbar hatte er Bernsteins Anwesenheit völlig vergessen.

„Meine Mutter versucht immer, zu vermitteln, Frieden zu stiften. Völlig hoffnungslos. Aber ich dachte, wir machen jetzt Schluss?" Er sieht Ella Schmick fragend an.

„Ja, das haben wir Ihnen versprochen. Gute Besserung!" Sie steht auf und stellt ihre leere Kaffeetasse zurück auf das Tablett. „Wir werden wahrscheinlich noch mal wiederkommen!"

„Einverstanden. Auf Wiedersehen!" Thorsten streckt ihr zum Abschied die Hand hin und Ella Schmick drückt sie lange.

„Hier, fahren Sie!" Ella Schmick hält Bernstein den Schlüssel hin. „Ich muss nachdenken!"

Bernstein, der am Steuer sitzt, blickt hin und wieder zu seiner Kollegin hinüber, traut sich aber nicht, sie anzusprechen.

„Die ganze Geschichte gefällt mir nicht", sagt sie schließlich." Sie finden morgen als erstes die Nummer der Hausers heraus und machen einen Termin mit ihnen, Bernstein!"

„Okay." Bernstein hat das Radio auf- und das Fenster heruntergedreht.

„Ich könnte Sie und Dalia noch zu einer Pizza einladen", schlägt er vor.

„Na, Sie scheinen ja gut aufgelegt zu sein!" Ella Schmick grinst und Bernstein wird rot bis zu den Ohren.

„Meinen Sie, ich bin in der richtigen Altersklasse für Sie?" Bernstein sieht starr geradeaus und sagt mit gepresster Stimme: „Sie vielleicht nicht, aber Ihre Tochter."

„Aha!" Ella Schmick tut überrascht. „Daher weht der Wind. Und ich werde nur als notwendiges Übel in Kauf genommen."

„Nein, überhaupt nicht!" Bernstein ist sichtlich in der Klemme.

„Vorsicht!", ruft Ella Schmick. Bernstein macht eine Vollbremsung. Beinahe wäre er auf den Wagen vor ihnen aufgefahren.

„Entschuldigung!" Bernstein sieht so unglücklich aus, dass er Ella Schmick fast leid tut.

„Lassen Sie mich hier raus! Das ist ja lebensgefährlich, mit Ihnen Auto zu fahren! Bis morgen dann!" Ella Schmick steigt an der Ampel aus und quetscht sich durch das Autogedränge zum Bürgersteig.

Verzagt winkt ihr Bernstein hinterher.

Bauernopfer

Ellie, die Sekretärin, steckt den Kopf zur Tür herein. Über die Namensverwandtschaft zwischen ihr und Ella Schmick wird auf der Wache gerne mal ein Witz gemacht, aber das stört keine von ihnen. „Hier ist dieser Brenig. Er hat eine Vorladung für elf Uhr."

Ella Schmick sieht auf ihre Uhr. Es ist zehn vor elf. „Schick ihn ruhig schon rein, Ellie", sagt sie.

Der Mann, der ihr Büro betritt, sieht aus, als käme er direkt aus dem Stall: Die fleckige Arbeitshose, das verschwitzte karierte Hemd, sogar die Gummistiefel hat er noch an.

„Sie sind also Kurt Brenig?" Ella Schmick sieht den kleinen, untersetzten Mann über ihre Lesebrille hinweg an. Er nickt.

„Ihr Sohn hat Sie wegen versuchten Mordes angezeigt. Ist Ihnen das bekannt?" Brenig schüttelt den Kopf, sagt: „Ist der verrückt geworden?"

„Sie haben ihn mit einer Holzlatte schwer verletzt. Er muss operiert werden." Ella Schmicks Stimme ist unterkühlt.

„Das war ein Versehen. Das ist passiert, als wir den alten Opel repariert haben." Brenig starrt vor sich auf den Boden.

„Passiert, ja? Vielleicht können Sie mir schildern wie das passiert ist?"

Brenig zuckt die Schultern. „Das weiß ich nicht mehr. Es war ganz komisch! Ich wollte die Holzlatten in den Schweinestall räumen, denn in der Garage haben sie mich gestört. Na ja, dann hatte ich diese Latte in der Hand und dann ist es irgendwie passiert."

„Ihre Erklärungen sind wenig überzeugend, Herr Brenig." Ella Schmick schenkt sich Kaffee ein, ohne ihrem

Gegenüber etwas anzubieten. „Es gab vor ungefähr fünf Jahren einen Unfall auf Ihrem Hof. Kilian Hauser stürzte vor dem Pferdestall im Schnee und zog sich eine tödliche Verletzung zu." Brenig rutscht unruhig auf seinem Stuhl hin und her und wird rot.

„Wieso kommen Sie mir denn jetzt damit? Das ist doch schon lange her und hat mit dem Unfall meines Sohnes überhaupt nichts zu tun!" Nervös zupft er sich am Ohrläppchen. Ella Schmick ist immer wieder erstaunt, wie viel die Leute durch ihre Körpersprache verraten. Kurt Brenig verbirgt etwas – das ist offensichtlich.

„Das werden wir sehen, ob der eine Unfall mit dem anderen nichts zu tun hat."

„Was wollen Sie von mir? Die Sache mit meinem Sohn tut mir leid, das wollte ich nicht. Und was Kilian angeht, der ist eben unglücklich gestürzt. Solche Unfälle passieren!" Brenig ist aufgestanden und beugt sich drohend über den Schreibtisch der Kommissarin.

„Setzen Sie sich bitte", sagt sie. „Es wäre möglich, dass sie Ihren Sohn erschlagen wollten. Dass es zwischen Ihnen beiden schwerwiegende Konflikte gibt, ist wohl kein Geheimnis. Es wäre ebenfalls denkbar, dass sie vor fünf Jahren schon mal einen Versuch unternommen haben, Ihren Sohn umzubringen und dabei durch einen unglücklichen Zufall den Falschen erwischt haben." Brenig wird bleich. Schweißperlen bilden sich auf seiner Stirn. Unbeirrt spricht Ella Schmick weiter: „Sie könnten ihrem Sohn im Stall aufgelauert und in der Dunkelheit versehentlich Kilian erschlagen haben."

„Das ist nicht wahr. Wie kommen Sie dazu, so etwas zu behaupten?" Brenig schäumt vor Wut.

„Wie dem auch sei. Wie werden die Leiche exhumieren

und eine Obduktion durchführen lassen." Ella Schmick hat sich eine Zigarette angezündet.

„Das ist doch vollkommen unnötig, den Jungen wieder ausbuddeln zu lassen, das macht doch alles nur noch schlimmer. Auch für die Angehörigen!", erregt sich der Bauer.

„Lassen Sie das mal die Sorge der Angehörigen sein." Ella Schmick hält ihm die Tür auf. „Sie hören wieder von uns!" Brenig steht unschlüssig in der Tür. Mit einem karierten Stofftaschentuch wischt er sich die Stirn. Schließlich fragt er: „Gibt es mildernde Umstände, wenn man geständig ist?" Die Kommissarin sieht ihn verständnislos an.

„Nein, warum? Wollen Sie etwas gestehen?" Brenig zuckt die Schultern.

„Also, was wollen Sie mir sagen?" Ella Schmick schlägt einen freundlicheren Ton an.

„Es stimmt", sagt Brenig kaum hörbar.

„Was stimmt?" Ella Schmick setzt sich wieder, ebenso Brenig.

„Ich habe den Jungen aus Versehen erschlagen."

„Sie wollten also Ihren Sohn treffen?" Brenig nickt.

Ella Schmick ist aufgestanden und geht in ihrem engen Büro auf und ab.

„Ich kann Sie nicht gehen lassen, Herr Brenig. Sie werden vorerst in Untersuchungshaft genommen."

„In diesem Aufzug soll ich ins Gefängnis?" Brenig sieht an seinen verschmierten Kleidern herunter.

„Es wird für Ihre Frau sicherlich kein Problem sein, Ihnen frische Wäsche zu bringen."

Ella Schmick muss ein paar Anrufe erledigen, bis sie Brenig von einem Wachmann abführen lassen kann. Grußlos verlässt er ihr Büro.

Ella Schmick sitzt gerade über einem Stapel Akten, als es klopft. „Herein!", ruft sie.

Bernstein kommt in ihr Büro, in jeder Hand einen Pizzakarton.

„Sie müssen doch mal ordentlich essen, Frau Schmick! Ich sehe Sie immer nur mit Ihren Zigaretten!" Er stellt die Pizzakartons auf den notdürftig freigeräumten Schreibtisch und setzt sich.

„Hmm, Tonno, meine Lieblingspizza!" Ella Schmick ist von Bernsteins Fürsorglichkeit gerührt. Er strahlt, und eine Weile essen beide schweigend.

„Und?", wendet Ella Schmick sich schließlich an den jungen Kollegen, „schon etwas erreicht im Zusammenhang mit den Hausers?"

Bernstein nickt eifrig und berichtet von einem längeren Telefongespräch mit der Mutter des zu Tode gekommenen Jungen. Sie schilderte den alten Brenig als tyrannisch und den Unfall ihres Sohnes vor fünf Jahren als dubios.

„Ich habe ein Geständnis", sagt die Kommissarin nun unvermittelt. Bernstein runzelt fragend die Stirn. „Brenig war hier. Er hat zugegeben, dass er den Jungen damals mit seinem Sohn verwechselt und erschlagen hat." Bernstein bleibt vor Überraschung der Mund offen stehen.

„Ich werde nachher mit der Staatsanwaltschaft sprechen, damit sie die Exhumierung anordnen." Ella Schmick ist merkwürdig ernst heute.

„Exhumierung? Wieso denn das? Das ist doch schon fünf Jahre her. Ich möchte nicht wissen, was von einer Leiche da noch übrig ist. Außerdem hat er doch gestanden!", wendet Bernstein ein.

„Und was ist, wenn er widerruft? Dann stehen wir da!" Sie stopft die Pizzakartons in ihren kleinen Papierkorb und scheucht Bernstein wieder raus. „Vielen Dank für die Pizza, aber jetzt habe ich zu tun!"

Das Wetter ist umgeschlagen und Ella Schmick schaut in den trüben Himmel vor ihrem Fenster. Das Telefon klingelt und nach dem fünften Mal nimmt Ella Schmick gereizt den Hörer ab.

„Hier Lauterbach, Gerichtsmedizin Mainz. Es geht um den Fall Kilian Hauser." Der Mann hat eine seltsam hohe Stimme.

„Ja?" Ella Schmick versucht, sich ihre Ungeduld nicht anmerken zu lassen.

„Es ist unglaublich. Die Leiche ist noch in einem akzeptablen Zustand, jedenfalls dafür, dass sie schon fünf Jahre unter der Erde ist."

„Was immer das heißen mag", denkt Ella Schmick schaudernd, sagt aber nichts.

„Es sieht von außen tatsächlich wie eine simple Schädelfraktur aus, aber...", der Gerichtsmediziner macht eine längere Kunstpause.

„Nun sagen Sie schon!" Ella Schmick klingt schroffer, als sie es beabsichtigt hat.

„Wir haben den Schädel des Mannes geöffnet. Als wir das Gehirn herausnehmen wollten, haben wir ein eigenartiges, metallisches Klicken gehört. Ich dachte zuerst, ich hätte mir das Geräusch nur eingebildet, aber meine Kollegin hat es auch gehört." Ella Schmick ist angespannt und wünscht, der Gerichtsmediziner würde schneller auf den Punkt kommen.

„Wir haben es dann herausgenommen."

„Was haben Sie herausgenommen?", fragt die Kommissarin.

„Na, das Gehirn! Hören Sie doch zu!" Ella ignoriert

diese Bemerkung. Sie hat kein Interesse daran, sich mit dem Gerichtsmediziner zu streiten.

„Jedenfalls haben wir im Schädel ein Projektil gefunden. Der Junge ist erschossen worden."

„Erschossen?" Ella Schmick ist fassungslos. „Das hätte der Arzt, der den Totenschein ausgestellt hat, doch sehen müssen!"

„Normalerweise ja. Aber in diesem Fall ging der Schuss durch die Augenhöhle und blieb dann im Schädel stecken. Deshalb waren am Schädelknochen keine Verletzungen festzustellen. Wenn man nicht genau hinsieht, kann man die Befunde einer solchen Verletzung durchaus für die Folgen eines Sturzes halten." Lauterbach macht eine Pause.

„Oh Gott" Ella Schmick seufzt. „Das ist ja alles noch schlimmer, als ich erwartet habe!"

„Ja, wir waren auch ziemlich überrascht."

„Vielen Dank für die schnelle Arbeit. Schicken Sie mir bitte den Bericht!" Ella Schmick stützt den Kopf in ihre Hände. Diese Geschichte wird einfach immer unglaublicher. Sie denkt an den traurigen, verwirrten Jungen im Krankenhaus. Er tut ihr leid. Er hatte keine Ahnung, dass sein Vater ihn schon einmal umbringen wollte. Wer weiß, wie viele Versuche der Bauer unternommen hatte.

Für heute ist es jedenfalls genug. Zu dieser Uhrzeit sind nur noch Wenige im Büro. Energisch wirft sie sich ihre Handtasche über die Schulter und schließt die Tür. In einer halben Stunde ist sie mit Björn zum Essen verabredet! Schon bei dem Gedanken an ihn spürt sie ein Kribbeln in der Magengegend.

„Ich weiß gar nicht, ob Sie gerne lesen, aber ich dachte im Krankenhaus...". Ella Schmick überreicht Thorsten das Päckchen und holt eine Vase für die Blumen, die sie mitgebracht hat.

„Falls Sie es schon kennen, kann ich es umtauschen!" Sie stellt den Strauß auf seinen Tisch und setzt sich.

„Nein, kenne ich noch nicht!" Thorsten hat das Buch ausgepackt. „Warum tun Sie das für mich? Sie kennen mich doch gar nicht!" Er sieht die Kommissarin fragend an.

„Ein bisschen habe ich sie schon kennengelernt." Sie wird ernst. „Ich muss über wichtige und leider auch sehr traurige Dinge mit Ihnen reden." „Bitte", sagt Thorsten. „Ich glaube, mich bringt so leicht nichts mehr aus der Gleichgewicht!"

Was ihm Ella Schmick erzählt, bringt ihn aber doch aus der Fassung. Als er hört, dass Kilian versehentlich an seiner Stelle getötet worden ist, schlägt er die Hände vors Gesicht. „Was ist mein Vater bloß für ein Mensch?", sagt er mehrmals.

„Wir müssen noch klären, ob ihr Vater tatsächlich der Schütze ist, denn das Projektil im Kopf von Kilian passt nicht zu seinem Geständnis. Ich werde ihn heute oder morgen mit dem Ergebnis der Obduktion konfrontieren."

Schwester Angelika kommt herein und stellt das Tablett mit dem Mittagessen vor Thorsten ab.

„Danke, Schwester Angelika! Darf ich vorstellen: Frau Schmick von der Kripo! Sie hat mir die Blumen mitgebracht!" Thorsten lächelt zaghaft und Schwester Angelika reicht Ella Schmick die Hand.

„Ich bin froh, dass sie sich um Thorsten kümmern! Seine Geschichte ist unglaublich, nicht wahr?" Dem jungen Mädchen ist die Empörung anzuhören.

„Ja, das ist sie", sagt Ella Schmick.

„Sie ist nett. Ich mag sie am liebsten von allen Schwestern!", sagt Thorsten, als Schwester Angelika wieder draußen ist.

„Ich lasse Sie jetzt in Ruhe essen." Ella Schmick ist aufgestanden. „Lassen Sie den Kopf nicht hängen! Sie hören in den nächsten Tagen wieder von mir." Sie streicht Thorsten flüchtig über die braunen Haare und geht.

Es klopft und Kurt Brenig wird hereingeführt. Offenbar war seine Frau zuhause, denn heute ist er ordentlich und sauber gekleidet.

„Setzen Sie sich bitte!" Ella Schmick weist auf den Stuhl, der ihrem Schreibtisch gegenüber steht. Sie blättert in dem Bericht der Gerichtsmedizin, der heute in der Post lag.

„Man hat im Kopf von Kilian Hauser ein Projektil gefunden." Ohne Umschweife kommt sie zur Sache. Brenig starrt sie mit aufgerissenen Augen an, sagt jedoch nichts.

„Er ist erschossen worden. Können Sie mir erklären, wie das mit Ihrem Geständnis von gestern zusammenpasst?"

„Ich habe nicht geschossen! Ich schwör's! Ich war's wirklich nicht!" Brenigs Stimme klingt gehetzt, atemlos. „Sie müssen mir glauben, dass ich ihn nicht erschossen habe!" Er hat sich über den Schreibtisch gebeugt und flehend die Hand der Kommissarin ergriffen. Ella Schmick schüttelt sie ärgerlich ab.

„Dann sagen Sie uns bitte, wer geschossen hat. Sie können sich sicher vorstellen, dass das der einzige Weg ist, uns von Ihrer Unschuld zu überzeugen!"

Auf der Stirn von Brenig haben sich Schweißperlen gebildet, die er mit dem Ärmel abwischt. „Ich war's nicht, das müssen Sie mir glauben", sagt er leise.

„Sie wiederholen sich." Die Stimme von Ella Schmick ist

kalt. „Sagen Sie bitte wer es war. Sonst ist unsere Unterredung hiermit beendet." Sie sieht aus dem Fenster. Der Himmel ist gewittrig, zwielichtig. Sie spürt eine ungeheure Wut auf diesen Bauern, der da vor ihrem Schreibtisch sitzt. „Ella, du verhältst dich unprofessionell", weist ihre innere Stimme sie zurecht.

„Sie sitzen ja noch immer da!" Die Kommissarin ist ehrlich erstaunt.

„Es war ein Unfall, mit dem Jagdgewehr", sagt Brenig leise. Er könnte sich wenigstens etwas intelligentere Lügen ausdenken, findet die Kommissarin. Was tut man bei Dunkelheit mit einem Jagdgewehr im Pferdestall?

„Wenn Sie mir Geschichten erzählen wollen: Nein Danke. Dafür ist meine Zeit zu knapp bemessen." Brenig knetet seine Hände. Er blickt immer wieder zur Tür, als würde er von dort Hilfe erwarten.

„Ich sag's Ihnen. Mir ist ja eh nicht mehr zu helfen." Er klingt jämmerlich.

„Gut. Also, bitte!" Ella Schmick gießt sich ein Glas Wasser ein und bietet Brenig auch eins an. Er lehnt ab.

„Es war Joe Kravitz. Er wohnt in Frankfurt. Ist ein Professioneller, sozusagen."

„Sie meinen, Sie haben ihn beauftragt, wenn ich richtig verstehe?" Brenig nickt.

„Wie kam der Kontakt zustande?" Die Kommissarin macht sich einige Notizen.

„Über Schmille. Ihm gehört der Hof gleich nebenan. Der kennt ihn!"

„Damit helfen Sie uns weiter, Herr Brenig. Wissen Sie, wo dieser Kravitz wohnt?", fragt sie.

„Nein. Das hat er mir nie gesagt. Irgendwo in Frankfurt."

„Gut. Ich werde Sie jetzt wieder in ihre Zelle bringen lassen.

Sie hören von mir." Wie ein geprügelter Hund sieht er aus, denkt sie, als er gebeugt hinter dem Wachmann aus der Tür trottet.

„Bernstein? Kommen Sie bitte mal gerade in mein Büro!" Ella Schmick hat ihn über das Haustelefon angerufen. Wenige Minuten später steht er in der Tür.

„Was gibt's, Chefin?" Ella Schmick weiß nie so recht, ob er sich mit dieser Anrede über sie lustig macht.

„Ich möchte, dass sie heute zu den Hausers fahren. Man muss sie über den Obduktionsbefund informieren. Außerdem können sie mir vielleicht noch ein paar wichtige Informationen zu dem Fall liefern."

„Alleine?", Bernstein macht der Gedanke offenbar Angst.

„Nehmen Sie sich ruhig jemanden mit. Aber, diesmal sind Sie der Chef!" Die Kommissarin sieht den jungen Mann ermunternd an. „Ich muss mich jetzt nämlich auf die Suche nach dem Killer machen. Sagen Sie mir Bescheid, sobald sie etwas Neues wissen!"

Strahlend verlässt Bernstein ihr Büro. Er scheint unter der ungewohnten Verantwortung regelrecht zu wachsen.

Ella Schmick nimmt den Telefonhörer ab und wählt.

„Schmick hier, von der Kripo. Guten Tag! Ich würde gerne mit Staatsanwalt Bauer sprechen." Die Frauenstimme am anderen Ende der Leitung verspricht, sie durchzustellen. Eine Ewigkeit hängt die Kommissarin in einer Warteschleife. Endlich meldet sich Bauer.

Ella Schmick schildert ihm die neuen Entwicklungen im Fall Brenig und sagt dann: „Wir brauchen einen weiteren Haftbefehl. Joe Kravitz nennt er sich. Sein richtiger Vorname ist Johann. Er ist Profikiller, wohnt in Frankfurt in der Barbarastraße 23. Wir haben ein Geständnis von Brenig. Er war der Auftraggeber."

Bauer seufzt. „In Ordnung. Faxen Sie die Angaben zu diesem Kravitz doch ans Gericht. Ich spreche noch heute mit Frau Markgraf und morgen fahren Sie nach Frankfurt."

„Gut! Auf Wiederhören." Ella Schmick legt auf. Für heute ist also nichts Wichtiges mehr zu tun. Vielleicht könnte sie Dalia und Björn mit einem indischen Abendessen überraschen.

„Wir werden diesen Kravitz heute verhören, Bernstein. Kommen Sie ruhig dazu, vielleicht können Sie etwas lernen!" Ella Schmick ist eilig von zu Hause aufgebrochen und muss nun im Büro mit ihrem Handspiegel ihre Morgentoilette notdürftig nachholen. „Um 11.00 wird er raufgebracht!"

„In Ordnung." Bernstein blättert in seinem Terminkalender. „Heute Nachmittag habe ich einen Termin bei den Hausers. 16:00 Uhr. Maria Semmering wird mitkommen."

„Aha, Maria Semmering! Da haben Sie sich ja die Hübscheste der ganzen Wache für ihren Ausflug aufs Land gesichert!" Ella Schmick zwinkert ihm zu und Bernstein wird rot.

„Dann ist also meine Tochter nicht mehr aktuell?" Die Kommissarin fragt, während sie ihre Post öffnet.

„Sie wollte sich ja nicht mal mit mir verabreden!", sagt Bernstein anklagend. „So eine Abfuhr wie von Dalia habe ich noch nicht oft bekommen!"

„Ach, Sie Armer!" Ella Schmicks Ironie kann beißend sein. „Wenn Sie heute Maria mitnehmen, können sie ihr zeigen, was in Ihnen steckt!" Sie knufft ihn freundschaftlich in die Seite und Bernstein lächelt gequält.

„Also, dann bis elf!", sagt er und geht.

Ella Schmick ist nervös. Sie kann sich kaum auf ihre Arbeit konzentrieren. Dieser Killer hat ziemlich fertig ausgesehen, versoffen und vollkommen stumpf. Gegen seine Festnahme wehrte er sich in keiner Weise. Noch nicht mal den Haftbefehl wollte er sehen. Seine Wohnung stank so, dass die Kommissarin fürchtete, sich übergeben zu müssen. Sie liegt in einer heruntergekommenen kleinen Straße im nördlichen Teil von Frankfurt. Da das Haus abgerissen werden soll, ist seine Wohnung die einzige, die noch bewohnt ist. Auch er selbst stank erbärmlich. Mit einer Bierflasche in der Hand und im Schlafanzug kam er an die Tür und folgte ihnen wortlos. Die ganze Fahrt über sagte er kein Wort.

Es ist kurz vor elf und Ella Schmick stellt Kaffee bereit.

Endlich klopft es und Kravitz wird von zwei Beamten hereingeführt. Er sieht ein wenig frischer aus als gestern und grüßt sogar.

„Bitte, setzen Sie sich doch!" Ella Schmick weist auf einen Stuhl. „Kaffee?" Kravitz nickt.

„Sie haben vor fünf Jahren im Auftrag von Herrn Kurt Brenig einen jungen Mann mit einem Jagdgewehr erschossen", eröffnet die Kommissarin das Gespräch.

„Ja, stimmt, ich erinnere mich!" Kravitz scheint angestrengt nachzudenken. „In einem Pferdestall, glaube ich. War saukalt, ich habe da bestimmt drei Stunden gewartet."

„Diese Erinnerung scheint sie nicht sehr zu belasten", sagt Ella Schmick ruhig.

Kravitz sieht sie verständnislos an. „Wie meinen Sie das?"

„Ich frage mich, ob sie sich schlecht fühlen, wenn sie sich an diesen Mord erinnern!"

„Nicht besonders gut, vor allem, weil es ja der Falsche war! Brenig war ziemlich sauer, das können Sie sich ja denken. So viele Kröten bezahlt und dann nichts als 'n Haufen Ärger." Die Kommissarin wirft einen befremdeten Blick zu Bernstein, der hinter dem Killer sitzt und protokolliert.

„Wie viel hat er Ihnen denn bezahlt?"

„Viel. Das sage ich hier lieber nicht. Mehr als 5000 waren's jedenfalls. Steuerfrei!" Kravitz lacht polternd.

Ella Schmick runzelt die Brauen über die Respektlosigkeit des Mannes, sagt aber nichts.

„Wie lautete der Auftrag, den Brenig Ihnen gab?" Sie zündet sich eine Zigarette an und lehnt sich in ihrem Stuhl zurück.

„Darf ich auch rauchen?" Ella Schmick nickt. Kravitz zieht ein Päckchen Tabak aus seiner Hemdtasche und beginnt zu drehen.

„Der Auftrag, nicht wahr?", vergewissert er sich und zieht gierig an der Zigarette. Die Kommissarin nickt. „Na ja, schwer zu sagen. Es gab mehrere Aufträge, hat ja länger nicht geklappt. Ich meine, mit dem Sohn!"

„Was für Aufträge waren das?" Ella Schmick ist über die Offenherzigkeit erstaunt, mit der dieser Mensch über einen Mord plaudert. Als sei es ein Job wie jeder andere! Sie muss seine redselige Stimmung nutzen, um sich über die Vorgänge auf dem Hof ein so detailliertes Bild wie möglich zu machen.

Er erzählt, dass Brenig zuerst vorhatte, den Sohn eigenhändig ins Jenseits zu befördern. Er wollte ihn vergiften. Es gibt ja Gift, das man in der Leiche nicht nachweisen konnte. Das Vorhaben scheiterte daran, dass seine Frau zweimal zur unpassenden Zeit in die Küche kam und misstrauisch wurde. Daraufhin bekam Brenig Angst und unternahm keine weiteren Versuche dieser Art. Im Gespräch mit Schmille wurde ihm dann er, Kravitz, als verschwiegen und in solchen Dingen äußerst zuverlässig, genannt. Brenig rief ihn an und sie trafen sich in Frankfurt, um alles zu besprechen. Sie sprachen über mögliche Arten, den Sohn um die Ecke zu bringen, wie Kravitz sich ausdrückte und natürlich über Geld. „Ein echter Knauser, dieser Brenig. Aber verhandeln kann er nicht, überhaupt nicht!" Den Killer scheint diese Erinnerung zu belustigen.

„Für welche Art haben Sie sich dann entschieden?", bringt Ella Schmick das Gespräch zum Wesentlichen zurück. Brenig habe vorgeschlagen, Thorsten ins Silo zu stürzen. Durch die Gase lebe man da drinnen bekanntlich nicht lange. Es hätte wie ein Unfall ausgesehen. Eines Tages bat also Brenig seinen Sohn, den oberen Rand des Silos zu prüfen, und Kravitz schlich hinter Thorsten die Leiter hinauf. Kurz bevor er oben ankam, rief seine Mutter nach ihm, da ihn jemand am Telefon sprechen wollte. Er drehte sich um und sah Kravitz direkt hinter sich. Die Situation war peinlich, nicht zu erklären, und Kravitz verschwand so schnell er konnte.

Ella Schmick schüttelt den Kopf. Diese Brutalität dem eigenen Kind gegenüber ist unbegreiflich! Was mag den Bauern bloß zu einem solchen Hass getrieben haben?

Kravitz sieht auf seine goldene Armbanduhr, die in groteskem Widerspruch zu seinem ansonsten schmuddeligen Äußeren steht und sagt: „Zeit zum Mittagessen! Ich habe einen Bärenhunger!" Die Kommissarin zögert einen Moment, doch dann stimmt sie zu. „Ich sehe Sie heute nachmittag wieder. Guten Appetit!"

Ella Schmick ist noch keine zehn Minuten in ihrem Büro, da klopft es und Schmittke bringt Kravitz herein.

„Geht doch alles viel besser, nach so einer deftigen Mahlzeit!" Er rülpst und die Kommissarin sieht peinlich berührt an ihm vorbei. „Sie haben gutes Essen hier, wirklich, da kann man nicht klagen! Ist wahrscheinlich wie 'ne Kur für jemanden wie mich, der sich sonst nur von Bier und Toast ernährt!" Wieder lässt Kravitz sein donnerndes Lachen hören.

Ella hat sich übertrieben aufrecht hinter ihren Schreibtisch gesetzt, um wieder eine etwas sachlichere Atmosphäre herzustellen. „Sie haben zuletzt von dem fehlgeschlagenen Versuch berichtet, Thorsten Brenig ins Silo zu stürzen", sagt sie, nachdem sie das Protokoll überflogen hat.

„Ach ja, Brenig! Stimmt, also das mit dem Silo klappte nicht, weil die Alte von Brenig genau im falschen Moment nach dem Jungen rief."

„Das sagten Sie bereits. Was geschah dann?"

Kravitz scheint zu überlegen. „Also, erst mal bin ich wieder gefahren. So etwas muss ja gut geplant sein, das läuft nicht so spontan!" Er sagt das fast vorwurfsvoll, als würde Ella Schmick seine Profession unterschätzen. „Haben Sie noch einen Kaffee?", fragt er und sieht sich suchend um. Ella Schmick bittet Schmittke, einen aufzusetzen.

„Wie ging es weiter?", will sie wissen.

„Ja, er rief mich nach ein paar Wochen wieder an und sagte, er würde mir sein Jagdgewehr leihen. Das sei 'ne todsichere Sache. Es sollte diesmal im Pferdestall stattfinden. Ich fuhr also raus zum Hof und legte mich so gegen fünf auf die Lauer." Die Ausdrucksweise dieses Mannes ist ungeheuer geschmacklos, aber Ella will seine gute Laune erhalten und verkneift sich daher einen Kommentar. „Brenig hat mir noch mal gesagt, dass er einen jüngeren Sohn hat, mit dem ich Thorsten auf keinen Fall verwechseln dürfe. Ich kannte ihn ja von Fotos", fügt er erklärend hinzu.

Schmittke kommt mit dem Kaffee ins Büro und verteilt Tassen, Zucker und Milch auf dem Tisch. „Und jetzt noch 'n feines Zigarettchen!" Der Killer zwinkert Ella Schmick zu.

„Aber, es war Winter, es lag ja sogar Schnee! Der hat die Kapuze auf und einen Schal um! Wie soll man da noch was erkennen!?" Er zieht an seiner Zigarette und bläst der Kommissarin den beißenden Rauch in dicken Schwaden ins Gesicht. Sie hustet.

„Na ja, ich schoss, und wie Sie wissen auf den Falschen. Das wusste ich natürlich erst mal nicht! Ich hatte meinen Job erledigt und machte mich aus dem Staub! Aber am nächsten Tag rief Brenig schäumend vor Wut bei mir an. Er wollte, dass ich für das gleiche Geld nun auch noch den Sohn beseitige. Aber ich bin doch nicht blöd!" Kravitz ist ehrlich empört und gestikuliert wild mit der glühenden Zigarette in der Hand. „Er hat ja noch Glück gehabt. Keiner hat was gemerkt! Die dachten, das sei ein Unfall. Da fragt man sich doch, wo die Ärzte ihr Handwerk lernen!" Er grinst, aber der Kommissarin ist der Spaß längst vergangen.

„Ja, so war das." Er zieht ein letztes Mal an seiner Zigarette und drückt sie dann aus. „Was glotzen Sie mich denn so an? Haben Sie noch nie einen Killer gesehen?" Wieder lacht er dröhnend.

„Herr Kravitz, Sie wissen, dass sie aller Voraussicht nach als Mörder verurteilt werden und direkt hier bleiben?" Ella Schmick fragt sich, ob dieser Mann einfach verrückt ist, oder ob er das Ganze wirklich so komisch findet.

„Ja, das dachte ich mir. Deshalb bin ich ja auch so froh, dass es hier etwas Vernünftiges zu beißen gibt! Wenn ich dann noch ab und zu hier so 'n Päckchen bekomme", er schwenkt seinen Tabak, „dann will ich mich nicht beklagen."

„Gut. Ich danke Ihnen für die Auskünfte. Auf Wiedersehen." Ella Schmick reicht ihm die Hand und er schlägt energisch ein. „Hat Ihnen meine Story gefallen? Hahaha!" Erneut lacht er lauthals, dann geht er.

„Puh, für heute reicht's!" Ella Schmick reibt sich die Schläfen. „Lassen Sie uns Feierabend machen, Schmittke, das war harte Arbeit!" Der ältere Kollege ist offensichtlich froh über diesen Vorschlag und verabschiedet sich. Sie wird Björn anrufen, und sich mit ihm für später in der Stadt verabreden!

„Guten Morgen!" Ella Schmick begegnet Bernstein auf dem Flur. „Kommen Sie doch gleich mal in mein Büro, ja? Ich würde gerne hören, was sie bei den Hausers erfahren haben!"

Bernstein setzt sich. Er sieht müde, aber zufrieden aus. Ella Schmick sieht ihn prüfend an. „Ich wette, Sie sind verliebt!" Er lächelt verlegen, und Ella fragt: „Maria?" Bernstein nickt. „Das ging aber schnell. Herzlichen Glückwunsch!" Sie sieht ihn spöttisch an. „Anstrengend, nicht?"

„Immer machen Sie sich über mich lustig", sagt Bernstein gekränkt.

„Ist wirklich nicht böse gemeint. Erzählen Sie schon!" Sie hat sich ihm gegenüber gesetzt und sieht ihn erwartungsvoll an.

„Es war schlimm, ehrlich. Die Frau hat angefangen furchtbar zu weinen, als ich den beiden das Ergebnis der Obduktion mitteilte. Der alte Hauser rannte raus und kam mit einem Gewehr wieder. „Wo ist das Schwein, den bringe ich um!", schrie er die ganze Zeit. Später haben sie sich etwas beruhigt und wir konnten mit ihnen reden. Aber ich war froh, dass Maria dabei war!" Er nimmt sich einen Kaffee und erzählt weiter. Brenig sei bei sich im Dorf anerkannt und beliebt. Obwohl sie ihn nur selten sahen, mochten sie ihn überhaupt nicht. Und sie seien auch die einzigen, die wüssten, wie er Thorsten seit Jahren tyrannisiert.

Ella Schmick unterbricht ihn. „Haben Sie herausgefunden, weshalb Brenig seinen Sohn so hasst?"

„Sie sagten, Thorsten hätte eben mit seinen Freunden abends öfter mal gekifft oder Bier getrunken und die Arbeit auf dem Hof nicht sehr geliebt. Ansonsten sei er ein eher ruhiger Mensch."

„Das ist auch mein Eindruck!" Sie denkt an den traurigen Jungen im Krankenhaus und ihr wird warm ums Herz.

„Es gibt wohl das Gerücht, dass Thorsten das Kind eines anderen Mannes ist. Brenig ist also gar nicht der biologische Vater. Das weiß aber wohl keiner so genau."

„Das könnte so einen Hass vielleicht verstärken. Jedenfalls haben wir jetzt alle Puzzleteilchen, die zum Anschlag mit der Holzlatte geführt haben, zusammen". Ella Schmick nimmt einen Stapel Blätter und gibt sie Bernstein. „Hier, lesen Sie das mal in Ruhe. Dieser Killer hat ohne Hemmungen aus dem Nähkästchen geplaudert! Es bleiben keine Fragen mehr offen. Nur, warum ging er so brutal vor?" Die Kommissarin sieht aus dem Fenster und spielt gedankenverloren mit ihrer Halskette.

„Ich werde heute zu dem Jungen fahren und ihm die Vorgeschichte erzählen. Es wird ihn furchtbar treffen, aber erfahren wird er es so oder so. Besser von mir, als vor Gericht von diesem stumpfen Killer."

„Man könnte meinen, Thorsten Brenig sei Ihnen ans Herz gewachsen!" Bernstein will ebenso spöttisch klingen, wie er es von seiner Chefin gewohnt ist. Aber als er in ihr Gesicht sieht, wird ihm klar, wie unpassend das ist.

„Ja, das stimmt, ein bisschen."

Bauernopfer

Nach der Arbeit fährt sie über die Landstraße zur Klinik. Diese Geschichte ist wohl zu Ende: Brenig und Kravitz werden für unabsehbare Zeit im Gefängnis verschwinden, der jüngere Sohn wird vermutlich den Hof weiterführen und Kilian ist tot. Nur was aus Thorsten wird, das ist ungewiss.

Sie klopft an und betritt das Zimmer. Thorsten liegt auf dem Bett und liest in dem Buch, das sie ihm beim letzten Besuch mitgebracht hat. „Hallo!", begrüßt er sie fröhlich. Es scheint ihm besser zu gehen.

Schwester Angelika bringt Kaffee für beide und Ella Schmick bereitet sich darauf vor, seine frohe Stimmung durch ihren Bericht zu zerstören.

Es fällt ihr schwer, über die Mordversuche zu sprechen, über die Kravitz noch Witze gemacht hat. Aber das ist sie Thorsten schuldig. Er hört zu und wird immer ernster. Als sie fertig ist und schweigt, sagt er: „Mein Vater ist unbegreiflich. Ich würde gerne verstehen, warum er mich so abgrundtief hasst. Aber, das werde ich vermutlich nie erfahren." Er trinkt seinen Kaffee in kleinen Schlucken und eine Weile schweigen beide.

„Ich habe noch eine Frage, Thorsten", nimmt Ella Schmick das Gespräch wieder auf. „Wo wollen Sie hin, wenn Sie nächste Woche entlassen werden? Ich habe die Ärztin eben auf dem Gang getroffen."

„Das habe ich schon geregelt. Ich werde vorerst zu meiner Tante nach Koblenz ziehen. Sie hat ein Haus. Vielleicht kann ich sogar studieren, das würde ich gerne!"

Sie verabschieden sich herzlich und Ella Schmick ist es wesentlich leichter ums Herz, als bei ihrer Ankunft.

„Hallo!", ruft Ella Schmick, als sie die Wohnungstür aufgeschlossen hat. Da keine Antwort kommt, geht sie ins Wohnzimmer, um zu sehen, wo Dalia steckt. Ihre Tochter sitzt auf dem Sofa neben Björn und die beiden haben Kerzen angezündet und Sektgläser hingestellt. Wortlos grinsen sie sie an.

„Hat jemand Geburtstag?", fragt Ella Schmick irritiert.

„Nein, was viel Besseres!"; sagt Dalia. Björn hat eine Flasche Sekt entkorkt, schenkt die drei Gläser ein und gibt jedem eins. Ella Schmick versteht noch immer nicht, was hier vorgeht. Da zieht Björn ein kleines Kästchen aus seiner Jacketttasche und klappt es auf. Zwei schmale goldene Ringe liegen darin.

„Ella, möchtest du dich mit mir verloben?", fragt er feierlich. Dalia sieht sie gespannt an und Ella Schmick beginnt, gleichzeitig zu weinen und zu lachen und umarmt die Beiden. „Das ist der verrückteste Tag, den ich seit langem erlebt habe!", schnieft sie.

„Und?", fragt Dalia.

„Was, und?"

„Willst du?", ihre Tochter ist hörbar ungeduldig.

Ella sieht von Björn zu Dalia und dann zurück zu Björn. Und ob sie will!